T0225787

Sprechstunde auf Augenhöhe

Veronika Hollenrieder

Sprechstunde auf Augenhöhe

Wie Kommunikation zwischen Arzt und Patient gelingt

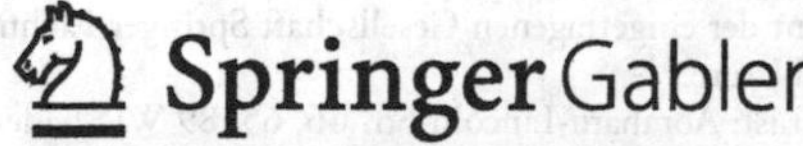

Veronika Hollenrieder
München-Unterhaching
Ambulantes Diabeteszentrum
Unterhaching, Deutschland

ISBN 978-3-658-37934-6 ISBN 978-3-658-37935-3 (eBook)
https://doi.org/10.1007/978-3-658-37935-3

Die Deutsche Nationalbibliothek verzeichnet diese Publikation in der Deutschen Nationalbibliografie; detaillierte bibliografische Daten sind im Internet über http://dnb.d-nb.de abrufbar.

Springer Gabler

Planung/Lektorat: Margit Schlomski
Springer Gabler ist ein Imprint der eingetragenen Gesellschaft Springer Fachmedien Wiesbaden GmbH und ist ein Teil von Springer Nature.
Die Anschrift der Gesellschaft ist: Abraham-Lincoln-Str. 46, 65189 Wiesbaden, Germany

Vorwort

Ein Arzt-Patienten-Gespräch auf Augenhöhe führen – dies wünschen sich die meisten Patientinnen und Patienten sowie die sie behandelnden Ärztinnen und Ärzte. Dieses Buch möchte zeigen, welche Barrieren es bei der Arzt-Patienten-Kommunikation gibt und wie man diese überwinden kann. Ärzte aller Fachrichtungen benötigen Informationen von ihren Patienten – sonst können sie die richtige Diagnose nicht stellen. Neben Laboruntersuchungen und apparativen Maßnahmen gehört zu diesen Informationen vor allem das Beschwerdebild des Patienten. Deshalb ist der Dialog zwischen den beiden Akteuren der Schlüssel zur Diagnosestellung und damit auch der Therapie.

Vom ersten bis zum letzten Tag unseres Lebens sind wir darauf angewiesen, uns durch Sprache und Körpersignale mitzuteilen. Egal ob im Berufsleben, im Freundeskreis oder beim Arztbesuch – wir nutzen unterschiedliche Kommunikationskanäle, um über positive oder negative Dinge in unserem Leben zu berichten. Bereits das Neugeborene teilt Bedürfnisse durch stimmliche Signale, Gestik und Mimik mit und daran ändert sich nichts bis ins hohe Alter. Die Werkzeuge menschlicher Kommunikation waren seinerzeit für das Überleben des Menschen von Bedeutung. Aber auch heute noch sind verbale und nonverbale Kommunikation von elementarer Bedeutung für die Behandlung von zahlreichen

Krankheitsbildern. Neben allen chronischen Erkrankungen sind das vor allem Angststörungen, Depressionen, Schmerzzustände und psychischen Störungen.[1]

Mit der ständigen Weiterentwicklung technischer und medikamentöser Möglichkeiten ist in den vergangenen Jahren das Gespräch mit dem Patienten bedauerlicherweise zunehmend in den Hintergrund getreten. Das liegt unter anderem daran, dass Gesprächsleistungen immer schlechter honoriert werden.

Aus der Psychosomatik wissen wir, dass einem Krankheitsgeschehen vielfach seelische Ursachen zugrunde liegen, denen man auf den Grund gehen muss. Der Dialog zwischen Arzt und Patient darf keine Einbahnstraße sein. Wenn es gelingt, gegenseitiges Vertrauen aufzubauen dann können Patienten auch darüber reden, was ihnen auf der Seele liegt. Der Arzt erhält darüber wichtige Informationen, die die Laborwerte und technische Diagnosen auf wertvolle Weise ergänzen.

Betrachtet man Gesundheit im Sinne der WHO-Definition von 1948, so ist dies ein „Zustand des vollkommenen körperlichen, seelischen und sozialen Wohlbefindens und nicht die bloße Abwesenheit von Krankheit oder Gebrechen." In vielen Bereichen der Medizin werden die Wechselwirkungen zwischen Körper, Geist und Seele heute bereits therapeutisch genutzt. Psychoimmunologie, Psychoneuroimmunologie, Neurobiologie, Verhaltensmedizin und Gesundheitspsychologie beschäftigen sich mit Faktoren, die Menschen krank machen aber auch heilen können. Die Lebensumstände von Patienten müssen berücksichtigt und in therapeutische Prozesse miteinbezogen werden. Mit diesem Buch möchte ich aufzeigen, wie Ärzte und Patienten trotz aller Widrigkeiten gute und nutzbringende Gespräche führen können. Während wir Ärzte lernen müssen, mit weniger Zeit effizienter umzugehen, müssen unsere Patienten mitunter den Mut haben, Zeit für ein persönliches Gespräch einzufordern.

Oft habe ich mich in den dreißig Jahren meiner beruflichen Tätigkeit gefragt, warum so häufig von mangelnder Compliance oder dem „schwierigen Patienten" gesprochen wird. Unsere Patienten erleben sicher ebenso

---

[1] Hinweis: Zur Kommunikation gehört auch der Aspekt des Genderns. Hier in diesem Buch verwende ich in der Regel das generische Maskulinum. Selbstverständlich bezieht sich das immer zugleich auf weibliche, männliche und diverse Personen.

oft den „schwierigen Arzt“. Auch gelingt es nicht immer, beide Gesprächspartner zufriedenzustellen. Entscheidend für mich sind die Bereitschaft, immer wieder aufeinander zuzugehen, ein verständnisvoller Umgang miteinander und gegenseitiges Vertrauen – so wie in jeder anderen Form der Partnerschaft auch.

In zahlreichen Seminaren und Vorträgen habe ich in den vergangenen dreißig Jahren versucht, meine Erfahrungen an Ärzte, medizinisches Fachpersonal und Patienten weiterzugeben – dem gesprochenen möchte ich nun das geschriebene Wort zur Seite stellen. Es ist mein Beitrag für ein besseres gegenseitiges Verständnis. Therapie bedeutet Begleitung – und diese kann nur im Miteinander, also im Dialog zwischen Ärzten und Patienten geschehen.

Auch wenn ein Buch letztlich ein Monolog des Autors ist, so hoffe ich doch, dass es für Sie, liebe Leserin und lieber Leser, eine gewinnbringende Lektüre wird. So wie die Zeit für einen Spaziergang, das Malen eines Bildes oder das Hören einer CD dabei hilft, sich zu sortieren und einen klaren Kopf zu bekommen, so wünsche ich mir, dass Ihnen dieses Buch die eine oder andere Frage beantwortet und Ihnen Mut macht, Fragen zu stellen.

Der schönste Satz, den ein Patient zu mir sagen kann, ist: „Danke, dass Sie sich für mein Problem Zeit genommen haben, das hat mir jetzt sehr geholfen.“

Meinen ärztlichen Kollegen wünsche ich, dass Sie diesen Satz möglichst oft zu hören bekommen, und allen Patienten, dass sie viele gute Gespräche mit ihren behandelnden Ärzten führen können. Dann kann die „Lesezeit“ für Sie alle zur Medizin für Körper, Geist und Seele werden.

Unterhaching, Deutschland Veronika Hollenrieder

Danksagung

An dieser Stelle möchte ich all denen danken, die mich durch „dick und dünn“ begleitet haben. Meinen Söhnen Simon und Markus, meiner besten Freunden Gaby, meinem besten Freund Thomas und meinem Team in der Praxis. Meinen behandelnden Ärzten und meiner Therapeutin, die mich durch die wirklich schweren Phasen in den letzten 10 Jahren – Herzinfarkt, Operation eines Macula-Foramens und Scheidung- begleitet haben. Aus eigener Erfahrung weiß ich heute, wie schwer es ist, dem eigenen Körper wieder voll zu vertrauen, wenn er einen mehrfach im Stich gelassen hat. Die Erfahrung einer gescheiterten Ehe und das Versagen des eigenen Körpers, den man doch für so unbesiegbar gehalten hatte, haben mich verändert und mir gezeigt, wie wichtig gute Ärzte, Freunde und Gespräche sind. Auf dem Weg zurück ins Leben habe ich viel Kraft in der Natur gefunden. Vielleicht liegt es am Älterwerden, dass meine Seele dort zur Ruhe kommt, wo sich der ewige Kreislauf von Werden und Vergehen wiederspiegelt. So kann ich dem bengalischen Dichter Rabindranath Takur (1861–1941) nur zustimmen: „Dumme rennen, Kluge warten, Weise gehen durch den Garten.“

Auf meinem Weg zu diesem Buch gab es noch einige weitere Personen, denen ich an dieser Stelle danken möchte: Mein Dank gilt Frau Claudia Riess, die mein Manuskript als Erste zu lesen bekam und mir Mut gemacht hat, es auszuarbeiten. Frau Uschi Kidane vom Springer-Verlag, die den Weg zu meiner Lektorin geebnet hat. Und last but not least, Frau

Schlomski, die mit unendlicher Expertise, Akribie und Leidenschaft mit mir gemeinsam an diesem Buch gefeilt und es zu dem gemacht hat, was es jetzt ist.

Ohne Sie alle wäre dieses Buch nicht möglich gewesen – HERZLICHEN DANK!

Inhaltsverzeichnis

1 Das persönliche Gespräch in der Praxis – Verbale Kommunikation

„Die Sprache ist die Kleidung der Gedanken."

(Samuel Johnson)

„Ob ein Mensch klug ist, erkennt man an seinen Antworten.
Ob ein Mensch weise ist, erkennt man an seinen Fragen."

(Nagib Mahfuz)

1.1 Einleitung

„Liebling, wir müssen reden!" – dieser Satz verheißt in der Regel nichts Gutes und lässt ahnen, dass ein Partner mit der augenblicklichen Situation nicht zufrieden ist.

Warum sollten Sie ein Buch erwerben, in dem es um das schwierige Thema „Kommunikation" geht? Vielleicht weil Sie neugierig sind, was Kommunikation mit Gesundheit zu tun hat? Dann können Sie auf den folgenden Seiten viel Wissenswertes und Neues erfahren.

Das Gespräch zwischen Arzt und Patient hat jede Menge Gemeinsamkeiten mit einer partnerschaftlichen Unterhaltung oder auch mit einem

V. Hollenrieder, *Sprechstunde auf Augenhöhe*,
https://doi.org/10.1007/978-3-658-37935-3_1

Gespräch zwischen Arbeitgeber und Arbeitnehmer. Überall dort, wo Menschen miteinander in Kontakt treten, spielen verbale und nonverbale Kommunikationskanäle eine entscheidende Rolle für die Beziehung, die die Gesprächspartner künftig haben werden.

Aus der Kommunikationswissenschaft wissen wir, dass neben dem gesprochenen Wort mit lediglich 7 % der stimmliche Ausdruck mit 38 % und die Körpersprache, also Gestik und Mimik, mit 55 % die Gesprächssituation bestimmen [1]. Damit wird klar, dass ein Arzt seine Informationen über das Gespräch, aber auch durch die genaue und intensive Beobachtung seiner Patienten erhält.

Für Sie als Patient ist diese Tatsache von großer Bedeutung. Worte sind die Basis für Ihr Gespräch mit dem Arzt. Darüber können Sie eine Verbindung ebenso herstellen wie auch zerstören. „Liebling, es wäre schön, du hättest heute Abend eine halbe Stunde Zeit, um mit mir zu reden!" klingt doch schon viel freundlicher, und drückt den Wunsch Ihres Partners aus, mit Ihnen ins Gespräch zu kommen.

Beginnen wir deshalb mit der Frage, was ein gutes Arzt-Patienten-Gespräch ausmacht und erfahren im Laufe des Buches, wie die oft geringe Zeit, die den Beteiligten dafür in der Arztpraxis zur Verfügung steht, am besten genutzt werden kann.

1.2 Wie viel Zeit bleibt pro Patient?

Was schätzen Sie, liebe Leserin und lieber Leser, wie viel Zeit nehmen sich Ärzte in Deutschland durchschnittlich pro Patient? Und wie sieht es bei unseren europäischen Nachbarn oder gar in anderen Kontinenten aus? Antworten auf diese Fragen liefert eine Metaanalyse aus dem Jahr 2017, bei der 178 Studien aus insgesamt 67 Ländern mit 28,5 Millionen Arztbesuchen ausgewertet wurden (veröffentlicht im Fachjournal BMJ Open) [2]. Sie bezieht sich auf die medizinische Grundversorgung („primary care"), die in Deutschland überwiegend durch Allgemeinmediziner übernommen wird. In 15 Ländern, darunter Pakistan, China und Indien, in denen rund die Hälfte der gesamten Weltbevölkerung lebt, sind es weniger als fünf Minuten pro Konsultation. Ansonsten ist eine große Spannbreite zu beobachten: Während sich der Mediziner in Bangladesch nur 48 Sekunden Zeit nehmen kann, stehen dem Arzt in Schweden und in den USA rund 22,5 Minuten Gesprächszeit zur Verfügung. In weiteren 25 Ländern dauern die Arztbesuche weniger als zehn Minuten, dabei liegt Deutschland im Mittelfeld mit 7,6 Minuten. In dem Arztreport der Barmer GEK [3] aus dem Jahr 2010 waren es etwa 8 Minuten.

Diese Zahlen manchen deutlich, dass eines der wichtigsten Werkzeuge auf dem Weg zur Gesundheit – nämlich das Gespräch zwischen Patient und Arzt – mehr und mehr auf der Strecke bleibt. Doch was ist der Grund dafür und wie könnte man dem entgegenwirken? Verständlich ist es jedenfalls, wenn Patienten bei einer derart kurzen Gesprächsdauer nach Alternativen suchen, bei denen ihnen mehr Zeit und Aufmerksamkeit gewidmet wird – wie etwa bei Anbietern alternativer Heilmethoden. Hier wird sich zumeist viel Zeit genommen und der Mensch ganzheitlich betrachtet. Neben der körperlichen und seelischen Verfassung spielt auch das Umfeld jedes Individuums für seine Beschwerden und Erkrankungen eine wesentliche Rolle. Gehen alternative Heilmethoden Hand in Hand mit der klassischen Schulmedizin, so können sie vielfach eine wertvolle Ergänzung sein und die Wahrscheinlichkeit für therapeutische Erfolge erhöhen. Schwierig wird es nur dann, wenn sie den Anspruch auf die einzig mögliche Therapie erheben und die Schulmedizin negieren. Zurzeit werden alternative Heilmethoden in sehr unterschiedlichem Maß über die gesetzlichen oder auch privaten Krankenkassen erstattet. Hier gibt es keine „Regeln" – und was Patient X erstattet bekommt, muss Patient Y aus eigener Tasche finanzieren.

Die Bedeutung des Faktors „Zeit" für den Therapieerfolg wurde in der eben genannten Metaanalyse wie folgt beschrieben:

> „Es liegt auf der Hand, dass sehr kurze Arzt-Patienten-Gespräche die Krankheitserkennung und Therapie negativ beeinflussen können. Frühere Studien hatten gezeigt, dass ein schlechteres Behandlungsergebnis die Folge sein kann, ebenso wie die Verschreibung von mehreren Medikamenten und der übermäßige Einsatz von Antibiotika. Außerdem steigt das Risiko für Mediziner, an Burnout zu erkranken." [2]

Wir, und damit meine ich Ärzte und Patienten gleichermaßen, befinden uns also in einem Dilemma. Patienten spüren vielfach, dass ihr Arzt sich zu wenig Zeit für sie nimmt, aber es ist ihnen auch bewusst, dass sich die

Rahmenbedingungen für die Ärzteschaft im vergangenen Jahrhundert massiv verändert haben.

Bevor wir uns also weiter mit der Frage beschäftigen, wie ein gutes Gespräch zwischen Arzt und Patient aussehen sollte, möchte ich kurz die Hintergründe für die bestehende Misere aufzeigen.

Eine Gesprächsdauer von 8 Minuten pro Patient trifft sicher nicht flächendeckend zu. Wohnen Sie in der Stadt, so haben die Sie betreuenden Ärzte vermutlich weniger Zeit für Sie als auf dem Land, denn das Patientenaufkommen bestimmt natürlich auch die Konsultationszeit, die ein Arzt pro Patient zur Verfügung hat. 3,4 Diagnosen pro Patient stehen 8,9 Abrechnungsziffern gegenüber [3]. Dies zeigt, dass die Konsultationszeit eher mit Untersuchungen als mit Gesprächen gefüllt wird.

Der „gute alte Hausarzt", der seine Patienten seit Jahrzehnten kennt, ist leider selten geworden, dabei wäre er heute genauso wichtig wie vor hundert Jahren. Patienten brauchen einen Arzt, der ihnen zuhören kann, der sich nicht nur für ihre Befunde, sondern auch für ihre Sorgen und Nöte Zeit nimmt.

Welche Faktoren haben dazu beigetragen, dass sich Arzt-Patienten-Beziehungen so massiv gewandelt haben? Werfen wir doch einmal einen Blick in die Vergangenheit: Früher gingen Menschen nur zum Arzt, wenn sie starke Schmerzen oder schwere Verletzungen hatten oder aber so schwer krank waren, dass die gängigen Hausmittel nicht mehr halfen. Frauen entbanden ihre Kinder größtenteils zu Hause mit Unterstützung einer Hebamme – der Arzt kam oft erst dann, wenn das Kind schon auf der Welt war.

Der Weg in die Arztpraxis war schwierig, weil hierfür oft weite Strecken überwunden werden mussten. Das Auto war nur wenigen vorbehalten – also war es üblich, dass der Arzt zum Patienten kam. Heutzutage sind Hausbesuche keine Selbstverständlichkeit mehr und werden bei weitem nicht mehr von allen Hausärzten angeboten. Das liegt unter anderem an der unzureichenden Honorierung.

Der Hausarzt war früher mehr oder weniger ein „Allrounder". Er war ebenso zuständig für internistische, chirurgische, pädiatrische, gynäkologische, andrologische, urologische, ophthalmologische und natürlich auch psychologische Probleme seiner Patienten. Oft kannte er seine Patienten von Kindesbeinen an und blieb für sie ein „lebenslänglicher" Begleiter. Patienten und Ärzte begegneten sich in der Kirche, im Gasthaus und auf dem Friedhof, man sprach auch außerhalb der Arztpraxis miteinander. So kannte der Arzt auch das soziale Umfeld sowie die wichtigen Ereignisse im Leben seiner Patienten sehr viel besser als dies heute der Fall ist. Er wusste, welche freudigen oder traurigen Ereignisse für deren Wohlbefinden von Bedeutung waren, beispielsweise ein erfolgreicher Schulabschluss, die Geburt eines Kindes, eine Hochzeit oder ein Todesfall. Freude und Trauer als wesentliche Elemente für Gesundheit waren dem Hausarzt bekannt, dafür bedurfte es nicht zwangsläufig eines Gespräches in der Arztpraxis.

Heute hingegen suchen viele einen Arzt auf, um Vorsorgeuntersuchungen oder Routine-Kontrolluntersuchungen durchführen zu lassen. Neben der Akut-Versorgung durch den Hausarzt stehen den Patienten zahlreiche Fachärzte und – zumindest in den Großstädten – auch Notfallpraxen und Ambulanzen in Kliniken zur Verfügung.

Während sich die Gesprächszeit in den vergangenen 100 Jahren minimiert hat, stieg die durchschnittliche menschliche Lebenszeit. Innovative Arzneimittel, Untersuchungs- und Behandlungsmethoden sind grundsätzlich sicherlich zu begrüßen. Unser Gesundheitsministerium wird sich jedoch in den kommenden Jahren mit der Frage beschäftigen müssen, wie man künftig eine flächendeckende Versorgung mit Ärzten bei einer zunehmend älter werdenden Bevölkerung sicherstellen kann. Und dies nicht nur in den Städten, sondern auch in ländlichen Regionen, aber auch für all diejenigen, die unsere Sprache nicht sprechen und mit einem anderen kulturellen Hintergrund nun in unserem Land als „Migranten" leben.

Wenn wir nun also wissen, ja sogar durch Studien bestätigt bekommen, dass unsere Zeit pro Patient knapp bemessen ist – wird es dann nicht umso wichtiger, mit diesen wenigen Minuten gut zu haushalten? Wie fühlen Sie sich als Patient dabei, wenn Sie in diesen wenigen Minuten noch nicht einmal ihre Befunde erklärt bekommen, seien es nun Laborwerte oder die Ergebnisse technischer Untersuchungen?

Ich denke, es ist an der Zeit zu hinterfragen, wo wir Behandlungszeit einsparen können, um sie dem so wichtigen Arzt-Patienten-Gespräch und damit dem Aufbau des Vertrauens zwischen den Akteuren widmen zu können. So sollte man überlegen, welche Untersuchungen in kurzen

Zeitabständen – etwa jedes Quartal – definitiv entbehrlich sind und lediglich die Ressourcen von Ärzten, medizinischen Fachangestellten und Patienten vergeuden. So sind beispielsweise im Rahmen von strukturierten Behandlungsprogrammen, sogenannten DMP-Programmen (Disease-Management-Programme, DMP, strukturierte Behandlungsprogramme für chronisch kranke Menschen) bei Diabetespatienten jährliche Laborkontrollen ausreichend. Die Realität sieht allerdings vielfach anders aus: Patienten werden vierteljährlich kontrolliert und verstopfen damit die Wartezimmer. Zwar regeln in vielen Bereichen (Diabetes, Bluthochdruck, Herzerkrankung, Asthma, Brustkrebs) strukturierte Gesundheitsprogramme die Häufigkeit von Kontrolluntersuchungen. Dies ist grundsätzlich auch zu begrüßen. Ich erlebe jedoch täglich, dass mehr „untersucht" wird als vorgeschrieben, was ebenfalls zu einer Verknappung der Ressourcen beiträgt. Was nicht messbar ist, nämlich die Sorgen, Ängste und Fragen unserer Patienten, kommt bei einem solchen Vorgehen zu kurz. Gesundheit lässt sich nicht zwingend messen und mit Werten darstellen. Mit diesem Irrglauben ist es an der Zeit aufzuräumen.

Was wünschen Sie sich als Patient? Professionelle Hilfe für Ihre persönlichen Beschwerden und Probleme, einen verständnisvollen Zuhörer, der Ihre Sorgen und Ängste ernst nimmt und Sie auf dem Weg zu einer besseren Lebensqualität begleitet. Welche Rolle spielt dabei die Lebenserwartung, die im Fokus der Ärzteschaft steht? Oder die als Grundlage von Studien zum entscheidenden, weil messbaren Parameter geworden ist? (Knowledge versus Evidenz?) Und welche Rolle spielt hierbei die Pharmaindustrie? Wie Sie sehen, gibt es in diesem Zusammenhang zunächst mehr Fragen als Antworten.

Zeitmangel ist zugleich ein Phänomen unserer Zeit. Er betrifft Ärzte gleichermaßen wie Patienten. Der Arzt muss die Gesprächszeit mit seinen Patienten gut kalkulieren, um am Ende des Tages allen Anforderungen gerecht werden zu können. Patienten hingegen wollen möglichst wenig Zeit im Wartezimmer der Arztpraxis verbringen, ja vielfach meiden sie deshalb sogar den Weg zum Arzt und besorgen sich Informationen und Medikamente im Netz. Gibt es einen Ausweg aus diesem Dilemma? Wie kann die Zeit, die Ärzte und Patienten in ein Gespräch investieren, am besten genutzt werden? Es braucht mehr als nur Worte, damit das Arzt-Patienten-Gespräch zum therapeutischen Instrument werden kann.

„Ein Arzt muss über Wahrnehmungsvermögen und Tastsinn verfügen, die es ihm ermöglichen, sich in die Befindlichkeit des Patienten einzufühlen.“ (Paracelsus)

Auch aus neurobiologischer Sicht lässt sich zeigen, welcher Stellenwert dem Faktor Zeit für den Aufbau einer Arzt-Patienten-Beziehung zukommt. Grundlage des Therapieerfolgs ist eine Bindung zum Therapeuten, die das Gefühl von Sicherheit, Verständnis und Vertrauen vermittelt. Bindung zwischen zwei Individuen wird durch das Neuropeptid Oxytozin ermöglicht. „Nach nur 5 Minuten Erstkontakt kommt Bindung durch ein Neuropeptid in der Regel noch nicht im wünschenswerten Ausmaß zustande; dafür sind mindestens 25–30 Minuten erforderlich. Wenn der Patient dann eine Beziehung zum Therapeuten aufgebaut hat, reichen auch kürzere Kontakte aus, um diese Wirkvariable zu nutzen.“ ([4], S. 96)

Leider wird der Beziehung zwischen Arzt und Patient immer wieder eine Placebo-Wirkung zugeschrieben. Derzeit ist – nicht nur in meinem Fachgebiet, der Diabetologie, der Glaube an die Digitalisierung und die Verbesserung durch KI – also künstliche Intelligenz, omnipräsent. Die Machbarkeit von Gesundheit durch Apps und technische Geräte (Insulinpumpen, Glukosesensoren, Herzschrittmacher, Defibrillatoren u. v. m.) wird allerorten angepriesen, das Gespräch zwischen Arzt und Patient führt zunehmend ein Schattendasein. Wie ich aber in den folgenden Kapiteln darstellen werde, haben die Neurowissenschaften inzwischen vielfach belegt, dass es einen positiven Therapieeffekt durch eine gelungene Arzt-Patienten-Bindung gibt. Wenn also Ärzte und Patienten gleichermaßen etwas mehr Zeit in ein Erstgespräch investieren, so legen sie dafür die Grundlage für eine gelungene Bindung und für mehr Gesundheit.

Die menschlichen Grundbedürfnisse wurden von Maslow und McClelland in primäre (Luft, Wasser, Schlaf, Nahrung, Bewegung, Sexualität, Lusterfahrung), sekundäre (Wärme, Sicherheit, Verlässlichkeit, Ordnung, Sinn, körperliche und psychische Unversehrtheit) und soziale Grundbedürfnisse (soziale Beziehungen, soziale Anerkennung, Herausforderung, Leistung, Selbstbestimmung, Selbstverwirklichung, Selbstständigkeit, positiver sozialer Vergleich) unterteilt [5, 6].

Werden die menschlichen Grundbedürfnisse nicht erfüllt, ist die Gesundheit gefährdet und der Nährboden für Krankheiten geschaffen. Wenn Menschen beispielsweise keinen gesunden Schlaf haben, laufen sie Gefahr, an Körper und Seele Schaden zu nehmen. Vor jede therapeutische Maßnahme stelle ich als Ärztin deshalb die Ursachenforschung. Ist der Blutzucker morgens regelmäßig erhöht, dann muss es nicht zwangsläufig die falsche Insulintherapie sein. Liegt beispielsweise eine Schlafapnoe vor, dann führen die nächtlichen Atempausen mit „Arousals" zu einer Cortisol-Ausschüttung und damit zu einer Erhöhung der Nüchtern-Blutzuckerwerte. Bislang kenne ich keine App, die derartige Zusammenhänge zuverlässig erkennt.

Das Gespräch zwischen Arzt und Patient schafft Bindung und Vertrauen und kann mehr als jede digitale Technik. Es ist im Gegensatz zu vielen Medikamenten ohne Nebenwirkungen, braucht aber Zeit. Mit zunehmendem Alter wird mir immer mehr bewusst, wie wichtig es ist, die Zeit, die einem jetzt zur Verfügung steht so gut wie möglich zu nutzen. Das gilt in zunehmendem Maße auch für die Zeit des Arzt-Patienten-Gesprächs. Dieses Wissen weiterzugeben, insbesondere auch an junge Ärzte und alle Patienten von morgen, ist für mich einer der wichtigsten Motivatoren für dieses Buch.

1.3 Wie viel Zeit nehmen sich Patienten?

Immer wieder ist es für mich spannend zu beobachten, mit welchen Sätzen Patienten am Telefon einen Termin vereinbaren oder was sie zur Begrüßung in meinem Sprechzimmer sagen. Sätze wie:

„Ich brauche nur ein paar Minuten." – „Kann ich morgen kurz vorbeikommen?" – „Es dauert auch nicht lange." – oder „Dafür habe ich keine Zeit!" – zeigen mehr als deutlich, in welcher permanenten Zeitnot sich viele Menschen befinden. Und es sind nicht nur junge oder berufstätige Personen, die diesem permanenten Zeitmangel unterliegen. Der Gang zum Arzt darf nicht zu zeitaufwändig sein und muss sich im Idealfall zwischen zwei anderen Terminen einbauen lassen. Vielfach ist die Suche nach einem passenden Arzttermin schwieriger als die Buchung einer Urlaubsreise.

Wenn sich gesundheitliche Probleme eingestellt haben, dann ist es an der Zeit, sich „Zeit" zu nehmen für die eigene Person. Das ist vor allem dann ein langwieriger und schwieriger Lernprozess, wenn die Prioritäten bislang „Job, Kinder, Familie" hießen. Wer nie gelernt hat, sich für die eigene Person Zeit zu nehmen, kann das nicht von heute auf morgen umsetzen.

Wer von seinem Arzt nicht nur ein Rezept in die Hand gedrückt bekommen möchte, sondern Interesse an einer echten Beratung hat, sollte sich dafür auch Zeit nehmen. Ein Gespräch bietet die Chance einer „Bestandsaufnahme" und neben der Besprechung der therapeutischen Maßnahmen kann es motivierend und damit heilend sein. Neben dem Zeitmangel gibt es aber auch noch andere Hürden zu überwinden, um miteinander ins Gespräch zu kommen.

1.4 Das Erstgespräch in der Praxis

„Grüß Gott Frau X., kommen Sie bitte in mein Sprechzimmer!" – So oder so ähnlich könnte der Anfang einer Arzt-Patienten-Beziehung aussehen.

Frau K. kommt erstmals in meine Praxis – bei der Hausärztin wurde ein entgleister Diabetes festgestellt (HbA1c 12,7 %, Keton im Urin 2+, duale orale Therapie). Sie ist 55 Jahre, deutlich übergewichtig (BMI 38), getrennt lebend und in Teilzeit beschäftigt. Bei der Patientenaufnahme erhält sie zunächst die Datenschutzinformationen und den Behandlungsvertrag für Privatversicherte zur Unterschrift. Und genau hier ist die erste Hürde für die Patientin. Sie hat Bedenken, dass die Kosten für ihre Behandlung und Beratung nicht in voller Höhe von ihrer Kasse übernommen werden, sie möchte deshalb das Formular nicht unterschreiben. Sie habe finanzielle Probleme – ihre Hausärztin wüsste das – und möchte das vorab mit mir klären.

Zugegeben – dieser „Erstkontakt" ist nicht der Regelfall – zeigt aber exemplarisch, welche Sorgen und Nöte unsere Patienten oft umtreiben. Für diese Patientin ist nicht die medizinische Situation vordergründig, sondern es sind ihre Ängste und wie sich später noch herausstellt ihre sozialen und finanziellen Rahmenbedingungen.

Oft sind es auch Erfahrungen aus früheren Arzt-Patienten-Kontakten oder große Enttäuschungen in anderen Partnerschaften, die es unseren Patienten schwer machen, sich auf einen Arzt einzulassen. Aus vielen Gesprächen ist mir nur allzu bekannt, welch großes Misstrauen uns Ärzten gegenüber oft herrscht. Wenn Sie, insbesondere bei einem Erstgespräch, das Gefühl haben, der Arzt kann sich für Sie keine Zeit nehmen, dann fehlt der erste und wichtigste Schritt zum Aufbau einer vertrauensvollen Arzt-Patienten-Partnerschaft. Gerade die ersten Minuten, in denen sich zwei Menschen kennenlernen, sind entscheidend für ihre weitere Beziehung. Das gilt im Freundeskreis oder am Arbeitsplatz ebenso wie in der Arztpraxis.

Aber zurück zu unserer Patientin, Frau K. Nach einer kurzen Begrüßung frage ich sie, wer sie zu mir überwiesen hat und weshalb. Sie antwortet: „Meine Hausärztin. Sie hat gesagt, dass ich Insulin spritzen muss, das will ich aber auf gar keinen Fall. Da muss es doch auch eine andere Möglichkeit geben, Frau Doktor, sie kennen als Spezialistin doch sicher noch andere Tabletten."

Klar ist – diese Patientin hat große Angst vor einer Insulintherapie. Dafür gibt es die unterschiedlichsten Gründe. Die Kunst des Gespräches besteht nun darin, mit wenigen Fragen diese Ängste zu ergründen, ihr Misstrauen in Zutrauen, ja Vertrauen zu verwandeln, um sie für eine aktive Mitarbeit zu gewinnen. Natürlich benötigt sie neben einem ersten informellen Gespräch in jedem Fall auch eine strukturierte Schulung: sie muss lernen, ein Blutzuckermessgerät zu bedienen und sich Insulin zu spritzen. Ich muss ihr das aber nicht alles auf einmal zumuten, denn das würde den großen Berg, den sie vor sich sieht, nur noch höher machen. Auch ist zu bedenken, wie schlecht sich ein Patient mit derart hohen Zuckerwerten fühlt und wie stark damit sein Auffassungsvermögen eingeschränkt ist.

Ich frage sie: „Auf einer Skala mit Schulnoten – wo würden Sie sich augenblicklich einordnen? Wie gut fühlen Sie sich heute? War das früher anders?" Antwort: „Seit Monaten geht es mir schlecht – Schulnote 5 – auch meine Heilpraktikerin konnte mir diesmal nicht mehr helfen. Und ich habe auch große finanzielle Probleme."

Im Erstgespräch sollten Sie das Gefühl haben, von Ihrem Arzt dort abgeholt zu werden, wo Sie stehen. Dazu gehört, dass Ihre wesentlichen

Beschwerden aber auch Ihre Ängste in Ruhe besprochen werden können, denn nur dann werden Sie eine Bereitschaft zur Mitarbeit entwickeln können.

Im Falle eines entgleisten Diabetes sind die führenden Symptome nahezu immer eine große Müdigkeit, häufiges Wasserlassen (Polyurie), viel Durst (Polydipsie), schlechte Stimmung, eine deutlich spürbare Sehverschlechterung oder schlechter Schlaf. Dass sich mit Insulin eine Verbesserung des Allgemeinbefindens einstellen wird, ist die vielleicht wichtigste Botschaft für Frau K. Sie möchte wieder tatkräftig ihre Aufgaben in Beruf und Familie angehen können, sie möchte morgens ausgeruht aufwachen und mit guter Stimmung durch den Tag gehen können.

Viele Patienten sind überrascht, wenn ich sie nach ihrem Schlaf oder ihrer Stimmung befrage. Deshalb ist es so wichtig, die aktuelle Lebensqualität zu analysieren und eine Verbesserung in Aussicht zu stellen. „Step by step" – der Weg der kleinen Schritte, das ist es, was sich jeder Patient wünscht und es ist nahezu immer ein Erfolgsrezept!

Deshalb – die ersten Sätze im Sprechzimmer sind vielleicht die wichtigsten. Für das Gelingen eines guten Gesprächs braucht es folgende Zutaten auf beiden Seiten: Respekt, Wertschätzung, Ehrlichkeit. Auf Seiten des Arztes sollten Empathie und Hilfsbereitschaft dem Patienten gegenüber signalisiert werden. Wenn beim ersten Kontakt klar wird, dass großer Redebedarf besteht, dann gerate auch ich, trotz langjähriger Berufserfahrung, gerne mal unter Zeitdruck. Deshalb biete ich zur Fortführung des Gesprächs einen baldigen Folgetermin an, im Idealfall vor oder nach der offiziellen Sprechstunde. Zeitmangel versetzt Ärzte und Patienten gleichermaßen in einen Stressmodus, den man vermeiden sollte.

Grundsätzlich hat es sich für mich beim Erstgespräch bewährt, die Übermittlung von Fakten erst einmal in den Hintergrund zu stellen. Ich versuche, die Beschwerden, Ängste, Sorgen und Nöte meiner Patienten zu erfragen. Dabei hilft es mir auch, ihre Körperhaltung, Gestik und Mimik zu beobachten, ja bereits der Händedruck (seit der Corona-Pandemie aktuell leider nicht mehr möglich) kann Auskunft über die aktuelle Verfassung geben. Ich frage regelmäßig nach dem privaten Umfeld und auch nach den Lebensinhalten – gerade bei älteren Patienten. Zuhören und Empathie für die aktuelle Lebenssituation meiner Gesprächspartner sind wichtige Elemente für den Aufbau eines vertrauensvollen Arzt-Patienten-Verhältnisses. Ist es so nicht auch bei jeder anderen Form der Partnerschaft – zwischen Mann und Frau, Eltern und Kindern, Arbeitgeber und Arbeitnehmer, besten Freunden?

Am Ende eines Erstgespräches steht so gut wie immer eine konkrete Vereinbarung. Ich frage Frau K., ob sie damit einverstanden ist, mit mir gemeinsam die nächsten Schritte zu gehen. Sie erklärt sich dazu bereit, eine Insulintherapie zu beginnen. Um eventuellen Ängsten vorzubeugen und damit sie sehen kann, wie einfach die Anwendung ist, demonstriere ich die Insulininjektion mit einem Testmedium an meinem Bauch. Dann mache ich es mit ihr gemeinsam oder die Diabetesberaterin übernimmt diesen Part. Alle anderen Schritte haben Zeit – bei derart hohen Blutzuckerwerten sind Lernprozesse erschwert, das Erklären des Messgerätes und die Schulung können warten. Zum Folgetermin sollte die Patientin idealerweise auch ihren Partner mitbringen. Bei sehr ängstlichen Patienten biete ich an, die ersten Insulingaben bei Start einer BOT (basal unterstützte orale Therapie) gemeinsam in der Praxis zu machen. Wir vereinbaren in jedem Fall einen Folgetermin im Abstand von wenigen Tagen.

Das Erstgespräch braucht Zeit und eine vertraute Atmosphäre. Hier sollte niemand das Arztzimmer betreten oder das Telefon läuten – derart unnötige Störungen lassen sich immer vermeiden. Mein Patient erhält ungeteilte Aufmerksamkeit – ja, ich sage es ihm auch, dass wir nun in Ruhe sprechen können. Ich vermeide es, auf die Uhr zu sehen und versuche alles andere auszublenden, zum Beispiel die restlichen Patienten im Wartezimmer. Helfen kann dabei sehr, die Patienten dort über eine etwas längere Wartezeit zu informieren. Mein Ziel ist es, in etwa 15 Minuten das Vertrauen der Patientin zu gewinnen und sie zu einer Mitarbeit zu bewegen – in kleinen, ja kleinsten Schritten, von heute auf morgen – nicht weiter. Die Patientin braucht Zeit, ist mit der schlechten Blutzuckersituation nur bedingt aufnahmefähig und muss erfahren, dass Insulin ihr nicht schadet, sondern guttun wird. Die Therapie der kleinen Schritte möchte ich vergleichen mit dem Vorgehen bei einer schweren Depression. Den Patienten auf den nächsten Schritt – den nächsten Tag zu fokussieren führt ihn weg von dem Gedanken an den großen Berg. Er soll das Gefühl bekommen, an einer kontinuierlichen Verbesserung seines Befindens aktiv mitwirken zu können.

Mit zunehmenden Berufsjahren und stetig wachsender Leidenschaft für diesen wunderbaren Beruf empfinde ich die Beziehung zu meinen Patienten immer mehr als eine „Partnerschaft". Denke ich zurück an meine Assistenzarztzeit, dann war dies eher selten der Fall. Es ist die immer wiederkehrende Erfahrung, mit mehr Raum und Zeit für das Gespräch den eigentlichen Schlüssel zum Therapieerfolg in der Hand zu haben, also sozusagen die wichtigste „Basistherapie". Compliance, die Bereitschaft eines Patienten aktiv an therapeutischen Maßnahmen mitzuwirken, wird ohne ein gutes Arzt-Patienten-Verhältnis und gegenseitiges Verständnis nie möglich sein.

Es ist auch mein persönlicher Reifungsprozess, mein eigenes „älter werden", der mir hilft, Prioritäten zu setzen und mich vor allem dem Gespräch – der Kommunikation in verbaler und nonverbaler Form – zu widmen. Es macht mir große Freude zu spüren, wie sich meine eigene Sicherheit auf den Patienten überträgt – und das geschieht zumeist beim allerersten Kontakt. Prof. Dr. J. Sehouli beschreibt es folgendermaßen: „Ärzte sollten das Aufnahmegespräch als Grundlage nutzen, um Vertrauen aufzubauen." [7].

Ich bemühe mich, dass der Erstkontakt im Sprechzimmer zum Dialog wird. Das ist nicht immer einfach, denn als Arzt neige ich dazu, möglichst viel erklären zu wollen. Gerade zu Beginn einer Arzt-Patienten-Beziehung ist es aus meiner Sicht jedoch unwichtig, welche Wissensinhalte ich vermitteln kann. Es geht darum, mein Gegenüber aus ganzheitlicher Sicht zu erfassen. Als niedergelassener Arzt habe ich es in meiner Praxis definitiv leichter als in einer Klinik, denn dort herrschen oft hierarchische Strukturen, denen man als angestellter Arzt zumeist ausgeliefert ist. Gerade darin besteht die beglückende Tätigkeit des selbstständigen Arztes, dass man auswählen kann, wie man die Prioritäten setzt und die Zeitfenster verteilt.

Warum gibt es an den medizinischen Fakultäten kein Fach „Kommunikationslehre"? Und warum werden die wichtigsten Instrumente eines Arztes, nämlich Respekt, Toleranz und Empathie, nur so selten in Fortbildungen, Fachartikeln oder Büchern besprochen oder auf Universitäten gelehrt? In seinem Buch „Was uns krank macht – was uns heilt" schreibt der Psychoneuroimmunologe Christian Schubert [8] zu diesem Thema:

> „Seitens der medizinischen Fakultät wird hier nicht entgegengesteuert, wohl weil man davon ausgeht, dass der Medizinstudent auf Zeitmangel und Arbeitsbelastung im späteren Klinikalltag vorbereitet werden muss. Das Credo lautet: Nur ein emotional distanzierter Arzt kann auch sachlich korrekt diagnostizieren und behandeln. Empathie gilt als Störfaktor."

Natürlich ist es unsere ärztliche Aufgabe, Diagnosen zu stellen und Krankheiten zu behandeln. Um dieser Aufgabe gerecht zu werden, genügt es aber in meinen Augen nicht, Untersuchungen durchzuführen und Befunde zu erheben. In meinen Augen kann man es nicht besser formulieren als Hippocrates (griech. Arzt, geb. 460 v. Chr.):

> „Es ist wichtiger zu wissen, welcher Mensch eine Krankheit hat, als zu wissen, welche Krankheit ein Mensch hat".

1.5 Was macht ein gutes Gespräch aus?

Stellen Sie sich folgende Alltagssituation vor: Sie sind früher als gedacht von der Arbeit nach Hause gekommen. Um Ihrem Partner eine Freude zu machen, beschließen Sie, sein Lieblingsgericht zu kochen und den Tisch hübsch zu decken. Nach dem Essen sagt Ihr Partner: „Das war sehr lecker, du hast toll gekocht, aber eigentlich wollte ich diese Woche Diät machen." Wie geht es Ihnen nun? Das ausgesprochene Lob wurde noch im selben Satz mit dem „aber" zerstört. Ähnliche Situationen erlebe ich täglich in der Praxis. Da sage ich zum Beispiel: „Sehr schön, wie sich Ihr Gewicht entwickelt hat, aber Sie schaffen sicher noch mehr." Auch ich bin nicht immer so auf meine Wortwahl fokussiert, als dass mir derartige Fehler nicht unterlaufen würden.

Zu einem guten Gespräch gehört vor allem, positive Botschaften auch als solche erkennbar werden zu lassen. Das bedeutet, ein Lob nicht durch ein „aber" zu zerstören, sondern es vielmehr mittels einer weiteren Botschaft zu verstärken. Für unser Beispiel im Privaten könnte der Kommentar lauten: „Das war sehr lecker, du hast toll gekocht, und noch dazu eines meiner Lieblingsgerichte, obwohl du in dieser Woche so wenig Zeit hast."

Und meiner Patientin hätte ich besser Mut gemacht mit: „Sehr schön, wie sich Ihr Gewicht entwickelt hat. Sie können stolz auf sich sein!"

Bei jedem Arztbesuch, den Sie als Patient machen, ist Ihnen bewusst, dass Ihre Verhalten auf dem Prüfstand steht. Egal ob Blutdruck, Blutzucker oder Cholesterin, nur eine regelmäßige Einnahme der Medikamente kann einen langfristigen Therapieerfolg bewirken. Und wenn es Ihrem Arzt gelingt, Sie dazu zu motivieren, dann war das Gespräch mit ihm von therapeutischem Nutzen. Erhalten Sie jedoch keine positiven, motivierenden Botschaften beim Verlassen des Sprechzimmers, so bleibt fraglich, wie konsequent Sie in den nächsten Wochen die Anweisungen Ihres Arztes umsetzen werden. Achten Sie also darauf, ob Sie in Ihrer Arztpraxis auch motiviert und gelobt werden, und wenn dies nicht der Fall ist, denken Sie über einen Arztwechsel nach.

Die Sprache ist für viele Berufe das wichtigste Handwerkszeug. Lehrer, Professoren, Pädagogen, Ärzte und viele weitere Berufsbilder sind auf die Vermittlung von Wissensinhalten durch Sprache angewiesen. Neben der reinen Wissensvermittlung soll das Gespräch mit Ihrem Arzt Sie dazu motivieren, sich mit Ihrer Krankheit ernsthaft auseinanderzusetzen, und ein Lob animiert Sie dazu, Ihre Bemühungen zu intensivieren. Das gilt für Kinder, Schüler und jeden Angestellten in einer Firma gleichermaßen.

Oft erhalten unsere Patienten Aufgaben wie die häusliche Messung von Blutdruck oder Blutzucker. Folglich ist die Besprechung dieser „Hausaufgaben" beim nächsten Termin aus meiner Sicht obligat. Interessiert sich ihr Arzt für diese Werte und fragt er nach, wenn Auffälligkeiten vorliegen, so spüren sie sein echtes Interesse an ihrer Situation und das wird von jedem Patienten sehr geschätzt. Das Besprechen der Blutzuckertagesprofile beispielsweise erfordert häufig ein Nachfragen. „Warum waren an diesem Tag die Blutzuckerwerte so hoch?" beinhaltet keine Wertung, und das Wort „schlecht" lässt sich vermeiden. Nachfragen signalisiert ein echtes Interesse an einer Person und reduziert Menschen nicht auf ihre „Werte". Nur wenn Patienten neben dem Interesse an ihren Befunden auch eines an ihrer Person signalisiert bekommen, werden sie eine erfolgreiche Art-Patienten-Kommunikation gestalten können.

Die Situation des Arztes hat große Ähnlichkeit mit der eines Lehrers. Patienten wollen ebenso wie Schüler gelobt werden. Deshalb sollte man jeden noch so kleinen Fortschritt anerkennen. Worte wie „großartig“, „beeindruckend“, „überzeugend“, „erfreulich“ oder „einzigartig“ können entsprechend dem Grad der Verbesserung eingesetzt werden und leisten einen unschätzbaren Beitrag zur Motivation.

Das Problem mit der Wortwahl kennen nicht nur Ärzte. In der Werbebranche ist bestens bekannt, welche Formulierungen den Absatz des beworbenen Produktes am besten ankurbeln. Denken Sie an die Wortwahl eines Versicherungsvertreters oder Autoverkäufers. Was er Ihnen verkaufen möchte, ist mindestens „einmalig“, wenn nicht sogar „einzigartig“ oder „sensationell“.

Wenn sich bei einem therapeutischen Prozess Verbesserungen eingestellt haben, ist es einfach zu loben und zu motivieren. Schwierig wird es jedoch, wenn schlechte Befunde vorliegen. Nun geht es um negative Botschaften, die wir als Ärzte unseren Patienten täglich übermitteln müssen. Da ist beispielsweise der Patient mit einem Herzinfarkt, der erfahren muss, dass eine Herzoperation ansteht oder der Jugendliche, der erfährt, dass sein Typ 1 Diabetes den Rest seines Lebens mitbestimmen wird.

In derartigen Situationen spielt es eine entscheidende Rolle, mit welchen Formulierungen, mit welcher Dramatik und mit wie viel Zeit für das Gespräch wir die Betroffenen mit den vorliegenden Befunden konfrontieren.

Der Verlauf jedes Krankheitsgeschehens wird maßgeblich mitbestimmt durch die geistige und seelische Verfassung unserer Patienten. Vor allem dann, wenn es sich um Tumorerkrankungen oder schwere internistische und chirurgische Krankheitsbilder mit einer schlechten Prognose handelt, braucht es eine Sprache, die nicht schockiert oder Abwehr hervorruft, sondern die zur weiteren Mitarbeit beiträgt.

Nehmen wir also an, Sie erfahren nach einem Herzinfarkt, dass Ihre Herzkranzgefäße zahlreiche Stenosen (Engstellen) aufweisen und deshalb das Setzen von mehreren Stents oder aber ein operativer Eingriff erfolgen müssen. Wer zu hören bekommt: „Ihr Herz sieht aus wie eine Baustelle“, fühlt sich wie in einer Autowerkstatt, aber sicher nicht wie bei einem Arzt, dem er vertrauen kann. „Mit diesem Eingriff können wir dazu beitragen, dass sich Ihr Herzmuskel rasch erholen kann“, wäre beispielsweise eine Formulierung, die Ihre Einstellung zu dem notwendigen Eingriff positiv beeinflussen kann und dabei hilft, Ihre Ängste und Bedenken vor dem geplanten Eingriff zu reduzieren. In einer derartigen Situation kommt der Wortwahl des Arztes eine ganz entscheidende Rolle zu. Fällt sie verständnisvoll aus und haben Sie als Patient das Gefühl, dass sich Ihr Arzt in die für Sie schwierige Situation hineinversetzen kann, so wirkt sich das positiv auf Ihre Einstellung dem geplanten Eingriff gegenüber aus. Wird aber Ihr Stresssystem mit Worten wie „schrecklich, katastrophal oder bedenklich" aktiviert, so hat dies negative Auswirkungen auf den Blutdruck, Blutzucker, das Immunsystem und die Wundheilung. Mehr zur Thematik Stress lesen Sie in einem späteren Kapitel (siehe Kap. 5).

Nehmen wir ein weiteres Beispiel: Ein stark übergewichtiger Patient hat zum wiederholten Male seine Zielwerte bezüglich Gewicht und Blutzucker nicht erreicht. „Sie werden das nie schaffen, wenn es so weitergeht" ist für ihn sicher keine Hilfestellung und verstärkt lediglich sein Gefühl des Versagens. Wie könnte man es anders formulieren? „Lassen Sie uns noch einmal gemeinsam überlegen, welche konkreten Schritte Sie noch zusätzlich unternehmen könnten, damit sich Ihre Befunde verbessern. Welche Veränderungen könnten Sie sich vorstellen und wer könnte Sie dabei unterstützen?"

Negative Formulierungen und Schlagzeilen prägen unsere Zeit. Jede Nachrichtensendung beginnt mit einer Katastrophe, die Titelseite von Zeitschriften braucht eine Nachricht, die aufschreckt oder schockiert. Negatives verkauft sich besser als Positives. Die Ärzte, denen Sie in ihrem Leben begegnen, sollten hier eine Ausnahme darstellen. Achten Sie darauf, wie oft Sie negative Formulierungen und Botschaften erhalten. Hier nur einige wenige Beispiele:

- „Ihr Blutdruck ist eine Katastrophe/katastrophal!"
- „Der schlechte HbA1c muss Ihnen Angst machen!"
- „Ihre LDL-Werte sind besorgniserregend/-extrem gefährlich!"

Als Arzt bin ich der Anwalt meiner Patienten. Ich begleite sie bei körperlichen und seelischen Erkrankungen, und das beinhaltet natürlich auch die Übermittlung negativer Befunde. Als Anwalt begebe ich mich mit meinen Patienten in einen Prozess, dessen Ende nicht immer absehbar ist. Neben der Befundvermittlung kommt dem Aufzeigen einer Perspektive im Krankheitsprozess eine wichtige Funktion zu. Das bedeutet, immer wieder ein offenes Ohr für Patienten zu haben, ihnen immer wieder gut zuzureden und ihnen immer wieder aufs Neue Mut zu machen. Wer sich in schwierigen Situationen an die Hand genommen fühlt und Motivation erfährt, kann seine Selbstheilungskräfte aktivieren. So werden Ärzte und Patienten zu Partnern, die sich auf Augenhöhe begegnen, sich gegenseitig vertrauen und auch dann Unterstützung zulassen, wenn es Rückschläge gibt.

1.6 Die richtigen Fragen stellen – als Patient und als Arzt

Wie gehen Sie vor, liebe Leserin und lieber Leser, wenn Sie Beschwerden haben? Vereinbaren Sie unverzüglich einen Termin bei Ihrem Hausarzt oder recherchieren Sie zunächst einmal im Netz oder befragen Ihre Freunde? Und wie reagieren Ihre Ärzte, wenn Sie über Ihre Recherchen im Netz berichten?

Für den Faktor Zeit im Arzt-Patienten-Gespräch spielt diese neue Dimension der Vorabinformation auf Seiten der Patienten eine nicht unwesentliche Rolle. Oft benötigt man viel Zeit, die Einstellungen und Überzeugungen, die aus den Eigenrecherchen entstanden sind, zu diskutieren.

Im digitalen Zeitalter sind es längst die Patienten, die uns Ärzten Fragen stellen. Ich persönlich kann grundsätzlich gut damit umgehen, wenn Patienten selbst im Netz recherchiert haben, gelegentlich lerne ich sogar etwas dazu. Auch wenn ich mich regelmäßig fort-und weiterbilde, kann es vorkommen, dass mir Fakten entgangen sind. Jedoch lasse ich mir von Patienten grundsätzlich sagen, wo sie genau was gelesen haben. Oft stellt sich dann heraus, dass sie die Berichte falsch verstanden oder interpretiert haben – also eine klassische „Kommunikationsbarriere" besteht.

In meinem Kollegenkreis ist man geteilter Meinung: viele Kollegen betrachten den „vorinformierten Patienten" als Entlastung, viele aber auch als Belastung. Zur Belastung wird er vor allem, wenn während der Konsultationszeit lange Diskussionen entstehen.

Was sind die Gründe für die Eigenrecherche des Patienten? Er erhofft sich dadurch, lange Wartezeiten auf einen Termin in der Arztpraxis und die Wartezeit inclusive Infektionsgefahr im Wartezimmer einzusparen. Die Recherche des Patienten ersetzt aber keineswegs das ärztliche Gespräch. Im Gegenteil, es bedeutet oft einen gewaltigen Mehraufwand an Zeit, die im Netz gewonnenen Informationen in den für den Patienten richtigen Zusammenhang zu stellen.

Gefährlich wird es immer dann, wenn Medikamente ohne das Wissen des behandelnden Arztes und ohne vorherige Rücksprache eingenommen oder ebenso eigenmächtig abgesetzt werden. Derartige Schritte sollten grundsätzlich in Absprache mit dem behandelnden Arzt erfolgen und niemals ohne vorherige Rücksprache.

Mein Beispiel-Klassiker dazu: „Das LDL-Cholesterin war doch bei der letzten Untersuchung in Ordnung, also habe ich es abgesetzt." Das berichtet mir der Patient in diesem Fall nur, weil mir aufgefallen war, dass er sich im vergangenen Quartal kein Rezept für sein Fettstoffwechselpräparat hatte ausstellen lassen. Unsere Patienten haben ihre eigene Logik. Auch wenn wir viel reden und erklären – das, was bei ihnen ankommt, ist oft nur ein Bruchteil dessen was wir sagen. Nur im Gespräch und durch permanentes Nachfragen lassen sich derartige „Störfaktoren" aufspüren. Es ist vielfach nicht mangelnde Compliance, sondern mangelhaftes Zuhören, gelegentlich aber auch Beeinflussung durch die Medien. Gerade im Fall des Cholesterins gibt es eine große Gegenbewegung zur klassischen Schulmedizin. Mein Wunsch wäre, dass mich meine Patienten in ihre Überlegungen einbeziehen und ich ebenso gehört werde wie die Sendung im Fernsehen oder der Professor, der dazu ein ganzes Buch geschrieben hat.

Oft ist es nur diese kurze Frage nach der Einnahme eines Medikamentes, die aufdeckt, dass Patienten in Eigeninitiative und ohne Rücksprache mit dem behandelnden Arzt gehandelt haben. Was für mich selbstverständlich ist – die Dauertherapie bei z. B. einer Fettstoffwechselstörung oder Bluthochdruck – ist es für viele Patienten eben nicht. Sie denken auf anderen Wegen und sind vielfach den Meinungen aus dem Bekanntenkreis und dem Netz unterworfen. Nur bei einem guten Vertrauensverhältnis zu ihrem behandelnden Arzt treffen sie solche Entscheidungen nicht alleine, sondern befragen ihn zuvor.

Regelmäßig kommt es vor, dass gegen Ende des Gesprächs mein Patient sagt: „Eigentlich wollte ich Sie noch etwas Wichtiges fragen, aber jetzt habe ich es vergessen." In diesem Fall empfehle ich grundsätzlich: „Machen Sie sich doch vor Ihrem nächsten Termin einen Merkzettel mit Ihren Fragen." Schwierig wird es dann nur, wenn dieser Zettel 10 Fragen auflistet … Die Formulierung lautet also besser: „… einen Merkzettel mit Ihren beiden wichtigsten Fragen."

Fragen stellen ist nicht alleine Patienten vorbehalten. Auch wir Ärzte müssen unseren Patienten immer wieder Fragen stellen. Die vielleicht zwei wichtigsten Fragen für eine gute Kommunikation lauten: „Haben Sie die Befunde, die ich Ihnen gerade erklärt habe, verstanden?" sowie „Haben Sie noch Fragen?" – bevor ein Patient mein Sprechzimmer verlässt.

Achten Sie doch bei Ihrem nächsten Arztbesuch einmal darauf, ob auch Ihnen solche oder ähnliche Fragen gestellt werden. Sie zeigen, dass es Ihrem Arzt wichtig ist, dass Sie seine Erklärungen verstanden haben und Sie nicht mit ungeklärten Fragen nach Hause gehen.

Und wer nun darüber nachdenkt, wie gut seine Gespräche mit seinen behandelnden Ärzten zu bewerten sind, kann beim nächsten Arztbesuch darauf achten, ob ihm geschlossene oder offene Fragen gestellt werden. Können Sie auf die Fragen Ihres Arztes nur mit „ja" oder „nein" antworten, so handelt es sich um geschlossene Fragen. Beispiel: „Vertragen Sie das neue Medikament?" – Ihre Antwort ist ja oder nein, eventuell „… ich weiß nicht so recht". Können Sie eine Frage aber mit einem eigenen freien Text beantworten, so handelt es sich um eine offene Frage, die ein echtes Gespräch in Gang bringen kann. Offene Fragen beginnen mit den Wörtchen „wer", „wie", „was", „warum" oder „wann" – nun können Sie offen berichten. Und wie in einer Talkshow ist es wichtig darauf zu achten, dass Sie bei Ihrer Antwort bei sich bleiben – das bedeutet, nicht über Partner, Freunde oder Arbeitskollegen zu berichten, sondern über sich selbst. Notfalls wird Sie Ihr Arzt in Ihrem Redefluss deshalb auch mal unterbrechen.

Gerne frage ich meine Patienten nach ihren Interessen, ihrem Lieblingssport oder ihrem Schlafverhalten. Solche Fragen überraschen und sind vielfach ein guter „Türöffner" für das Gespräch. Weitere „Türöffner"-Fragen könnten zum Beispiel sein:

- „Was sind Ihre Hobbys?"
- „Was würden Sie sich wünschen, wenn sie einen Wunsch frei hätten?"
- „Was war Ihr schönstes Erlebnis im vergangenen Jahr?"
- „Wie gut können Sie schlafen?"

Mit derartigen Fragen ist der Zugang zu meinen Patienten oft ganz unkompliziert, ich lerne die Sorgen und Ängste aber ebenso ihre Wünsche, Prioritäten und Wertvorstellungen kennen. Auch führe ich sie mit solchen Fragen zu ihrem eigenen Selbst, und das ist aus meiner Sicht einer der wichtigsten Bestandteile meines therapeutischen Handelns. Galileo Galilei (1564–1642) hat es wunderbar formuliert:

> „Man kann einen Menschen nichts lehren, man kann ihm nur helfen, es in sich selbst zu entdecken."

1.7 Im Gespräch bei sich bleiben

Viel Zeit in Arzt-Patienten-Gesprächen geht verloren, weil das Gespräch von der eigenen Person wegdriftet. Oft ist es ja auch viel schwerer, über die eigenen Sorgen und Nöte zu berichten als über die des Partners oder der Kinder. Auch wenn das soziale Umfeld eine bedeutsame Rolle spielt – im Gespräch muss immer klar und deutlich werden, welche eigenen Beschwerden, Sorgen und Gefühle Sie als Patient besprechen wollen. Bei allen psychosomatischen Krankheitsbildern ist die Beschäftigung mit der eigenen Person die wichtigste Grundvoraussetzung für einen therapeutischen Prozess. Ebenso müssen jedoch im Vorfeld organische Krankheitsbilder ausgeschlossen werden. So kann eine depressive Stimmungslage bei stark entgleistem Blutzucker als Begleitsymptom auftreten, ohne dass eine echte Depression vorhanden ist. Achten Sie also darauf, dass Ihr behandelnder Arzt nicht alle Ihre Symptome auf psychische Ursachen zurückführt. Nur nach Ausschluss organischer Ursachen ist die Diagnose einer psychosomatischen Erkrankung legitim.

1.8 Vom Monolog zum Dialog – die wichtigsten Gesprächsregeln

Ein gutes Gespräch findet immer dann statt, wenn beide Akteure zu Wort kommen. Für eine gute Verständigung zwischen Arzt und Patient ist es hilfreich, wenn eine „Redekultur" gepflegt wird. Dies gilt ebenso am Arbeitsplatz, im Bekanntenkreis oder im Gespräch mit Ihrem Partner. Was ist darunter zu verstehen? Ganz einfach, es gibt gewisse Regeln, die bei jeder Kommunikation zu beachten sind. Die aus meiner Sicht wichtigsten sind:

- Redezeit festlegen und beachten
- dem Gesprächspartner nicht ins Wort fallen
- keine gegenseitigen Belehrungen
- gegenseitige Wertschätzung und Akzeptanz
- Verschwiegenheit bzw. ärztliche Schweigepflicht berücksichtigen
- Offenheit und Ehrlichkeit

Werden diese Regeln beachtet, so ist eine gute Gesprächsbasis und damit auch Vertrauensbasis gelegt. Ist dies nicht der Fall, sollten Sie als Patient unbedingt Ihr Unbehagen äußern. Wenn Sie das Sprechzimmer Ihres Arztes verlassen, dann sollte es Ihnen besser gehen als beim Betreten.

„Worte sind das mächtigste Werkzeug, über das ein Arzt verfügt" schreibt der Kardiologe B. Lown in seinem Buch „Die verlorene Kunst des Heilens" [9]. Und weiter schreibt er: „Ein Patient sollte sich jedes Mal, wenn ihn ein Arzt gesehen hat, besser fühlen."

1.9 Gesprächspartner – „Patiententypen" im Überblick

Wenn Sie eine berühmte Persönlichkeit für ein Gespräch unter vier Augen treffen dürften – wen würden Sie wählen? Welcher Gesprächspartner interessiert Sie? Angela Merkel, Donald Trump, Loriot, der Papst, Oliver Kahn oder Cher? Bei einem solchen Gedankenexperiment stellt man schnell fest, welcher Typ Mensch, ja welche Eigenschaften es sind, die man bevorzugen würde. Kommunikation erscheint immer dann leicht, wenn man sich mit seinem Gegenüber auf einer Wellenlänge fühlt, wenn der Gesprächspartner eine positive Ausstrahlung hat, er mir Interesse entgegenbringt und ich seine Wertschätzung und Anerkennung spüre.

Als Patient haben Sie die freie Arztwahl – und wenn Ihnen eine Gesprächssituation Unbehagen oder Bauchschmerzen bereitet, dann sollten Sie ein solches Gefühl nicht beiseiteschieben, sondern darüber nachdenken, welche Konsequenzen Sie daraus ziehen.

Wir Ärzte sind da in einer etwas anderen Situation. Mit jedem „Patienten-Typus" umgehen zu können, will gelernt sein. Doch darauf werden wir im Studium leider nicht vorbereitet. Es macht aber gerade das Faszinierende an meinem Beruf aus, sich mit all diesen „Facetten" menschlicher Verhaltensweisen auseinanderzusetzen. Leider höre ich immer wieder das Schlagwort vom „schwierigen Patienten" – ja manch einer bezeichnet sich selbst bei seiner Erstvorstellung als „besonders schwierigen Fall". Gibt es das wirklich? Und wie beeinflusst eine solche Einstellung die zwischenmenschliche Kommunikation?

Lernen Sie nun ein paar dieser Menschen kennen, die nach außen hin sehr unterschiedliche Verhaltensweisen an den Tag legen, aber oft ganz ähnliche Probleme, Ängste, Hoffnungen haben oder Fähigkeiten besitzen. Wenn gute Kommunikation gelingen soll, dann ist es wichtig, hinter die Fassade zu blicken und sich immer wieder vor Augen zu führen, dass es die Erlebnisse und Erfahrungen sind, die jedes Individuum prägen bis zu dem Augenblick, in dem wir einander gegenübertreten und uns kennenlernen.

1. Der Uninteressierte

Er ist in jeder Altersgruppe zu finden. Schon am Empfang hat er wichtige Unterlagen wie einen Überweisungsschein oder Vorbefunde nicht dabei. Auch die Namen seiner Medikamente sind ihm nicht bekannt. Zum Beispiel Herr B., 45 Jahre, Angestellter in einer großen Firma, verheiratet, 2 Kinder. Sein HbA1c sei „seit längerem zu hoch", mehrfache Schulungsangebote habe er abgelehnt, weil man das ja auch alles im Internet nachlesen könne. Im Erstgespräch argumentiert er, es sei ja alles nicht so gravierend, man könne doch sicherlich noch „zuwarten". Er habe ja schließlich derzeit beruflich und privat außerordentlich viel zu tun, also wenig Zeit für Arztbesuche oder Schulungsmaßnahmen. Auf den erhöhten Blutdruck angesprochen lautet die Antwort „das ist immer nur in der Arztpraxis so, zu Hause sind die Werte immer in Ordnung!"

Was tun bei einer derartigen Einstellung? Welche Fragen stellen? Welchen Zeitrahmen geben? Unser alltägliches Problem ist, dass sowohl Diabetes als auch Hypertonie und Fettstoffwechselstörung nicht „spürbar" sind! Leider werden viele Patienten erst hellhörig, wenn sich Folgeerkrankungen wie Gefäßkomplikationen an Augen, Herz oder Niere eingestellt haben. So lange nichts weh tut, ist für viele Menschen alles in Ordnung.

Wie drastisch schildere ich dem Patienten gegenüber solche möglichen Folge-Komplikationen? Handelt es sich dabei um „Angstmache" oder um reine Information, wenn ich im Erstgespräch darüber rede? Hier gehen die Meinungen in der Ärzteschaft weit auseinander! Für mich persönlich ist eine neutrale Darstellung der Fakten wichtig – mein Patient kann nur dann entscheiden, wie wichtig es ihm nun mit der Einstellung seiner Risikofaktoren ist. Grundsätzlich empfehle ich die Schulung, weil ein Erfahrungsaustausch unter Betroffenen eine völlig andere Dimension schafft als das Lesen eines Buches oder die Internetrecherche. Und in den allermeisten Fällen gelingt mir das auch – und für den Uninteressierten ist es ein wichtiger und erfolgversprechender erster Schritt.

Hinter dem Desinteresse des Patienten verbirgt sich jedoch vielfach Angst. Die Befunde nicht ins Bewusstsein zu holen, ist eine Art Verdrängung. Als Alibi werden die vielen beruflichen und privaten Verpflichtungen herangezogen. Jüngere Patienten halten sich für „unverwundbar" und haben es deshalb vor allem beim Auftreten eines Diabetes Typ 1 besonders schwer zu akzeptieren, dass ihr Körper nun zumindest im Hinblick auf die Insulinproduktion versagt. Es entsteht eine neue Abhängigkeit, nämlich die vom Insulin, die jedoch akzeptiert werden muss, um zu überleben. Die Dramatik eines solchen Geschehens erzwingt ein Handeln bei den Betroffenen, nicht zwangsläufig jedoch Interesse.

2. Der Alleswisser

Egal ob in der Klinik oder in der Arzt-Praxis: Diese Menschen haben auf jede Frage eine Antwort parat, haben Schulungen und Reha-Aufenthalte hinter sich und so manches Fachbuch gelesen. Trotzdem ist ihre Blutzuckereinstellung oder ihre Blutdruckeinstellung schlecht. Sie beklagen, die falschen Blutdruck- oder Zucker-Medikamente oder das falsche Insulin zu haben. Als junge Assistenzärztin habe ich mich dieser Patientengruppe gegenüber oft sehr hilflos gefühlt – heute fordern Sie mich heraus. Oft gelingt es mir, ihnen mit einfachen Darstellungen zu zeigen, wo ihre Denk- aber auch Verhaltensfehler liegen und einer Korrektur bedürfen.

Ein typischer Satz dieser Patientengruppe lautet: „Das habe ich in der Schulung (Klinik, Reha, beim Hausarzt, Diabetologen) doch schon alles gelernt". Und sie beginnen sehr gerne die Diskussion mit mir als Arzt oder dem Diabetesberater mit „Ja, aber ..." Man braucht oft ein wenig Mut, um die Fakten klar anzusprechen: „Obwohl Sie das ja alles schon wissen, läuft es mit Ihrer Diabeteseinstellung derzeit nicht wirklich gut. Was könnten Sie dazu beitragen, damit sich eine Verbesserung einstellen kann?" – könnte eine etwaige Formulierung sein.

Es erscheint mir wichtig, das durchaus vorhandene Wissen dieser Patienten anzuerkennen – gleichzeitig jedoch falsch wahrgenommene Sachverhalte klarzustellen – also auf elegante Weise zu korrigieren. Mit den Jahren gelingt es immer besser, nicht vorschnell auf Konfrontationskurs zu gehen. Erst mal den Patienten „ins Boot holen" und dann weitersehen, Zeit geben zur Analyse und ebenso zur Veränderung von festgefahrenen Verhaltensweisen und Überzeugungen. Hier kann zum Beispiel eine Gruppenschulung Wunder vollbringen – denn nun agieren neben der Schulungskraft auch die anderen Gruppenmitglieder, die ebenso Betroffene sind und deshalb auf einer Ebene mit dem „Alleswisser" stehen. Wenn diese Person dann nach einer Schulung sagt: „Das war sehr interessant – ich habe einiges Neues erfahren und bin wieder motiviert, mich mehr um meine Gesundheit zu kümmern!" – dann ist das für unser Diabetesteam ein ganz besonderer Augenblick.

3. Der Kontrollfreak

Diese Patientengruppe gab es zu Zeiten der Urinzuckerkontrolle selten! Denn diese Methode war sehr unbeliebt und zudem zeitaufwändig und unbequem. Außerdem gab es dabei nur eine Farbskala abzulesen! Aber die Zeiten haben sich geändert: inzwischen gibt es Blutzuckermessgeräte nicht nur in der Arztpraxis oder beim Apotheker – zahlreiche Discounter haben sie bereits im Angebot, und natürlich sind sie auch übers Internet zu beziehen! Mit dem Glukosesensor ist ein neues Tool entstanden, das die Kontrolle der Blutzuckerwerte nun zu jeder Minute möglich macht. Das hat Licht- aber auch Schattenseiten. Besonders anfällig für permanentes Kontrollieren sind zwanghafte Persönlichkeiten und Menschen, die in ihren Berufen tagtäglich mit großen Datenmengen zu tun haben. Was in Arbeitsprozessen an Dokumentation und Kontrolle von Bedeutung ist, kann jedoch nicht problemlos auf das Geschehen im Bereich Gesundheit übertragen werden. So ist beispielsweise bei einer Insulintherapie mehr zu berücksichtigen als nur Algorithmen. Denn hier spielen neben dem Insulin und der Ernährung auch das Verhalten (viel oder wenig Bewegung), die Temperatur, der Schlaf, die Stimmung sowie Gefühle und zahlreiche weitere Faktoren eine entscheidende Rolle.

Warum wird so gerne Blutzucker gemessen? Weil es von Ärzten eingefordert wird? Weil Patienten Ängste haben und sich darüber eine gewisse Sicherheit verschaffen können? Weil es interessant ist zu beobachten, wie sich der Blutzucker verändert? Weil es unsere Patienten mehr und mehr interessiert, wie sich bestimmte Faktoren (Essen, Bewegung, Alkohol etc.) auf den Blutzucker auswirken? Weil man daraus Konsequenzen für das Verhalten ableiten kann? Weil man es sich irgendwann mal so angewöhnt hat – also aus Routine? Oder weil man damit sein Gewissen beruhigt, wenigstens etwas zu tun, nämlich den Blutzucker zu messen?

In meinem Alltag muss ich viel Zeit dafür aufbringen, um Patienten zu erklären, dass eine Blutzuckermessung nur dann wirklich Sinn macht, wenn aus ihr therapeutische Konsequenzen gezogen werden. Dies gilt in jedem Fall für alle Patienten mit intensivierter Insulintherapie – sei es Typ 1 oder Typ 2. Wenig Sinn macht es aber, wenn ein Typ-2-Diabetiker mit oraler antidiabetischer Therapie jeden Tag seinen nüchtern-BZ misst.

Das sind im Quartal 90 Teststreifen – aber die Aussagekraft geht gegen null! Für das therapeutische Vorgehen macht in diesem Fall ein einmalig im Monat gemessenes BZ-Tagesprofil mit 7 Werten deutlich mehr Sinn – der Bedarf liegt dann bei 21 Teststreifen im Quartal. Diese Anzahl Teststreifen kann sich dann in der Regel sogar jeder Patient selbst leisten! (Denn bei einer Behandlung mit Zuckertabletten sind BZ-Teststreifen keine Leistung der gesetzlichen Krankenkassen – es sei denn in besonderen Ausnahmen wie „Schulungsbedarf" oder „Hypoglykämien" – was dann aber auf dem Rezept vermerkt sein muss, da es Ihr behandelnder Arzt ansonsten aus seiner Tasche bezahlen muss.)

Der Kontrollfreak kann aber noch viel mehr: seitenweise Protokolle erstellen, die ich als Arzt schon am Vorabend des anstehenden Termins per Mail zugesendet bekomme – um doch bitte „vorab schon mal alle Werte durchsehen zu können". Was ich aber diesen Seiten entnehmen kann, sind leider allzu oft nur BZ-Werte. Die zur Analyse erforderlichen Angaben wie Insulindosis und BE-Menge fehlen meist. Ebenso Kommentare zu besonders hohen oder niedrigen Werten – obwohl ich deren Notwendigkeit im Patientengespräch immer wieder betone. Denn nur, wenn all diese Faktoren dokumentiert sind, ist eine aussagekräftige Analyse möglich – Tortendiagramme alleine helfen hier wenig.

Wichtig im Umgang mit diesen Patienten ist es, dass sie nicht das Gefühl haben, ich würde mich nicht für ihren „Datenberg" interessieren! Aber er sollte spüren, dass es nicht nur Werte zu erfassen gilt, sondern vor allem darum geht, Zusammenhänge aufzuspüren und zu verstehen!

Bei der augenblicklichen Diskussion um KI – also eine künstliche Intelligenz – frage ich mich oft, wie wir bei einer solchen „Datengläubigkeit" als Ärzte den Menschen künftig noch als Individuum wahrnehmen werden.

Im Bereich der Diabetologie haben wir die ersten Insulinpumpen auf dem Markt, die als selbstlernende Systeme funktionieren. Jedoch benötigen Sie weiterhin die korrekte Eingabe der zugeführten Kohlehydratmengen. Sind die Angaben hier falsch, kann das System nicht richtig funktionieren und beinhaltet zusätzliche Gefahren. KI bedeutet auch für uns Ärzte einen enormen Lernprozess. Wenn Sie am Ende des Tages Ärzte wie Patienten entlasten soll, muss sie richtig bedient werden und es muss einen Plan B geben, falls sie ausfallen sollte.

4. Der Lässige
Diese Patientengruppe kennzeichnet eine gewisse Leichtigkeit! Sie sind freundlich – selten konfrontativ, aber durch ihre lässige Art eben oft leider auch mit einem hohen Risiko unterwegs, sei es beim Sport, beim Autofahren oder in außergewöhnlichen Situationen wie zum Beispiel bei Fernreisen. Insbesondere bei insulinbehandelten Patienten oder auch bei Bluthochdruck-Patienten wundere ich mich manchmal, dass nicht mehr „passiert": Messgerät vergessen – trotzdem blind gespritzt; Pen vergessen – trotzdem gegessen (und nicht unbedingt kohlehydratfrei); Alkohol getrunken ohne zu messen; Sport gemacht ohne Messgerät oder Pen dabei gehabt zu haben; Blutdrucktabletten nicht genommen – trotzdem am Steuer und nach Italien unterwegs … – dies sind nur ein paar wenige Beispiele. Irgendwie sind diese Patienten in gewisser Weise auch sehr zu bewundern, denn überwiegend meistern sie all diese Situationen ohne größere Probleme. Vielleicht ist es gut, dass wir Ärzte nicht immer wissen, was unsere Patienten im Alltag so machen – wir hätten sonst sicher so manche unruhige Minute mehr!

Therapeutisch bewege ich in der Regel am meisten, wenn es mir gelingt, Patienten mit derart lässigem Verhalten mit Informationen – gerne schriftlicher Art in Form von Informationsmaterial – zu versorgen. Auch der Austausch in einer Gruppenschulung oder Selbsthilfegruppe kann bewirken, dass sie ihre gesundheitlichen Einschränkungen ernst nehmen und sich mehr um eine Verbesserung kümmern. Im Kreise von Gleichgesinnten erhalten die eigenen Verhaltensweisen eine Spiegelung. Auch die Einbeziehung des Partners kann sehr aufschluss- und hilfreich sein, wenn lässiges oder gar gefährliches Verhalten vorliegt. Jedoch muss dies im Vorfeld mit Ihnen als Patienten grundsätzlich abgesprochen werden und darf nur mit Ihrem Einverständnis erfolgen. Schwierig wird es, wenn sich Ihr Partner aus Sorge um Sie telefonisch oder persönlich bei Ihrem Arzt meldet – hier gilt es selbstverständlich, die ärztliche Schweigepflicht zu wahren und keine Informationen ohne Einverständnis des Patienten an Dritte herauszugeben. Denn die „Lässigkeit" beunruhigt die Lebenspartner oft mehr als die Betroffenen selbst. Dies gilt ebenso für die Angst vor Hypoglykämien, wie in der Dawn-Studie eindrucksvoll gezeigt werden konnte (Befragung von Angehörigen zur Diabetestherapie ihrer Partner) [9].

5. Der Dankbare
Gäbe es diesen Patiententypen nicht, wäre unser Beruf vielleicht gar nicht über so viele Jahre zu stemmen! In jungen Jahren gibt er uns die Möglichkeit, Erfahrungen zu sammeln und zu wachsen – später mit mehr Erfahrung gibt er uns die Kraft für all die Patienten, die eine sehr intensive Betreuung benötigen. Manch einer von ihnen hat sich bei mir in den Jahren der Begleitung zu einem „Bekannten" entwickelt, dessen Lebensgeschichte ich mitverfolgt und den ich über mehr als 20 Jahre begleiten durfte. – Ihnen allen an dieser Stelle ein herzliches „Dankeschön"!

Wenn großes gegenseitiges Vertrauen besteht, fühlt sich das für beide Seiten sehr gut an. Nicht immer ist bereits beim Erstgespräch erkennbar, was sich aus dem Arzt-Patienten-Kontakt entwickeln kann. Anfangs trifft man häufig auf Fassaden, die mit jedem weiteren Termin zu bröckeln beginnen. Um diesen Prozess in Gang zu setzen, bin aber nicht nur als Arzt, sondern auch als Mensch gefragt. Und dazu gehört auch mein Team, das eine vertrauensvolle Atmosphäre in der Praxis schafft. Heute spielt es für mich letztlich keine Rolle, wer aus unserem Team den Verbindungsdraht zum Patienten herstellt und die Türen für Veränderungen öffnet.

Der Dankbare zieht andere Patienten in seinen Bann – sei es in einer Gruppenschulung, einer Selbsthilfegruppe, im Bekanntenkreis oder aber in unserem Wartezimmer. Hier treffen schließlich alle Patiententypen aufeinander und deshalb ist dieser Raum vielleicht der wichtigste in meiner Praxis!

Hier treffen zum Beispiel ängstliche Patienten, die gerade erst neu mit der Diagnose Diabetes konfrontiert wurden auf langjährige Diabetespatienten. Ein Austausch untereinander kann bei der Diabetesakzeptanz durchaus hilfreich sein. In Kap. 7 werde ich aufzeigen, wie die Corona-Pandemie leider auch diese Kommunikationswege beeinträchtigt.

Bei allen Unterschieden haben meine Patienten eines gemeinsam: eine Stoffwechselstörung, bei der sie durch ihre Mitarbeit ganz erheblich zum Verlauf des Krankheitsgeschehens beitragen können. Wer sich gemeinsam mit dem behandelnden Arzt auch Gedanken über die Möglichkeiten der eigenen Mitarbeit macht, kann Selbstheilungskräfte aktivieren und damit den Effekt jeder medikamentösen Therapie verstärken.

Die Bandbreite menschlicher Verhaltensformen zeigt sich natürlich nicht nur in der Arztpraxis. Sie macht das Leben interessant und den Austausch zwischen Menschen immer wieder aufs Neue zu einem einmaligen Geschehen. Und genau das unterscheidet menschliche Interaktion von mechanischen Prozessen, wie sie uns technische Hilfsmittel zur Verfügung stellen. Während Technik zuverlässig funktioniert – zumindest in den allermeisten Fällen – und definierten Gesetzmäßigkeiten gehorcht, ist Kommunikation vielen Unwägbarkeiten und nicht messbaren Faktoren ausgesetzt. Genau darin liegt jedoch die große Chance, eine Person nicht nur auf körperlicher, sondern eben auch auf geistiger und seelischer Ebene zu erreichen.

Ausgehend von meinem therapeutischen Verständnis sehe ich Arzt und Patient als Team. Es ist für mich eine besondere Form der Partnerschaft. Wenn sich Beide mit Interesse und Offenheit begegnen, dann ist ein therapeutischer Prozess erfolgversprechend. Deshalb steht in unserem Wartezimmer an der Wand mein Motto:

> „Der Schlüssel zum Erfolg liegt bei Ihnen selbst. – Wir zeigen Ihnen den Weg."

1.10 Von der Kunst einer guten Arzt-Patienten-Kommunikation

Ein Gespräch im Arztzimmer bildet die ganze Bandbreite des Lebens ab. Mal ist es fröhlich und heiter, vor allem dann, wenn Sie als Patient über positive Entwicklungen berichten können wie eine erfolgreiche Gewichtsabnahme, weniger Schmerzen oder eine bessere Gemütslage. Ebenso gibt es aber auch traurige Anlässe oder Misserfolge, die Patienten nach dem Kontakt mit ihrem Arzt suchen lassen.

Jede Diagnose verändert das bisherige Leben eines Patienten. Egal, um welche Erkrankung es sich handelt, ob Diabetes, Krebs, Herzinfarkt, Hepatitis, COPD, um nur ein paar wenige zu nennen. Für den Betroffenen ist es immer eine schlechte Nachricht. Und weil sich Menschen vor schlechten Nachrichten schützen wollen, suchen sie häufig erst viel zu spät einen Arzt auf. Sie haben oft eine Vorahnung, dass etwas nicht stimmt, recherchieren häufig sogar im Internet oder befragen Apotheker und Freunde, bevor sie dann schließlich bei meist zunehmendem Krankheitsgefühl die Arztpraxis aufsuchen.

Ärzte aller Fachrichtungen beschäftigen sich mit der Frage, was eine gute Arzt-Patienten-Kommunikation ausmacht. Dies gilt insbesondere dann, wenn wir schlechte Nachrichten überbringen müssen, wie beispielsweise die Botschaft von einer Tumorerkrankung, einer Demenz, einer schweren Herzerkrankung oder einem Typ-1-Diabetes. Letzteres gehört zu meinem Alltag und in jedem einzelnen Fall stelle ich mir die Frage, welche Botschaften, welche Worte im Augenblick der Befundmitteilung an die Betroffenen – Kinder, Jugendlichen, Eltern oder Erwachsenen – nun die richtigen sind.

Sicher stellen Sie sich auch gelegentlich die Frage des „Was wäre, wenn … ?“. Mit zunehmendem Alter erleben wir in unserem Familien- und Freundeskreis immer öfter, wie schwere gesundheitliche Probleme das Leben von Menschen und Familien von heute auf morgen verändern. Und spätestens dann, wenn Sie zu einer Beerdigung gehen müssen, überlegen Sie, welche Konsequenzen sich aus einer lebensbedrohlichen Erkrankung ergeben und wie Sie damit umgehen würden. Welchen Wunsch an Ihren Arzt hätten Sie persönlich in einer solchen Situation? Wünschen Sie sich in einem solchen Augenblick einen Arzt, der Ihnen zum Zeitpunkt der Diagnosestellung alle Eventualitäten detailliert erklärt, Sie über alle Risiken der anstehenden Behandlung aufklärt und Ihnen den Terminplan für die Chemotherapie aushändigt? Oder einen, der Sie schrittweise auf die anstehenden Behandlungen vorbereitet und immer dann verfügbar ist, wenn Sie Fragen haben?

An einem Fall aus meiner Praxis möchte ich das illustrieren:

Die kleine E. ist 2 Jahre jung, als sich ihr Diabetes mellitus Typ 1 manifestiert. Da ihr Vater ebenfalls an Typ 1 erkrankt ist, bemerkt er die ersten Symptome sehr frühzeitig. Trotzdem muss E. zur Ersteinstellung in die Klinik. Für die kleine Patientin gehören von nun an und für den Rest ihres Lebens Blutzucker messen und Insulinspritzen zu ihrem Alltag. Aktuell jedoch müssen die Eltern diesen Part übernehmen. Zu Beginn der Erkrankung ahnen sie Gott sei Dank noch nicht, dass die Kindertagesstätte, die ihre Tochter bislang besuchte, deren weitere Betreuung verweigern wird. Im Laufe des ersten Jahres muss die Familie jede Menge

Hindernisse aus dem Weg räumen und zudem darauf achten, die ältere Tochter nicht zu vernachlässigen. Die Mutter muss im Job pausieren, die Insulintherapie muss erlernt werden, die Nächte müssen ebenso wie die Tage überwacht werden, eine Kindertagesstätte und später eine Schule müssen für E. gefunden werden – ein Kraftakt auf allen Seiten. Welche Botschaften, welche Sätze sind es, die sich E., ihre Schwester und ihre Eltern wünschen? Was brauchen alle Beteiligten, um diese schwere und lebenslange Aufgabe bewältigen zu können?

An diesem Beispiel ist zu ermessen, was Kommunikation für kranke Personen aber auch für ihre Partner, Familien und Angehörigen bedeutet.

Der Psychologe Walter Baile hat ein Kommunikationsmodell (SPIKES) entwickelt, das genau diesen Gegebenheiten Rechnung trägt. Es umfasst sechs Schritte, die den Weg zu guten Gesprächen bahnen sollen. Dabei stehen die Bedürfnisse von Patienten, die mit schlechten Nachrichten konfrontiert werden müssen, im Mittelpunkt des ärztlichen Handelns. Dieses Modell verfolgt folgende Schritte [10]:

1. Gute Rahmenbedingungen für die Gesprächssituation schaffen
2. Kenntnisstand des Patienten erfragen – welche Informationen hat er bislang erhalten?
3. Unterstützung signalisieren
4. Einen Behandlungsplan entwickeln
5. Emotionen erfragen und erfassen
6. Das Wichtigste zusammenfassen, Wünsche erfragen, Ausblick geben

Ich möchte Ihnen diese sechs Schritte kurz skizzieren, denn sie können dabei helfen zu beurteilen, wie aufgehoben Sie sich bei ihrem Arzt fühlen. Das Modell ist aber ebenso eine Orientierungshilfe für Ärzte aller Fachrichtungen.

Schritt 1: S – „Setting Up the Interview"

Zunächst geht es um die Rahmenbedingungen: geschlossener Raum, Sitzanordnung, angenehme Atmosphäre, keine Störungen durch Telefonate oder laute Umgebung. Wenn gewünscht, sollten Bezugspersonen dem Gespräch beiwohnen.

Schritt 2: P – „Assessing the Patient's Perception"

Es ist hilfreich, sich mittels offener Fragen einen Überblick über den Kenntnisstand des Patienten zu seiner Erkrankung zu verschaffen. So könnte die Frage an Sie beispielsweise lauten: „Was wissen Sie bisher über Ihre medizinische Situation?" oder „Können Sie sich vorstellen, warum wir diese Untersuchung nun durchführen wollen?" Die Patientenwahrnehmung des Geschehens zu kennen, hilft dabei, Missverständnisse zu vermeiden oder zu beseitigen.

Schritt 3: I – „Obtaining the Patient's Invitation"

Wie detailliert möchten Sie als Patient zum Zeitpunkt der Diagnosestellung über Ihre Erkrankung informiert werden? Mögliche Fragen wären: „Soll ich Ihnen alle Ergebnisse der Untersuchungen ausführlich erklären oder nur die wichtigsten Ergebnisse skizzieren?" oder „Möchten Sie den Behandlungsplan jetzt oder lieber zu einem späteren Zeitpunkt mit mir besprechen (wenn Ihre Frau dabei sein kann)?" Vor allem dann, wenn es sich um schlechte Nachrichten handelt, ist es für Sie als Patient ein schwieriger und oft langwieriger Prozess, damit umzugehen. Jeder Mensch hat bei diesem Verarbeitungsprozess sein eigenes Tempo, und das sollte man Ihnen im ärztlichen Gespräch auch zugestehen.

Schritt 4: K – „Giving Knowledge and Information"

Bei der Übermittlung von Befunden kommt es vielfach zu Missverständnissen, weil wir Ärzte vergessen, die Sprache unserer Patienten zu sprechen. Das bedeutet, dass Sie nachfragen sollten, wenn Sie medizinische Fachausdrücke nicht verstehen. Statt „Myokardischämie" wäre „Herzinfarkt", statt „Nephropathie" die „Nierenerkrankung" oder statt „dilatieren" wäre „erweitern" das Wort, das Sie verstehen können.

Insbesondere dann, wenn mehrere negative Befunde vorliegen, ist darauf zu achten, dass Sie die vielen Informationen nicht alle auf einmal erhalten. Es hat sich bewährt, lange Gespräche auf mehrere kürzere Gespräche zu verteilen. Dann haben Sie in der Zwischenzeit die Möglichkeit, Gesprächsinhalte zu verarbeiten und beim nächsten Termin Rückfragen zu stellen. Und auch wenn die Prognose ungünstig ist, sollten Sie als Patient nicht unter Druck gesetzt werden, vor allem dann nicht, wenn es sich um weitere Untersuchungen oder Eingriffe handelt. Ganz besonders in der Tumortherapie ist der Weg für Patienten oft nicht vorhersehbar und Sie brauchen genügend Zeit, um sich mit den Gegebenheiten abfinden zu können.

Achten Sie auch darauf, welche Adjektive im Gespräch verwendet werden. Wörter wie „unglücklicherweise" oder „leider" sind bei der Kommunikation wenig hilfreich. Nur, wenn es uns Ärzten gelingt, unseren Patienten Mut zu machen, können wir ihre Mitarbeit gewinnen.

Wenn Sie eine schwere Erkrankung haben, dann benötigen Sie den Beistand Ihres Therapeuten. Was Sie nun definitiv nicht brauchen, sind Sätze wie: „Bei der schlechten Prognose Ihrer Erkrankung sollten Sie …" oder „Bei diesem Befund kann ich leider gar nichts mehr für Sie tun". Wenn Sie sich so etwas anhören müssen, dann ist es an der Zeit, den Arzt zu wechseln.

Schritt 5: E – „Adressing the Patient's Emotions with Empatic Responses"

Bei jedem Arzt-Patienten-Gespräch kommt es auf beiden Seiten zu allen möglichen Emotionen. Für eine therapeutische Begleitung ist es von großer Bedeutung, wie Sie sich als Patient fühlen. Im Falle einer schlechten Nachricht – was spüren Sie? Trauer, Wut oder Enttäuschung? Ihr Arzt sollte Ihnen signalisieren, dass Sie all diese Gefühle aussprechen dürfen, ja sogar sollen. Gefühle wie Mutlosigkeit, Ohnmacht oder Hilflosigkeit behindern therapeutische Prozesse. Sie sollten unbedingt verbalisiert werden – das ist von großer Bedeutung für das weitere Krankheitsgeschehen.

Schritt 6: P – „Providing Strategy and Summary"

Am Ende eines jeden Gesprächs sollte eine kurze Zusammenfassung der Gesprächsinhalte stehen. Das kann Ihnen helfen, Ängste und Ungewissheit abzubauen. Auch können Sie so Missverständnisse aus dem Weg räumen und ohne offen gebliebene Fragen die Praxis verlassen. Auch die nächsten Schritte in der Therapie sollten von Ihrem Arzt noch einmal kurz zusammengefasst werden.

Schön wäre es, wenn Sie abschließend beispielsweise gefragt würden: „Was wünschen Sie sich für unser nächstes Gespräch?“ Mit einer solchen Frage spüren Sie ein echtes Interesse Ihres Arztes daran, Sie auf einem schwierigen Weg zu begleiten. Und wie wir später noch sehen werden, kann dies Selbstheilungskräfte aktivieren.

In diesem Kapitel haben Sie nun viel zu der „Macht der Worte“ gelesen. In Ergänzung dazu noch ein paar Gedanken zu nonverbaler Kommunikation, die ich im folgenden Kapitel näher beleuchten werde.

In ganz besonderen Augenblicken kann es auch mal sein, dass bei einem Termin nur ganz wenig gesprochen wird. Nach schweren Schicksalsschlägen genügen Blicke und Gesten der Betroffenheit. Ein Augenblick des gemeinsamen Schweigens ist dann für meine Patienten hilfreicher als jedes Wort.

In Anlehnung an Dahlia Lavi (1973) würde ich es wie sie formulieren:

> „Meine Art, Liebe zu zeigen, das ist ganz einfach Schweigen, Worte zerstören, wo sie nicht hingehören.“

Schweigen bedeutet nicht, dass keine Interaktion oder Kommunikation stattfindet. Schweigen beinhaltet Gesten, Blicke und Körpersignale, die ebenso tröstend sein können wie Worte.

Ein letztes Mal möchte ich in diesem Kapitel den Kardiologen Bernard Lown zitieren: [8]

> „Optimismus ist ein Kant'scher kategorischer Imperativ und für den Arzt, dessen Aufgabe es ist, Leben zu bejahen und zu bekräftigen, ein medizinisches Gebot. Selbst bei zweifelhafter Prognose können positive Worte, wenn auch nicht immer die Genesung, so doch das Wohlbefinden fördern.“

Wenn man mich fragen würde, wann für mich ein Arzt-Patienten-Gespräch positiv verlaufen ist, dann wäre meine Antwort: Wenn es meinem Patienten nach unserem Gespräch bei der Verabschiedung und dem Verlassen meines Sprechzimmers besser geht als bei seiner Begrüßung. Die Last auf seinen Schultern sollte durch das Gespräch nicht schwerer, sondern leichter geworden sein.

Kehren wir zum Anfang des Kapitels zurück dann würde der Satz lauten: „Liebling, ich bin so froh, dass ich mit Dir über alles reden kann."

Das Wichtigste im Überblick

- Jedes Gespräch zwischen zwei Menschen enthält verbale und nonverbale Elemente.
- Eine gelungene Arzt-Patienten-Kommunikation benötigt Zeit, Respekt, Toleranz und Vertrauen.
- Offene Fragen und eine positive Wortwahl ermöglichen echte Dialoge zwischen den Gesprächspartnern.
- Die Einstellungen und Überzeugungen des Gesprächspartners zu erfassen, stellt einen wichtigen Schritt bei therapeutischen Prozessen dar.
- Gespräche haben für Patienten einen therapeutischen Nutzen, wenn sie Lob und Motivation beinhalten.
- Das therapeutische Gespräch muss Perspektiven aufzeigen.
- Die Übermittlung negativer Befunde oder einer neuen Diagnose erfordert ein besonderes Maß an Zeit und Empathie.

Literatur

1. https://www.vertriebslexikon.de/nonverbale-kommunikation.html. Zugegriffen am 14.07.2022.
2. http://www.spiegel.de/gesundheit/diagnose/aerzte-haben-laut-weltweiter-analyse-nur-wenige-minuten-pro-patient-a-1176897.html. Zugegriffen am 14.07.2022.
3. https://www.barmer.de/blob/38432/0b4f90cb97f8b72206127d2b66507b89/data/pdf-arztreport.pdf. Zugegriffen am 14.07.2022.
4. Braus, D. F. (2014). *Ein Blick ins Gehirn*. Thieme.
5. Maslow, A. H. (1943). A theory of human motivation. *Psychological Review, 50*, 370–396.
6. McClelland, D. C. (1989). Motivational factors in health and disease. *American Psychologist, 44*(4), 675–683.
7. Sehouli, J. (2018). *Von der Kunst, schlechte Nachrichten gut zu überbringen*. Kösel.
8. Schubert, C. (2016). *Was uns krank macht, was uns heilt – Das Zusammenspiel von Körper, Geist und Seele besser verstehen*. Fischer & Gann.
9. Lown, B. (2017). *Die verlorene Kunst des Heilens – Anleitung zum Umdenken* (14. Aufl.). Suhrkamp Taschenbuch 3574.
10. http://www.uniklinik-bonn.de/42256BC8002B7FC1/vwLookupDownloads/SPIKES_handout.pdf/$FILE/SPIKES_handout.pdf. Zugegriffen am 14.07.2022.

2

Botschaften ohne Worte – Nonverbale Kommunikation I

„Freundlichkeit ist eine Sprache, die Taube hören und Blinde lesen können."

(Mark Twain)

„Das Lächeln das du aussendest, kehrt zu dir zurück."

(Indisches Sprichwort)

2.1 Einleitung

„Wir verstehen uns blind" ist eines der vielen Sprichwörter, das ausdrückt, wie Verständigung zwischen Menschen auch ohne Worte funktionieren kann. Wer es schon einmal erlebt hat – es ist ein wunderbares Gefühl, wenn man sich auch ohne Worte versteht, wenn man die Gedanken, Gefühle und Stimmungen seines Gegenübers erfassen kann ohne mit Worten danach zu fragen. Was es dazu braucht, ist vor allem die Beobachtung der Körpersprache.

Stellen Sie sich vor, Sie treten einen neuen Job an und begegnen an Ihrem ersten Arbeitstag in der neuen Firma nur fremden Personen. Sie fühlen sich unsicher, kennen die Arbeitsabläufe noch nicht, wollen aber trotzdem mög-

V. Hollenrieder, *Sprechstunde auf Augenhöhe*,
https://doi.org/10.1007/978-3-658-37935-3_2

lichst rasch die Strukturen des neuen Betriebs sowie ihre Mitarbeiter kennenlernen. Deshalb nehmen Sie zunächst eine beobachtende Haltung ein. Bevor Sie mit den Ihnen fremden Kollegen ein Gespräch beginnen, gehen sie erst einmal auf „Beobachtungsposten“: In der Kantine, der Cafeteria oder dem Pausenraum beobachten Sie deshalb erst einmal die Gestik und Mimik ihrer Tischnachbarn und überlegen sich dann in Ruhe, mit welchem der neuen Kollegen Sie Kontakt aufnehmen möchten, Dabei nutzen Sie intuitiv nonverbale Kommunikationskanäle. In Ihr Verhalten fließen aber auch frühere Erfahrungen aus ähnlichen Situationen mit ein.

Die geschilderte Situation hat Parallelen zur Begegnung zwischen Arzt und Patient. Nicht immer können wir in diesem Setting frei wählen, wer unsere Gesprächspartner sein sollen. Das gilt für Ärzte und Patienten gleichermaßen. Natürlich geht ein Kennenlernen nicht, ohne dabei Worte zu wechseln. Eine Brücke zueinander können aber auch nonverbale Kommunikationsmittel sein. Wenn Ärzte nicht nur die körperlichen, sondern auch seelischen Beschwerden ihrer Patienten für wichtig erachten, dann werden sie Wert darauf legen, auf nonverbale Signale zu achten. Diese können einen ganz wesentlichen Beitrag für therapeutische Prozesse leisten. Ein Arzt, der auf Ihre Körpersignale achtet, wird für Sie viel schneller zu einer Vertrauensperson werden können als einer, der sich nur mit Ihren Befunden beschäftigt. Sie möchten als Mensch mit Körper, Geist und Seele gesehen und behandelt werden – nicht zuletzt deshalb halten Sie ja auch dieses Buch in Händen.

Nonverbale Kommunikation umfasst also alle Informationen, die Sie von Ihrem Gegenüber erhalten können, ohne auch nur ein einziges Wort zu sagen, also Gestik, Mimik, Körperhaltung und Körpergeruch. Je mehr dieser Signale wahrgenommen werden, desto besser werden sich Gesprächspartner in ihrer Ganzheit erfassen können. Das gilt für jedes Gespräch, sei es im Job, in Ihrer Familie oder eben bei Ihrem Arzt.

Aus der Kommunikationswissenschaft wissen wir, dass für eine gelungene Kommunikation der nonverbale Anteil die überragende Rolle spielt (Abschn. 1.1). Das wird insbesondere dann deutlich, wenn stumme Menschen nicht mehr sprechen können. Auch ohne Sprache können sie sich – nonverbal – verständigen.

Zunächst geht es in den folgenden vier Abschnitten um alle visuellen Eindrücke, die wir als nonverbale Kommunikationskanäle nutzen können. „Ein Bild sagt mehr als tausend Worte“ – jeder kennt diesen Slogan, der 1921 erstmals von Fred R. Barnard in einer Fachzeitschrift der Werbebranche formuliert wurde – „One Look is Worth a thousand Words“ [1].

In den weiteren Abschnitten geht es dann um nicht gesprächsbedingte Kontextfaktoren, die unsere Kommunikation beeinflussen.

2.2 Welche Signale sendet der Körper? – Gestik

„Ich wurde mit offenen Armen empfangen“ ist wieder eines dieser Sprichwörter, das zum Ausdruck bringt, wie zwei Menschen den Beginn eines Gespräches oder einer wie auch immer gearteten Partnerschaft begonnen haben. Zwar dürfte es eher selten sein, dass Sie von einem Arzt so begrüßt werden, also mit „offenen Armen“, jedoch geht es bei diesem Sprichwort ja auch um das Gefühl, dass sich bei Ihnen beim Betreten des Sprechzimmers Ihres Arztes zur Begrüßung einstellt. Ist es Kälte oder Wärme? Zuneigung oder Abneigung? Offenheit oder Reserviertheit?

Würden wir Ärzte die Ergebnisse einer Studie aus dem Jahr 2009 umsetzen, dann müssten wir unseren Patienten zur Begrüßung eigentlich ein Warmgetränk anbieten [2]. Testpersonen dieser Studie erhielten in einem Labor entweder ein kaltes oder ein warmes Getränk. Dann sollten sie einen Fragebogen ausfüllen und anschließend eine Person aus der Testgruppe auswählen. Auf einer Skala sollten sie nun einstufen, wie nahe sie sich der ausgewählten Versuchsperson fühlten. Das Ergebnis der Untersuchung: „Testpersonen, die ein warmes Getränk in der Hand hielten, zeigten ein deutlich höheres Maß an empfundener Nähe zu den von ihnen ausgewählten Personen als jene, die ein Kaltgetränk bekommen hatten.“ Das stützt die Hypothese, nach der physisch empfundene Wärme mit einer Wahrnehmung von sozialer „Wärme“ verknüpft ist [3].

Mehr dazu lesen Sie in Kap. 6.

Ich kenne Arztpraxen, in denen die Patienten im Wartezimmer einen Kaffeeautomaten oder eine Thermoskanne mit Kaffee oder Teewasser vorfinden. Bei mir in der Praxis gibt es einen solchen Service nicht, vor allem deshalb, weil mit zunehmenden Hygienevorschriften der Aufwand dafür immens groß wäre. Allerdings achte ich darauf, dass die Raumtemperatur im Wartezimmer nicht zu gering ist. Mein Tipp für Sie wäre also: bieten Sie Ihrem Gesprächspartner lieber ein Warmgetränk als ein Kaltgetränk an, egal ob im beruflichen oder privaten Umfeld.

Die erste Kontaktaufnahme im Sprechzimmer geschieht üblicherweise mit einem Händedruck. Achten Sie einmal darauf, wie unterschiedlich dieser ausfallen kann, wenn sich zwei hochrangige Politiker die Hände geben. Wie lange dauert der Händedruck? Sehen sich die Gesprächspartner dabei in die Augen oder eher aneinander vorbei? Was macht die zweite Hand? Legt sie sich vielleicht sogar noch über die Begrüßungshand des Partners?

Wie sich Menschen begrüßen oder verabschieden, kann man auch sehr schön auf Bahnhöfen oder an Flughäfen beobachten. In den Wartehallen oder Wartezonen sind Menschen mit unterschiedlichen Gefühlen unterwegs. Sie können voller Erwartung, Hoffnung und Freude sein, ebenso aber auch voller Angst und Trauer. Ein ähnliches Bild ist in den Wartezimmern von Arztpraxen anzutreffen. Wenn möglich, hole ich deshalb meine Patienten persönlich dort ab und kann in diesen wenigen Sekunden so manches über sie erfahren.

Zur Begrüßung Ihres Arztes reichen Sie ihm üblicherweise zunächst einmal die Hand. Damit geben Sie auf nonverbalem Wege bereits wichtige Informationen über Ihren Gesundheitszustand oder Ihre Gemütslage. Ihre Hand kann trocken oder feucht sein, der Druck leicht oder fest, die Hand ruhig oder zittrig. Studien zur Griffkraft haben gezeigt, dass diese wichtigen Hinweise auf den Gesundheitszustand einer Person geben kann. Die Bewegungs- und Haltefunktion der Hand bei gut ausgebildeter Muskulatur liefert einen Hinweis auf die Fähigkeit des Körpers, Eiweiß und vor allem Glukose aus dem Muskel mobilisieren zu können. Je geringer die Griffkraft, umso höher ist das Risiko für kardiovaskuläre, respiratorische aber auch Tumorerkrankungen [4, 5].

Beobachten Sie doch einmal bewusst im Alltag, wie unterschiedlich ein Händedruck ausfallen kann. Gelegentlich ist er so kraftvoll, dass es fast schmerzhaft ist. Wenn Sie dieser Person dann sagen, dass sie eine hohe Lebenserwartung hat, dann ernten Sie unter Garantie ein freundliches Lächeln oder eine interessierte Nachfrage. Und dann können Sie Ihr Wissen um die Bedeutung der Griffkraft kundtun.

Nicht nur die Jahreszeit bestimmt darüber, ob unsere Hände kalt oder warm sind. Eiskalte Hände bei normaler Zimmertemperatur können ein Hinweis auf einen niedrigen Blutdruck, einen Volumenmangel oder auch ganz einfach darauf sein, dass eine Person Angst vor der Begegnung hat. Denken Sie zurück an Ihre letzte Prüfung – da hatten Sie vielleicht kalte Hände oder die sprichwörtlich „kalten Füße".

Auch bei der Verabschiedung eines Patienten geben wir uns die Hand. Wenn der Griff dann mehr Sicherheit und Kraft signalisiert als bei der Begrüßung, dann sollte es ein positives Gespräch für den Patienten gewesen sein.

Die Hand eines Menschen kann darüber hinaus aber noch viele weitere Informationen geben. Ist sie schweißig, so hat die Person entweder Angst („Angstschweiß") oder eine überschießende Neigung zu Schwitzen, wie man es zum Beispiel bei einer Schilddrüsenüberfunktion oder gestörten Schweißsekretion bei einer Nervenschädigung vorfindet.

Gerne beobachte ich auch bei entsprechenden Gelegenheiten, wie zum Beispiel der Blutabnahme, die Hände. Ist die Haut trocken und rissig oder glatt? Gibt es viel oder wenig Hornhaut am Handteller und wie sind die Nägel geschnitten? Jedes Detail kann Auskunft über die Person geben, die mir gegenübersitzt.

Und wie sieht es mit meinen Körpersignalen aus? Bin ich ruhig und entspannt oder hektisch und fahrig? Meine Patienten spüren in jedem Fall auch über meine Körpersprache, ob und in welchem Ausmaß ich während der Konsultationszeit bei ihnen bin. Schreibe ich während des Gesprächs meine Notizen in den PC oder liegen meine Hände entspannt in meinem Schoß? Blicke ich meinen Patienten in die Augen oder schaue ich nur auf den PC-Bildschirm? Und auch mein Händedruck kann Signalwirkung haben: zu Beginn und vor allem am Ende des Gespräches kann er für meinen Patienten eine Aufmunterung und auch Motivation sein.

2.3 Aus Gangbild und Körperhaltung „lesen"

Das Gangbild und die Körperhaltung eines Menschen können zahlreiche Informationen zu seiner körperlichen und auch seelischen Verfassung geben. Jeder kennt den typisch kleinschrittigen Gang eines Menschen, der an Morbus Parkinson erkrankt ist oder den Gang wie auf Watte, der bei Patienten mit einer peripheren Nervenschädigung (Polyneuropathie) zu beobachten ist. Ein schwankender Gang hingegen kann zahlreiche Ursachen haben: die Person ist alkoholisiert, hat ein starkes Schwindelgefühl beim Gehen oder befindet sich gerade im Unterzucker, hat also eine sogenannte Hypoglykämie. Hier kann das Gangbild alleine keine klare Auskunft über dessen Ursache geben. Und dennoch können Ärzte durch Beobachtung des Bewegungsablaufes wichtige Hinweise auf eine mögliche Grunderkrankung erhalten. Wenn Sie als Patient beim Gehen Schmerzen in der Hüfte, dem Knie- oder Sprunggelenk haben, so zeigt Ihr Gangbild eine Schonhaltung und in Ihrem Gesicht spiegeln sich die Schmerzen ebenfalls wieder. Patienten nach einem Schlaganfall zeigen häufig schlaffe Lähmungen von Arm oder Bein. Die Vorgeschichte eines Patienten ist in diesen Fällen auf den ersten Blick erkennbar, hier braucht es keine Worte. Wenn ich meine Patienten auf dem Weg vom Wartezimmer ins Sprechzimmer beobachte, dann erhalte ich in diesen wenigen Sekunden bereits zahlreiche wichtige Informationen. Ist der Gang aufrecht oder gebeugt, flüssig oder zögernd? Hängen die Schultern herab oder ist die Statur aufrecht und sicher?

Sitzt der Patient schließlich bei mir im Sprechzimmer, dann beobachte ich die Haltung von Kopf, Händen, Armen und Beinen. Signalisieren sie eher Offenheit oder Ablehnung? Aktivität durch Gestikulieren oder Passivität durch zum Beispiel verschränkte Arme? Ist der Blick nach unten gerichtet oder schaut mir der Patient ins Gesicht? Verändert sich die Körperhaltung im Laufe des Gesprächs? All das kann ich täglich in meiner Praxis beobachten und es hilft mir, meine Patienten in ihrer Ganzheit kennenzulernen.

2.4 Die Nase redet mit

Dieser Abschnitt könnte für Sie, lieber Leser, an der einen oder anderen Stelle etwas unangenehm sein. Denn über Gerüche zu lesen, ist nicht unbedingt behaglich. Aber ich verspreche Ihnen, dass es hier auch um angenehme Riechempfindungen geht, und es dabei spannende Dinge zu entdecken gibt.

In meinem Bekanntenkreis kenne ich einige Personen, die nur sehr ungerne Krankenhausbesuche machen, weil sie mit den Gerüchen, die sich in Kliniken nun mal befinden, nicht klarkommen. Für unser Thema nonverbale Kommunikation spielen jedoch Eindrücke, die unser Sinnesorgan Nase wahrnehmen kann, eine sehr wichtige Rolle.

Am geläufigsten dürfte Ihnen der Geruch von Alkohol, Nikotin, Urin oder Schweiß sein. Je näher wir an eine Person herangehen, umso deutlicher werden Geruchssensationen. Beim Raucher hängt sich der Geruch von Nikotin oft in die Kleidung. Der Einsatz von Deos oder Parfum kann dezent und angenehm sein, ebenso aber auch unangenehm stark oder zu aufdringlich erscheinen. Gelegentlich versuchen Patienten, mit einer besonders intensiven Parfümierung andere Gerüche zu überdecken.

Für uns Ärzte gibt der Geruch einer Person oft wichtige Hinweise auf das zugrunde liegende Krankheitsbild. Das ist vor allem dann von Bedeutung, wenn man es mit bewusstlosen Personen zu tun hat. Hier versagt schließlich jede verbale Kommunikation. Wir sind nun auf unsere Sinne wie Riechen, Fühlen oder Schmecken angewiesen. Alkoholvergiftung oder Ketoazidose sind lebensbedrohliche Notfallsituationen, die ein rasches Handeln erfordern. Eine Ketoazidose ist die Übersäuerung des Blutes und kann bei der Erstmanifestation eines Typ 1 Diabetes sehr rasch zu einem intensivpflichtigen Zustand führen. Das gilt auch dann, wenn bei Diabetespatienten, die eine Insulinpumpe tragen, die Insulinzufuhr für mehrere Stunden unterbrochen wird, wie es zum Beispiel bei technischen Problemen, zumeist Kathederproblemen oder auch Pumpendefekten der Fall sein kann. Keton riecht fruchtig-säuerlich und die Betroffenen haben einen entsprechenden Mund- oder Körpergeruch. An klinischen Symptomen treten Kopfschmerzen, Übelkeit und Erbrechen auf. Bei einer solchen Stoffwechselentgleisung gilt es immer rasch zu handeln und einen Arzt zu informieren! Heute haben wir auch die Möglichkeit, eine Ketonkörper-Bildung mittels Urin- oder Bluttest nachzuweisen. Von der Antike bis in die frühe Neuzeit hinein war die Uroskopie (Harnschau) die einzige Möglichkeit der Diagnostik [6]. Damals prüfte man den Urin hinsichtlich Konsistenz, Farbe und Beimengungen, zuweilen auch auf Geschmack und Geruch.

Es muss aber nicht immer ganz so dramatisch sein. Uringeruch kann auch ganz einfach auf einen Harnwegsinfekt, eine Inkontinenz oder mangelnde Hygiene hinweisen. In jedem Fall ist es wichtig, dieser olfaktorischen Wahrnehmung auch diagnostische Maßnahmen folgen zu lassen.

Wenden wir uns nun dem Schweiß als Körpersignal zu. Bei starker körperlicher Belastung verhindert die Schweißproduktion eine Überwärmung des Körpers und der Schweißfilm auf der Haut dient darüber hinaus der Abkühlung. Wieder einmal treffen wir hier also auf einen Mechanismus, den die Evolution eingerichtet hat, um das Überleben unserer Art vor allem in heißen Ländern zu gewährleisten. Der ursprünglichste Schutz sind der Schweiß und die Körperbehaarung. Bekleidung war in der Evolution nicht vorgesehen. Frischer Schweiß ist völlig geruchlos. Erst der Abbau von langkettigen Fettsäuren zu kürzeren Ketten wie Buttersäure oder Ameisensäure sorgt für den typischen Schweißgeruch. Dafür sind verschiedene zur natürlichen Hautflora zählende Bakterien verantwortlich [7, 8]. Eine Ausnahme bildet die Pubertät: Durch verschiedene hormonell bedingte Vorgänge im Körper kann auch frischer Schweiß schon riechen [9]. Der Grund dafür ist, dass sich im Schweiß sogenannte Sexualduftstoffe, auch Pheromone genannt, befinden.

Und damit wären wir bei den angenehmen Düften angelangt. Ein Duschgel, eine Bodylotion, ein Rasierwasser, ein Parfum – sie alle verbreiten einen Geruch, der als angenehm wahrgenommen wird. Natürlich ist es auch immer ein wenig Geschmackssache und nicht jeder Duft ist für jede Person interessant und angenehm. Spannend ist, dass die Natur auch beim Thema Geruch ihre Finger im Spiel hat. So kennen Sie sicher das Sprichwort: „Wir können uns gut riechen". Es bedeutet nichts anderes als dass man sich gegenseitig sympathisch ist und gerne miteinander in Kontakt tritt. Bereits in den ersten Augenblicken des Kennenlernens zwischen Mann und Frau haben Pheromone – die sogenannten Sexuallockstoffe (s. o.) – eine entscheidende Funktion. Heute wissen wir, dass es evolutionäre Gründe dafür gibt, warum bei der Partnerwahl Duftstoffe eine so wichtige Rolle spielen. Die Duftnote eines potenziellen Partners wird als besonders attraktiv empfunden, wenn sie sich von der eigenen deutlich unterscheidet [10, 11].

Ist der Geruch des potenziellen Partners dem eigenen ähnlich, wird er als unattraktiv empfunden. Der Grund dafür: Die Zusammensetzung der Pheromone ist weitgehend durch die Erbanlagen bestimmt und steht in enger Beziehung zum körpereigenen Immunsystem, also unserer „Körperpolizei". Mischen sich nun zwei unterschiedliche Abwehrsysteme, so macht das die Nachkommen widerstandsfähiger gegenüber zahlreichen Krankheitserregern [12]. Für die Evolution bedeutet das natürlich einen erheblichen Vorteil.

Wer mehr zu diesem spannenden Thema lesen möchte, dem empfehle ich das Buch „Was Paare zusammenhält" von Werner Bartens [13].

2.5 „Kleider machen Leute" – das äußere Erscheinungsbild

Wie entscheiden Sie, was Sie morgens anziehen, bevor Sie aus dem Haus gehen? Natürlich soll Ihre Kleidung passend sein für die jeweilige Situation. Also wählen Sie am Wochenende zur Wanderung natürlich andere Kleidungsstücke als wenn Sie ins Büro gehen. Wenn Menschen zum Arzt gehen, dann machen sie sich deshalb eher nicht eigens „chic". Auf die Kleidung meiner Patienten zu achten, gibt nicht selten Auskunft über deren finanzielle Verhältnisse oder ihre Grundstimmung. Depressive Menschen wählen selten kräftige Farben, sondern eher Grautöne oder Schwarz. Wer sich nach dem Tod eines geliebten Menschen in der Trauerphase befindet, trägt heute nicht mehr zwangsläufig die Farbe schwarz. Auch gibt es hier große kulturelle Unterschiede: in Asien und buddhistisch geprägten Ländern gilt Weiß als Trauerfarbe, im alten Ägypten war es die Farbe Gelb [14].

Schwarz ist allerdings auch die Farbe, die vor allem bei Frauen gewählt wird, um schlanker zu wirken. Hier lautet dann das Motto: „Schwarz macht schlank". Sehr übergewichtige Menschen finden ab einer bestimmten Kleidergröße ebenfalls nur noch schwarze Kleidung in den Geschäften oder dem Kleiderversand. Für diese Personengruppe werden leider selten kräftige oder fröhliche Farbvarianten angeboten. Insofern kann schwarze Kleidung auch andere Gründe haben als eine depressive Stimmungslage oder Trauer. Hier sollte man also mit einer vorschnellen Interpretation vorsichtig sein.

Mit welcher Kleidung gehen Sie zum Arzt? Vermutlich achten Sie darauf eher weniger und bemerken erst bei der Blutdruckmessung oder Blutabnahme, dass der Ärmel Ihrer Bluse oder Ihres Hemdes zum Hochstreifen zu eng ist und Sie das Oberteil deshalb nun ausziehen müssen. Wer nach oder vor der Arbeit in die Arztpraxis geht, kleidet sich entsprechend den Anforderungen am Arbeitsplatz und gibt mir damit indirekt einen Einblick in seine Arbeitswelt.

Ob sportlich oder elegant – mit der Kleidung ist es ein wenig wie mit einer Frisur. Irgendwann hat man hat seinen Stil gefunden und ändert ihn dann nur noch selten – vielleicht jedoch zu Beginn einer neuen Lebensphase. Dann ist Zeit für Veränderungen. Ein neuer Haarschnitt, ein neues Parfum, ein neuer Kleidungsstil, Schmuck, eine Krawatte oder andere Accessoires kommen plötzlich zum Einsatz. Auf solche Veränderungen zu achten, gehört zu meinem Handwerkszeug. Denn sie geben mir einen Hinweis auf Veränderungen im Leben meiner Patienten.

Meine Patienten achten ebenso auf meine Kleidung und die meiner Mitarbeiter. Ich persönlich habe mich gegen eine uniforme Bekleidung unseres Teams entschieden – jeder kann tragen was er möchte, es muss jedoch angemessen für die Praxissituation sein.

Auch eine Arztpraxis hat ihre „Kleidung", ein äußeres Erscheinungsbild: das beginnt im Eingangsbereich der Rezeption und setzt sich in den Behandlungsräumen sowie vor allem im Wartezimmer fort. Ist das Inventar aufwändig und kostspielig mit beispielsweise teuren Gemälden an den Wänden und teuren Möbelstücken? Befinden sich im Wartebereich vielleicht ein Kaffeeautomat oder gar ein Fernsehgerät? Oder ist es eher schlicht gehalten? Welche Lektüre befindet sich im Wartezimmer? Sind es eher Hochglanzjournale oder Informationsbroschüren? Gibt es Pflanzen in den Räumen und welcher Art sind die Sitzgelegenheiten? Hier muss jeder für sich entscheiden, was er passend findet und womit er sich wohl fühlt. Denn mein Wohlbefinden als Arzt überträgt sich auf meine Patienten.

2.6 Was man aus dem Gesicht lesen kann – Mimik

Stellen Sie sich vor, Sie gehen morgens vor der Arbeit zu ihrem Lieblingsbäcker. Dort bedient Sie eine Verkäuferin, deren Verfassung offensichtlich an diesem Morgen besonders schlecht ist. Sie ist kurz angebunden, wechselt nur die nötigsten Worte mit Ihnen, nimmt kaum Blickkontakt auf und hat einen unglücklichen Gesichtsausdruck. Beim Verlassen der Bäckerei überlegen Sie kurz, was Ihr fehlen könnte und vergessen dann aber die Episode. Sie begegnen ihr am nächsten Morgen wieder, die Situation spielt sich genauso ab wie am Vortag. Nun fangen Sie an, sich Gedanken zu machen. Auch spüren Sie, dass sich die schlechte Laune der Verkäuferin ein ganz klein wenig auch auf Ihre gute Morgenstimmung auswirkt. Sie machen sich Gedanken über die traurig wirkende Verkäuferin und überlegen am nächsten Tag, ob Sie nicht doch einmal zu einem anderen Bäcker gehen sollen, denn Sie wünschen sich eine freundliche Bedienung und möchten Ihre gute Laune nicht gleich am Morgen gefährden.

So oder so ähnlich erleben es Ärzte und Patienten bei jeder Gesprächssituation. Das Gesicht eines Menschen ist wie ein Buch, in dem man lesen kann. Die genaue Beobachtung des Gesichtsausdrucks, der Augen, Mundwinkel oder Augenbrauen verraten wesentliche Dinge zur augenblicklichen Verfassung und Gefühlslage eines Menschen. Wenn Sie Ihren Arzt genau beobachten, dann können Sie ebenso wie er in Ihrem Gesicht „liest" auch in seinem Gesicht „lesen". Sie spüren, wie er unter Zeitdruck steht, nur ein knappes Lächeln hervorbringt, Ihnen nicht direkt in die Augen schauen kann oder seine Gesichtszüge angespannt, ja vielleicht sogar unzufrieden wirken.

Wir Ärzte sind ebenso wie alle anderen Personen keine Maschinen und stehen oft genug unter Zeitdruck oder haben auch einmal Kopf- oder Zahnschmerzen. Deshalb erkläre ich es meinen Patienten, wenn ich einen schlechten Tag habe. Hier erfordert meine nonverbale Mimik eine Erklärung über verbale Kanäle. Mit einer solchen Vorgehensweise können meine Patienten verstehen, weshalb sie heute auf eine wenig ausgeglichene Ärztin treffen und beziehen es nicht auf sich persönlich.

Treffen Sie als Patient jedoch regelmäßig und ohne Erklärung auf einen Arzt, der eine schlechte Stimmung verbreitet und unglücklich wirkt, so müssen Sie sich fragen, ob Sie daraus nicht Konsequenzen ziehen sollten. Das ist dann so ähnlich wie bei der eingangs geschilderten Situation in der Bäckerei. Vielleicht sollten Sie über eine Alternative nachdenken.

Wie Menschen auf glückliche Gesichter reagieren, ist wissenschaftlich untersucht. Extrovertierte Menschen, Männer ebenso wie Frauen, sehen an einem Tag mehr glückliche Gesichter als introvertierte Personen. Sie besitzen eine höhere Wahrnehmungsbereitschaft und können deshalb die linke Partie der Amygdala, ein Hirnareal, das an der emotionalen Erinnerung beteiligt ist, stärker aktivieren [15].

Ein freundlich zugewandtes Gesicht kann die Wahrscheinlichkeit des Behandlungserfolges erhöhen. Wenn ich also unter Zeitdruck stehe oder wegen Kopfschmerzen oder einer durchwachten Nacht einen negativen Gesichtsausdruck habe, dann erkläre ich es meinem Patienten. Signale, die ich als Arzt sende, sind ebenso bedeutsam wie solche, die mein Patient mir sendet. Es geht darum, sich gegenseitig mitzuteilen, so wie in jeder anderen Konstellation von Kommunikation, sei es mit einem Freund, dem Partner oder einem Sportskameraden. Gelungene Kommunikation kann nur auf Augenhöhe und durch den Blick in das Gesicht meines Gesprächspartners gelingen.

In unserem Gesicht sind Gefühle wie Trauer, Wut, Enttäuschung, Freude, Angst oder Ärger ablesbar. Paul Ekmann schreibt dazu [15]:

> „Die von anderen Menschen ausgesandten Emotionssignale bedingen in vielen Fällen, wie wir ihre Worte und Taten interpretieren. Sie lösen bei uns gleichfalls eine emotionale Reaktion aus, und das wiederum färbt unsere Interpretation dessen, was die betreffende Person sagt, und unsere Einschätzung ihrer Motive, ihrer Haltungen und Absichten."

Paul Ekmann hat mit seinem Buch „Gefühle lesen" [15] ein wunderbares Werk verfasst, in dem es um das Erkennen und Interpretieren von Emotionen geht. Neben einer Begriffsklärung und einem Überblick über Emotionen quer durch die Kulturen schildert er, was wir unter emotionalem Verhalten verstehen. Des Weiteren beschreibt er die Mimik bei negativen Gefühlen wie Trauer und Verzweiflung, Ärger und Zorn, Überraschung und Angst, Ekel und Verachtung. Er beschreibt sehr anschaulich die Vorgänge bei positiven Emotionen oder aber, was zu beobachten ist, wenn Menschen mit Lügen agieren.

Moderne bildgebende Verfahren wie zum Beispiel das fMRI (*functional magnetic resonance imaging*) können inzwischen Gehirnaktivitäten über einen Zeitraum von zwei bis drei Sekunden wiederspiegeln. Leider ist das für Untersuchungen zur Entstehung von Emotionen viel zu lang, denn deren Anfangsphase dauert oftmals sehr viel weniger als eine Sekunde. Im Laufe der Evolution waren und sind Emotionen wichtig, um rasch auf wichtige Ereignisse in unserem Leben reagieren zu können. So ist zum Beispiel Angst vorteilhaft gewesen, weil sie die Bereitschaft zur Flucht erhöht. Es sind die Emotionen und Gefühle, die in ganz bestimmten Arealen unseres Gehirns Veränderungen herbeiführen und Prozesse in unserem autonomen Nervensystem in Gang setzen (zum Beispiel Puls, Atmung, Schwitzen, Verdauung). Auch senden Emotionen Signale nach außen und veranlassen Veränderungen in unserer Gestik, Mimik, Stimme und Körperhaltung. Wir beschließen diese Veränderungen nicht, sie passieren einfach.

Aus der Vielzahl an Gesichtsausdrücken möchte ich etwas näher auf das Lächeln als dem mimischen Ausdruck einer positiven Emotion eingehen. Lächeln kann flüchtig oder anhaltend sein und sowohl Zufriedenheit, Genuss, Erleichterung, Erstaunen, Freude, Dankbarkeit und eine Reihe weiterer positiver Emotionen vermitteln. Allerdings kann Lächeln auch manchmal verwirrend sein und zum Beispiel aus Höflichkeit aufgesetzt werden, wenn die Person gar keine Freude empfindet. Ob ein Lächeln echt ist oder nicht, lässt sich jedoch unterscheiden. Der französische Neurologe Duchenne de Boulogne (1806–1875) bediente sich dazu der Elektrostimulation einzelner Gesichtsmuskeln. Er fand heraus, worin sich ein „echtes" von einem „künstlichen" Lächeln unterscheidet. Er schreibt dazu 1862 [16]:

> „Das Gefühl echter Freude drückt sich im Gesicht durch das Zusammenspiel der Kontraktionen vom Musculus zygomaticus major und dem Musculus orbicularis oculi aus. Ersterer gehorcht dem Willen, der zweite aber wird allein durch die süßen Emotionen der Seele ins Spiel gebracht; … falsche Freude und vorgetäuschtes Lachen können die Kontraktion des Letzteren nicht bewirken. …. Der Muskel, der das Auge umgibt, gehorcht dem Willen nicht, er wird nur durch ein echtes Gefühl ins Spiel gebracht, durch eine angenehme Emotion. Seine Unbeweglichkeit bei einem Lächeln entlarvt den falschen Freund."

Paul Ekman wiederum führte mit seinen Kollegen zahlreiche weitere Untersuchungen zu den unterschiedlichen Formen des Lächelns durch und konnte die Ergebnisse von Duchenne bestätigen. Deshalb benannte er die echte Form nach dem französischen Neurologen als „Duchenne-Lächeln". Wie kann man es vom „künstlichen" Lächeln unterscheiden? Bei einem Lächeln aus Höflichkeit sind nur die Lippen beteiligt, Wangen und Augenbrauen verändern ihre Position nicht. Das echte Lächeln kann man an den leicht angehobenen Wangen und leicht gesenkten Augenbrauen beobachten, denn hier ist auch der innere Ringmuskel des Auges beteiligt. [17]

Jedes Gesicht, in das wir schauen, sendet nonverbal Signale. Ist die Gesichtsfarbe beispielsweise hochrot, so können ein erhöhter Blutdruck oder aber auch ganz einfach Wut die Ursache sein. Eine sehr blasse, fahle Gesichtsfarbe und helle Skleren können auf eine Blutarmut hinweisen.

All diese Beobachtungen können wir zunächst nicht in Zahlen fassen. Der erste Eindruck ist nicht messbar und natürlich kann man mit der Interpretation auch falsch liegen. Je mehr Übung man jedoch mit den Berufsjahren als Arzt bekommt, umso besser und sicherer können die wahrgenommenen Signale den Weg zur Diagnose weisen. In einer Welt, die von Daten und dem Glauben an Technik zunehmend beherrscht wird, sehe ich hier ein unerschöpfliches Potenzial. Nicht jede Untersuchung ist ohne Gefahr und jede Medikation hat Nebenwirkungen. Viele Untersuchungen wären vermeidbar und ebenso manche Medikation, wenn wir den nonverbalen Signalen mehr Augenmerk und Aufmerksamkeit schenken würden.

Verlassen wir aber nun die wissenschaftliche Seite und kehren zurück zum gelebten Alltag, in dem das Mobiltelefon zum unerlässlichen Alltagsgegenstand über alle Altersgruppen hinweg geworden ist. In dieser digitalen Welt teilen wir unsere Gefühle über Emojis mit. Das Smiley ist zum neuen Symbol mehrerer Generationen geworden. Mit fröhlichem Gesichtsausdruck, hängenden Mundwinkeln, Tränen, Kussmund oder hochrotem Kopf, ja mit Sonnenbrille, Mundschutz, Narrenkappe und zahlreichen weiteren Variationen übermittelt es in Sekundenschnelle und über große Entfernungen die Gefühle von Menschen auf der ganzen Welt. Der Blick auf das Handy hat den Blick in das Gesicht unseres Gegenübers an Häufigkeit inzwischen weit überholt. Umso wichtiger erscheint es mir, im einem späteren Abschnitt (Kap. 2) zu beschreiben, was wir im Gesicht unserer Mitmenschen bei zahlreichen Krankheitsbildern lesen können. Das ist für uns Ärzte wichtig, kann aber auch außerhalb der Arztpraxis für jeden Menschen im Zusammenleben mit Partnern, Freunden oder Arbeitskollegen von Bedeutung sein.

„Der kürzeste Weg zwischen zwei Menschen ist ein Lächeln.“ (Aus China)

2.7 Wertschätzung – Versuch einer Definition

„Die Würde des Menschen ist unantastbar. Sie zu achten und zu schützen ist Verpflichtung aller staatlichen Gewalt.“ So steht es in Artikel 1 des Grundgesetzes der Bundesrepublik Deutschland.

Wie sieht es damit aktuell in unserem Gesundheitssystem aus? Erhalten Kranke ebenso viel Respekt, Toleranz und Zuwendung wie Gesunde? Und wie sieht es mit der Chancengleichheit und Anerkennung im Berufsleben aus? Wie sieht es mit der Interessensvertretung multimorbider Patienten aus und wie geht unser Gesundheitssystem gegen Diskriminierung kranker Menschen vor? Menschliche Bedürfnisse oder das Selbstwertgefühl einer Person lassen sich nicht messen wie der Blutdruck oder das Körpergewicht. Ein Gesundheitssystem, dass zunehmend auf Digitalisierung setzt, läuft Gefahr, dass Patienten das Vertrauen in die Ärzteschaft verlieren, weil sie sich nicht wertgeschätzt fühlen.

Der Philosoph Immanuel Kant (1724–1804) erklärt die Menschenwürde wie folgt [18]:

„Dinge sind wertvoll,
wenn wir sie brauchen können.
Ein Schuh ist zum Beispiel wertvoll,
wenn er passt und man mit ihm gut laufen kann.
Wenn der Schuh kaputt ist und
niemand mehr in ihm laufen kann,
hat er keinen Wert mehr.
Bei Menschen ist das anders:
Der Mensch hat immer einen Wert.
Auch wenn er krank ist.
Auch wenn er nicht arbeiten kann.

Wenn etwas immer einen Wert hat, sagt man:
Es hat eine Würde.
Jeder Mensch ist deshalb wertvoll,
weil er ein Mensch ist."

Die heutige „Wertediskussion" betrifft verschieden Bereiche unserer Gesellschaft. Demzufolge werden unterschiedliche Werte im Bereich der Volkswirtschaft, Finanzwelt, den Geisteswissenschaften, der Ethik, Theologie, Soziologie oder Pädagogik diskutiert.

„Individuelle Werte und Einstellungen untersucht die Differentielle Psychologie. Das Teilen, Weitergeben oder Diskutieren von Werten in Gruppen behandeln die Sozialwissenschaften und die Sozialpsychologie. Andere Wissenschaften, wie etwa die Moraltheologie und die Pädagogik, müssen sich mit Fragen des Wertbestands und der Weitergabe von Werten direkt befassen. Diese sind darüber hinaus Gegenstand gesellschaftlicher und politischer Diskussion. Grundlegende Werte eines Menschen oder einer Gesellschaft bezeichnet man auch als Grundwerte." [18]

Für die Beziehung und Kommunikation zwischen Arzt und Patient spielen Wertvorstellungen eine bedeutsame Rolle. Gerade in einer Zeit, in der verstärkt über neue Technologien berichtet wird und Evidenz mancherorten zur Ersatzreligion erhoben wird, dürfen wir nicht vergessen, dass wir

Ärzte als Wissenschaftler all diese Optionen zum Wohle unserer Patienten nutzen wollen. Wenn allerdings dabei der Mensch mit seiner Seele, seinen Ängsten und Gefühlen auf der Strecke bleibt, weil er kaum noch die Möglichkeit zum Gespräch bekommt, dann ist das weder für Ärzte noch für Patienten hilfreich. Jeder Arzt sollte Zeit haben für die „seelische" Gesundheit seiner Patienten. Dass dies momentan nicht der Fall ist, beweisen die langen Wartezeiten auf einen Termin beim Psychologen.

Wertschätzung zwischen Ärzten und Patienten beruht auf Gegenseitigkeit. Wenn beispielsweise Patienten einen Termin ohne vorherige Absage nicht wahrnehmen, so empfinde ich das als fehlende Wertschätzung mir gegenüber. Bin ich jedoch im Gegenzug nicht bereit, bei triftigen Gründen für die Terminabsage einen zeitnahen Ersatztermin zu vergeben, so wäre dies eine mangelnde Wertschätzung meinerseits dem Patienten gegenüber.

Es gibt aber auch positive Beispiele: Wenn Patienten ohne Krankenversicherung (was gar nicht so selten vorkommt) bei einem Arzt einen Termin bekommen und kostenlos beraten werden, dann wäre dies ein Zeichen der Wertschätzung diesen Personen gegenüber.

2.8 Soziale und seelische Nebenwirkungen von Erkrankungen – Anerkennung statt Diskriminierung

Bei vielen Erkrankungen erleben Patienten auch heute noch Diskriminierung. Übergewicht, Diabetes, Depression oder Suchterkrankung sind dafür nur wenige Beispiele. Die Grenze zwischen Benachteiligung und Diskriminierung ist fließend, an einem Beispiel möchte ich das verdeutlichen. Stellen Sie sich vor, Sie sind stark übergewichtig und bewerben sich auf eine Stelle als Sekretärin in einem großen Konzern. Außer Ihnen gibt es noch drei weitere Bewerber mit gleicher Qualifikation. Sie erhalten die Stelle nicht und auf Ihre Nachfrage, was der Grund dafür sei, teilt man Ihnen mit, dass man eine „attraktive Person" im Sekretariat brauche, da „hier ja viel Publikumsverkehr" sei. Solche und ähnliche Berichte habe ich von meinen stark übergewichtigen Patienten in den vergangenen Jahren leider allzu oft gehört. Ähnliches erleben auch Diabetespatienten bei Bewerbungsgesprächen. In unserer Leistungsgesellschaft bedeuten chronische Erkrankungen vielfach eine Benachteiligung am Arbeitsplatz. Und wen wundert es, dass derartige Erlebnisse am Selbstwertgefühl der Betroffenen nagen. In meinem Buch „Ich bin dann mal dick“ können Sie erfahren, wie übergewichtige Menschen unter Diskriminierung leiden und welche Auswirkungen diese auf ihr Selbstwertgefühl haben. In meinem Ratgeber lasse ich einige Patienten zu Wort kommen. Er verschafft einen Einblick in die Gefühlswelt dicker Menschen und soll Mut machen, sich auch diesen schwierigen Themen im Gespräch zu stellen. [19]

Was geschieht, wenn Menschen den Anforderungen unserer Leistungsgesellschaft nicht gerecht werden können? Sie fühlen sich als Versager, verlieren an Ausstrahlung und entwickeln Erkrankungen wie Depressionen, Angstzustände oder ein „Burn-out“. Die Kosten für die Behandlung dieser modernen Erkrankungen sind gewaltig und haben in den vergangenen fünfzig Jahren massiv zugenommen. Jeder Mensch wünscht sich Zuwendung und möchte mit seiner Arbeit anerkannt werden. Wenn beides fehlt, nimmt die Seele Schaden und es stellen sich körperliche Beschwerden ein. Nun wird neben einer symptomatischen Therapie, also der Behandlung der körperlichen Beschwerden, auch eine psychologische Betreuung notwendig.

Jeder Patient verdient Wertschätzung. Und wenn Sie sich unsicher, entmutigt oder ohnmächtig fühlen, dann benötigen Sie eine Person, mit der Sie über derartige Zurückweisungen sprechen können. Leider finden sich zu viele Menschen mit solchen Gegebenheiten ab, anstatt sich dagegen zur Wehr zu setzen. Wenn Sie lernen, sich auf Ihre Fähigkeiten und Stärken zu besinnen und sich nicht über Ihre Schwächen zu definieren, können Sie an Ihrem Selbstwertgefühl arbeiten. Aber ein solcher Prozess braucht viel Zeit und Geduld und erfordert oft therapeutische Begleitung, sei es bei einem qualifizierten Hausarzt, Psychotherapeuten oder Psychologen.

Wertschätzung bedeutet Anerkennung. Sie ist der Zugang zur Gefühlswelt Ihres Patienten und damit eine Basistherapie für Körper, Geist und Seele. Auch hier gilt es, sich für ein Gespräch Zeit zu nehmen und Fragen zu stellen, so zum Beispiel: „Kann es sein, dass Sie kein gutes Selbstwertgefühl haben? Was hat dazu geführt? Wann hat das begonnen? Mit wem könnten Sie darüber sprechen?“ Zeigen Sie Ihrem Patienten, dass dieser Aspekt für Sie wie für ihn wichtig ist und Sie ihn auch bei einer solchen Fragstellung beratend unterstützen können.

2.9 Respekt und Toleranz erweisen

Wann immer sich Menschen begegnen, sei es am Arbeitsplatz, im Privatleben oder eben in einer Arztpraxis – nur, wenn Respekt und Toleranz vorhanden sind, kann es zu einer guten Partnerschaft und einer befriedigenden Zusammenarbeit kommen. Der erste Eindruck, den Ärzte und Patienten voneinander gewinnen ist nicht mehr als ein erster Impuls, eine Momentaufnahme. Wie wir in den vergangenen Abschnitten gesehen haben, ist es zunächst ein visueller Eindruck. Diesem folgen die ersten Sätze, und sehr bald stellt sich im Gespräch ein eher positives, negatives oder ambivalentes Bild vom Gesprächspartner ein. Das gilt für Arzt und Patient gleichermaßen. Zwei Menschen begegnen sich und müssen nun herausfinden, ob sie bereit dazu sind, ein Stück Weg gemeinsam zu gehen. Dabei werden sowohl dem Patienten als auch dem Arzt immer wieder Respekt und Toleranz abverlangt. In meiner Ambulanz begleite ich viele Menschen schon seit mehr als 20 Jahren. So habe ich nicht nur ihren Krankheitsverlauf miterlebt, sondern kenne auch ihre berufliche und private Entwicklung. Über die Jahre entwickelt sich so eine spezielle Art von Partnerschaft. Sie kann von beiden Partnern jederzeit gelöst werden und das sollte auch geschehen, wenn therapeutische Erfolge ausbleiben, weil die Vertrauensbasis gestört ist. So biete ich gelegentlich meinen Patienten, deren Blutzuckereinstellung ich trotz intensiver Schulungsmaßnahmen nicht verbessern kann, einen Arztwechsel an oder gebe ihnen die Adresse eines Kollegen. Zumeist höre ich dann den Satz: „Es liegt nicht an Ihnen, Frau Doktor. Wollen wir es nochmal für ein Quartal versuchen?"

Wenn wir heute über Partnerschaften reden, dann sind damit meist eheliche Gemeinschaften gemeint. Darüber hinaus gibt es jedoch noch zahlreiche andere Formen der Partnerschaft: am Arbeitsplatz zwischen Arbeitgeber und Arbeitnehmer, im Freizeitbereich zwischen Sportskameraden, die Beziehung zwischen Vater und Mutter zu ihren Kindern oder den besten Freund und die beste Freundin. Ohne Respekt und Toleranz kann keine dieser Partnerschaften wachsen und über viele Jahre bestehen bleiben. Auch ich muss mir immer wieder die Tatsache vor Augen führen, dass eine Begleitung meiner Patienten ohne Respekt und

Toleranz nicht möglich ist. Das ist manchmal nicht ganz leicht, denn chronisch kranke Menschen haben vielfach Verhaltensweisen verinnerlicht, die für ihr Krankheitsgeschehen ungünstig sind. Diese zu ändern geht – wenn überhaupt – nur in kleinen Schritten. Es gibt Tage, an denen ich nur schlecht damit umgehen kann, dass meine Ratschläge zum wiederholten Male von einem Patienten nicht umgesetzt werden konnten. Doch gerade dann ist es wichtig, sich in die Person hineinzuversetzen und ihre Perspektive verstehen zu wollen. Allerdings musste ich auch lernen, mich gelegentlich emotional zu distanzieren, um selbst nicht zu viele Kräfte zu lassen. An diesem Punkt geht es um die Verantwortung, die jeder für sich selbst übernehmen muss, auch ich als Arzt.

Viele meiner Patienten leiden neben ihrem Diabetes zusätzlich unter einer Depression. Je ausgeprägter eine solche ist, umso größere Probleme bereitet es den Betroffenen, positiv auf Sozialpartner zu reagieren. Negative Einstellungen und Gefühle beherrschen ihr Denken und richten sich oft destruktiv gegen die eigene Person oder das engere soziale Umfeld.

Depressive Personen fallen bereits durch ihre gebeugte Körperhaltung, den traurigen Gesichtsausdruck und die Vermeidung von Blickkontakt auf. Sie erwecken durch ihr oft unbeteiligt wirkendes Verhalten den Eindruck von Desinteresse und Unfreundlichkeit. Deshalb ziehen sich die Menschen in ihrem Umfeld von ihnen schrittweise zurück, beziehen sich kaum mehr in Gespräche und Aktivitäten mit ein und verstärken somit ihre soziale Isolation. Auf depressive Menschen zuzugehen, fällt mir auch als Arzt oft schwer. Es ist jedoch gerade für diese Menschen elementar, positive Verstärker von ihrem Gesprächspartner zu erhalten. Deshalb versuche ich zunächst einmal, so intensiv wie möglich Blickkontakt herzustellen. Ein freundliches Lächeln, eine freundliche Geste, ein paar aufmunternde Worte – und schon gehen depressive Menschen aus ihrer Deckung heraus. Je älter ich werde, umso mehr kann ich meine Erfahrungen nutzen und im Patientengespräch auf diese Faktoren Rücksicht nehmen. Neben dem Blickkontakt müssen depressive Patienten lernen, auch positive Gefühle zu entwickeln. Bei diesem Prozess ist es wichtig, ihre möglichen Fähigkeiten und Ressourcen aufzudecken. Dazu muss man oft in die Vergangenheit gehen. Das kostet Zeit, führt den Betroffenen aber vor Augen, dass sie auch positive Gefühle kennen und diese auch in Zukunft wieder erfahrbar sind. Depressive Patienten müssen lernen, positive und negative Gefühle zu äußern, also in Worte zu fassen, und auch der Therapeut darf sich nicht scheuen, diese zum Ausdruck zu bringen [20].

2.10 Immer ehrlich bleiben

Immer dann, wenn Menschen gemeinsam agieren, müssen Spielregeln eingehalten werden. Zwar gibt es im Alltag keine gelben und roten Karten wie beim Fußballspiel, sehr wohl aber existieren Regeln des menschlichen Beisammenseins. Einige davon sind allen Kulturen und Religionen gemeinsam und über alle Lebensphasen, egal ob Jugend oder Alter, gültig. Oft habe ich in Fortbildungsveranstaltungen mit ärztlichen Kollegen dieses Thema diskutiert. Da die für den einzelnen Patienten zur Verfügung stehende Zeit immer kürzer wird, macht es zunehmend Sinn, die folgenden Punkte zu bedenken und dem Patienten gegenüber unmissverständlich zu kommunizieren. Wenn das ärztliche Gespräch zielführend sein soll, dann muss es ein Dialog sein. Das bedeutet für mich als Arzt, dem Patienten offene Fragen zu stellen und geschlossene Fragen zu vermeiden. Patienten müssen oft erst lernen, über sich selbst zu sprechen, also zum Beispiel zu erklären, warum die besprochenen Maßnahmen nicht durchgeführt werden konnten. Ehrlichkeit ist dabei das wohl wichtigste Gebot. Man sollte meinen, dass dies im Gespräch mit dem Arzt eine Selbstverständlichkeit ist. Jedoch bin ich in meinen Berufsjahren vielfach angelogen worden. Egal, ob es Protokolle mit manipulierten Blutzuckerwerten oder Blutdruckwerten waren – die Ursache für ein solches Verhalten waren immer Angst- oder Schuldgefühle.

Ein eindeutiges Korrelat für eine Lüge bei der Mimik einer Person gibt es leider nicht. Jeder kennt Pinocchio, an dessen Nase man ablesen konnte, wenn er nicht die Wahrheit sagte. Ja, manche Personen haben eine Veränderung der Gesichtsfarbe beim Lügen, andere verlieren den Blickkontakt oder die Antworten auf einfache Fragen kommen zögerlich und sind nicht plausibel.

Wenn ein Kind sich davor fürchtet, dass sein Fehlverhalten bestraft wird, dann kann es sein, dass es eine Lüge als Ausweg wählt. Oder aber der untreue Partner, der sein Fehlverhalten in eine Lüge packt, um seine

Partnerschaft nicht zu gefährden. Auslöser für ein derartiges Verhalten sind in der Regel Angst und Schuldgefühle.

Haben Sie schon einmal darüber nachgedacht, welche Eigenschaft Sie vor allen anderen bei einem Arzt unbedingt suchen? Ich denke, es ist Ihr Vertrauen, das Sie ihm entgegenbringen. Nur wenn dieses vorhanden ist, können Sie offen miteinander reden. Von einem Arzt erwarten Sie ebenso Respekt, Toleranz und Ehrlichkeit wie er von Ihnen. Und das ist auch gut so! Machen Sie es also zum Thema und sprechen Sie ihren Arzt drauf an, wenn Ihnen in puncto Vertrauen etwas fehlt. Angst oder Schuldgefühle stören jeden therapeutischen Prozess und dürfen weder bei Ärzten noch bei Patienten vorhanden sein.

2.11 Resilienz aufbauen

Mit Resilienz bezeichnet man die seelische Widerstandskraft, die es Menschen ermöglicht, mit den Widrigkeiten des Lebens umzugehen. Der Wissenschaftsjournalistin Christina Berndt ist mit ihrem Buch „Resilienz" aus meiner Sicht eine faszinierende Darstellung dieses Themas gelungen [21].

Gefühle stellen sich im Leben ein wie Regen, Sturm oder Sonnenschein. Wenn eine Person „Resilienz" besitzt, dann ist sie sozusagen in der Lage, auch „im Regen zu tanzen" und es gelingt ihr, auch nach schweren Schicksalsschlägen oder herben Rückschlägen, seien sie beruflicher oder privater Natur, wieder ins Leben zurückfinden. Wer diese Fähigkeit nicht erlernt hat, versinkt im Schmerz oder in der Schuld und braucht Begleitung auf dem weiten Weg zurück ins Leben. So kann die Trauer nach dem Tod des Ehepartners, an dessen Seite man über fünfzig Jahre seines Lebens verbracht hat, derart umfassend sein, dass jeder Lebenswille erlischt. Erleben Sie derart eingreifende Situationen, so sollten Sie darüber sprechen anstatt es zu verbergen. Denn ohne Lebensfreude wird der Zugang zu jeder wie auch immer gearteten Therapie schwer. Geben Sie sich Zeit, hören Sie in sich hinein und sprechen Sie mit Ihrem Arzt, wenn das Leben nur noch grau zu sein scheint. Jeder Mensch überwindet in seinem Leben so manche Hürde. Gerade in schweren und dunklen

Zeiten ist es wichtig, sich daran zu erinnern, dass man sich bereits mehrfach aus solchen Phasen befreien konnte. Auf Schatten folgt Licht, auf Regen Sonne. Die Fähigkeit, daran immer wieder zu glauben, bedeutet Resilienz.

2.12 Therapietreue (Compliance) und Empowerment erreichen

Wie ist „Compliance" im Bereich der Medizin zu verstehen? Bei Wikipedia gibt es dazu folgende Begriffserläuterung [21]:

> „Compliance ist ein Oberbegriff für das kooperative Verhalten von Patienten im Rahmen einer Therapie. Die eingedeutschte Bezeichnung lautet Komplianz und bedeutet „Therapietreue". Im Englischen wird synonym auch der Begriff Adherence verwendet."

Die WHO hat es in ihrem Report 2003 wie folgt formuliert [22]:

> „Gute Compliance bedeutet konsequentes Befolgen der ärztlichen Ratschläge. Laut Weltgesundheitsorganisation (WHO) haben im Durchschnitt aber nur 50 % der Patienten eine gute Compliance.
>
> Besonders wichtig ist die Compliance bei chronisch Kranken in Bezug auf die Einnahme von Medikamenten, das Befolgen einer Diät oder die Veränderung des Lebensstils. In vielen Therapiegebieten mit chronischen Erkrankungen sind nach einem Jahr nur noch etwa 50 % der Patienten in der initialen Therapie. Weiter gefasst versteht man unter Compliance die Bereitschaft des Patienten und seines relevanten Umfelds, sich gegen die Erkrankung zur Wehr zu setzen." [23]

Liest man diese Zahlen, so könnte man sich fragen, warum ärztliche Ratschläge in einem so hohen Prozentsatz bereits nach kurzer Zeit übergangen werden. Gerade in meinem Fachbereich, der Diabetologie, stellen wir große Anforderungen an unsere Patienten. So muss ein Typ-1-Diabetiker mehrfach täglich seinen Blutzucker messen und Insulin spritzen. Auch in Zeiten der Digitalisierung mit Glukosesensoren und Insulinpumpen braucht es Wissen und Disziplin, um die Möglichkeiten der Technik zu nutzen und vor allem einen Plan B, wenn die Technik versagt. Das bedeutet eine wesentliche Beeinträchtigung im Alltag. Was immer man tut, die aktuelle Blutzuckersituation muss berücksichtigt werden, ja Verhaltensfehler können massive Auswirkungen haben, denken wir nur an die Situation im Straßenverkehr. All das ist nicht nur eine vorübergehende Belastung über einige Wochen wie zum Beispiel bei einer Diät, sondern der Diabetes ist ein lebenslänglicher Begleiter. Es gibt keinen Urlaub vom Typ 1, mangelnde Therapietreue birgt kurzfristig die Gefahr von Blutzuckerentgleisungen (Unterzucker oder Ketoazidose) und birgt langfristig die Gefahr von Spätschäden an allen Gefäßen mit den bekannten Komplikationen wie Herzinfarkt, Schlaganfall, Nieren-, Augen- und Nervenschäden. Angesichts solcher Aussichten möchte man meinen, sei die Frage der „Therapietreue" eine Selbstverständlichkeit. Die Realität sieht leider anders aus.

Was benötigen Menschen mit chronischen Erkrankungen, um „compliant" zu sein? Auf diese Frage gibt es keine für alle Patienten passende Antwort. Wir haben keinen „Masterplan", um Menschen mit chronischen Erkrankungen zur Therapietreue zu bewegen. Jede Person geht auf ihre ganz persönliche Weise mit einer Stoffwechselstörung um. So verbirgt der Eine seinen Diabetes vor Freunden und Arbeitskollegen, spritzt sozusagen hinter verschlossenen Türen und will niemandem sagen, dass er Diabetiker ist. Der Andere hat keine Probleme damit, sich zu outen und kann somit auch in aller Öffentlichkeit Blutzucker messen oder Insulin spritzen. Er hat auch gelernt, mit den Fragen seiner Mitmenschen umzugehen und fühlt sich nicht im Abseits durch seine Erkrankung. Wer eine schlechte Compliance hat, handelt nicht mutwillig gegen die ärztlichen Empfehlungen, sondern hat es vielfach nicht geschafft, seine Krankheit anzunehmen und die erforderlichen Maßnahmen in den Alltag zu integrieren.

Sprechen wir über Compliance, so wird der Begriff üblicherweise im Hinblick auf das Verhalten der Patienten angewendet. Bei chronischen Erkrankungen verhält sich ein Großteil der Patienten immer wieder „non-compliant", das bedeutet, sie setzten die Anweisungen des Arztes nicht um. Die Verordnung von Medikamenten alleine genügt offensichtlich nicht, um den Patienten zur Mitarbeit zu bewegen. Längst wissen wir, dass wir Ärzte unseren Patienten nichts „verordnen“ können. Im Hinblick auf die Therapietreue ist eine hierarchische Struktur zwischen Arzt und Patient wenig hilfreich.

Bereits in den 40er-Jahren entwickelten Rogers, Rappaport und Freires die personenzentrierte Gesprächstherapie. Sie war letztlich der Ursprung für die Strategie des „Empowerments“, die in den 80er-Jahren aufkam. Mit diesem Ansatz wird der Schwerpunkt darauf gelegt, insbesondere bei chronischen Erkrankungen die Betroffenen zu eigenen Aktivitäten zu führen:

> „Empowerment ist ein Begriff für den Entwicklungsprozess jedes Menschen, der ihn dazu befähigt, seine eigenen Angelegenheiten selbstständig zu regeln.“ [24]

Die Therapietreue steigt, wenn es gelingt, dem Patienten den Stellenwert seiner Verhaltensmaßnahmen nahezubringen. Wir beschreiben diesen Prozess heute mit dem Begriff „Empowerment“. All diese Schritte geschehen im Gespräch, also jenseits aller Medikation. Der Fachpsychologe Dr. Axel Hirsch formuliert es folgendermaßen [25]:

> „Berater brauchen für empowerment-orientierte Gespräche eine Werthaltung und ein Gesprächsverhalten, das Empowerment beim anderen anregt (aktives Zuhören, offene Fragen, keine Bewertung, Ansprechen von Gefühlen).“

Wenn also das Arzt-Patienten-Verhältnis im Sinne eines partnerschaftlichen Verhaltens gestaltet werden kann, so wächst die Compliance. Langfristig kann sich ein Therapieerfolg immer dann einstellen, wenn Sie als Patient dazu befähigt werden, Ihre Erkrankung selbst in die Hand zu nehmen und durch eigenes Handeln dem Therapieziel näher zu kommen. Aber nur, wenn Ihnen dieses Ziel auch etwas bedeutet, werden Sie auch dazu in der Lage sein, aktiv daran mitzuarbeiten.

Das Wichtigste im Überblick

- Jedes Gespräch besteht aus verbalen und nonverbalen Anteilen, die gleichermaßen wichtig sind, damit Gespräche positiv verlaufen.
- Visuelle Wahrnehmungen sowie Einstellungen und Gefühle sind die wesentlichen Elemente der nonverbalen Kommunikation.
- Die Körpersprache eines Menschen teilt sich durch seine Gestik, Mimik, seinen Körpergeruch und seine Körperhaltung mit.
- Grundstimmungen und Grundeinstellungen der Gesprächspartner sind wichtige Kontextfaktoren für die nonverbale Kommunikation.
- Positive Körpersignale erzeugen positive Reaktionen beim Gesprächspartner.
- Eine positive Haltung dem Gesprächspartner gegenüber ist ein wichtiges therapeutisches Element.

Literatur

1. https://de.wikipedia.org/wiki/Ein_Bild_sagt_mehr_als_tausend_Worte. Zugegriffen am 15.07.2022.
2. Ijzerman, H., et al. (2009). The thermometer of social relations: Mapping social proximity on temperature. *Psychological Science, 20*, 1214–1220.
3. Di Salvo, D. (2011). *Was ihr Gehirn glücklich macht… und warum Sie genau das Gegenteil tun sollten*. Springer Spektrum.
4. Celis-Morales, C. A., et al. (2018). Associations of grip strength with cardiovascular, respiratory, and cancer outcomes and all cause mortality: Prospective cohort study of half a million UK Biobank participants. *British Medical Journal*, k1651. https://doi.org/10.1136/bmj.k1651.
5. http://www.share-project.org/group-results/ausgewaehlte-ergebnisse/die-greifkraft-der-hand-als-gesundheitsmass.html. Zugegriffen am 15.07.2022.
6. https://de.wikipedia.org/wiki/Uroskopie. Zugegriffen am 15.07.2022.
7. Labows, J. N., McGinley, K. J., & Kligman, A. M. (1982). Perspectives on axillary odor. *Journal of the Society of Cosmetic Chemists, 33*(4), 193–202.
8. Kippenberger, S., Havlíček, J., Bernd, A., Thaçi, D., Kaufmann, R., & Meissner, M. (September 2012). 'Nosing Around' the human skin: What information is concealed in skin odour? *Experimental Dermatology, 21*(9), 655–659.
9. https://de.wikipedia.org/wiki/Schwei%C3%9F. Zugegriffen am 15.07.2022.

10. Bakker, J. (2003). Sexual differentiation of the neuroendocrine mechanisms regulating mate recognition in mammals. *Journal of Neuroendocrinology, 15*, 615.
11. Portillo, W., & Paredes, R. G. (2003). Sexual and olfactory preference in noncopulating male rats. *Physiology and Behaviour, 80*, 155.
12. Grammer, K., Fink, B., & Neave, N. (2005). Human pheromones and sexual attraction. *European Journal of Obstetrics& Gynecology and Reproductive Biology, 118*, 135.
13. Bartens, W. (2013). *Was Paare zusammenhält. Warum man sich riechen können muss und Sex überschätzt wird.* Knaur Taschenbuch.
14. https://de.wikipedia.org/wiki/Trauerkleidungistig. Zugegriffen am 15.07.2022.
15. Civanli, T., Sivers, H., Whitfield, S. L., et al. (2002). Amygdala response to happy faces as a function of extraversion. *Science, 296*, 2191.
16. Ekmann, P. (2017). *Gefühle lesen- Wie Sie Emotionen erkennen und richtig interpretieren.* Springer.
17. Duchenne de Boulogne, G. B. (1990). *The Mechanism of Human Facial Expression.* (Übersetzt und herausgegeben von A. Cuthbertson). Cambridge University Press. (Original Publikation 1862).
18. https://www.bpb.de/politik/grundfragen/politik-einfach-fuer-alle/236724/die-wuerde-des-menschen-ist-unantastbar. Zugegriffen am 15.07.2022.
19. Hollenrieder, V. (2017). *Ich bin dann mal dick-Mein Weg zu mehr Gelassenheit und Zufriedenheit trotz Übergewicht.* Springer.
20. Hautzinger, M. (2013). *Kognitive Verhaltenstherapie bei Depressionen.* Beltz.
21. Berndt, C. (2014). *Resilienz – Geheimnis der psychischen Widerstandskraft.* dtv.
22. WHO Report. (2003). *The World Health Report 2003: Shaping the future.* World Health Organization.
23. Freyberger, H. J. (Hrsg.). (2002). *Kompendium Psychiatrie, Psychotherapie, psychosomatische Medizin* (11. Aufl.). Karger, Basel/Freiburg [Breisgau], Paris/London/New York/New Delhi/Singapore/Tokyo/Sydney, S. 412. ISBN 3-8055-7272-7; books.google.de.
24. Ekman, P., & Friesen, W. V. (1982). Felt, false and miserable smiles. *Journal of Nonverbal Behavior, 6*(4), 238–252.
25. Lange, K., & Hirsch, A. (2002). *Psycho-Diabetologie.* Kirchheim.

3

Über die Bedeutung der „Zeit" – Wirkungen und Nebenwirkungen

„Es ist nicht zu wenig Zeit, die wir haben, sondern es ist zu viel Zeit, die wir nicht nutzen."

(L.A.Seneca)

„Was du einem anderen nie stehlen solltest ist Zeit. Zeit kommt nicht zurück. Nicht die Zeit, die du auf jemand wartest, nicht die Zeit der leeren Versprechungen, des Hinhaltens."

(Iris Wolf – aus „Die Unschärfe des Seins")

3.1 Einleitung

Wie wir bereits gesehen haben, kommt dem Faktor „Zeit" bei der Kommunikation zwischen Arzt und Patient eine bedeutende Rolle zu. Wenn man sich mit der Frage nach Gesundheit und Krankheit beschäftigen möchte, dann geht das nicht, ohne sich mit den Rahmenbedingungen auseinanderzusetzen, die „krank" oder „gesund" machen. Deshalb möchte ich Sie in diesem Kapitel mitnehmen auf eine „Zeit-Reise". Zurück zu dem Ursprung menschlichen Lebens und in die Vergangenheit,

V. Hollenrieder, *Sprechstunde auf Augenhöhe*,
https://doi.org/10.1007/978-3-658-37935-3_3

in der die Taktgeber nicht Stunden oder Minuten, sondern von der Natur vorgegebene Rhythmen waren.

Für eine ganzheitliche Gesundheitsbetrachtung müssen sich sowohl Ärzte als auch Patienten die folgenden Fragen stellen:

- Wie viel Zeit bin ich bereit, für Gesundheit zu investieren?
- Welche Taktgeber steuern meinen Alltag oder meine Freizeit?
- Wie viel Zeit verbringe ich wach und wie viel im Schlaf?
- Wie nutze ich meine freie Zeit?

Nahezu jeden Tag höre ich im Patientengespräch den Satz: „Dafür habe ich keine Zeit, Frau Doktor." Selbstverständlich ist der Tag jedes Menschen geprägt von den verschiedensten Aufgaben – sei es nun die Schule, das Studium oder der Arbeitsplatz. Daneben gibt es aber auch unsere „Freizeit" – die wir nach den eigenen Bedürfnissen und Wünschen gestalten können. Studien belegen, dass der Zuwachs an Freizeit jedoch nicht zwangsläufig mit einem Zugewinn an Zufriedenheit und Gesundheit verbunden ist. Folglich macht es Sinn, sich dem Thema Zeit von unterschiedlichen Perspektiven her zu nähern.

3.2 Wie alles beginnt …

Niemand von uns kann sich bewusst an den Beginn seines Lebens erinnern. Es braucht 9 Monate, bis sich aus der befruchteten Eizelle ein lebensfähiges Neugeborenes entwickelt. Während in den ersten 12 Wochen einer Schwangerschaft die Entwicklung der Organe (Embryogenese) im Vordergrund steht, werden die Wochen bis zur Geburt für Reifungsprozesse, insbesondere von Organen und Hirnfunktionen (Fetogenese), benötigt. Wenn alles glatt läuft, dauert eine Schwangerschaft 9 Monate und in dieser Zeit werden die Weichen für unser späteres Leben gestellt (Kap. 5), auch für unsere Fähigkeit zur Kommunikation.

Die Physiologie und Pathologie Neugeborener ist ein Spezialgebiet der Kinderheilkunde und wird als Neonatologie bezeichnet. Ihr verdanken wir wichtige Erkenntnisse zur Gehirnentwicklung des Menschen. Da mich diese Thematik bereits während des Studiums besonders fasziniert hat, beschäftigte ich mich in meiner Promotionsarbeit 1986 in der Haunerschen Kinderklinik in München mit Frühgeborenen.

Damit Kommunikation im späteren Leben reibungslos funktionieren kann, benötigen wir unsere „5 Sinne“. Diese entwickeln sich in der Schwangerschaft grob dargestellt in folgender Reihenfolge: Tasten ab der 8. Schwangerschaftswoche (SSW), Schmecken und Riechen ab der 13. SSW, Sehen und Hören ab der 16. SSW. Während uns das Hören des gesprochenen Wortes die verbale Kommunikation ermöglicht, sind Schmecken, Riechen, Fühlen und Sehen unsere nonverbalen Kommunikationswege. Sie alle nehmen Einfluss auf unsere Fähigkeit im Leben, sämtliche Kommunikationskanäle bedienen zu können. Läuft etwas schief, ist die Gesundheit gefährdet und es können sich daraus zahlreiche Krankheitsbilder entwickeln.

Für das Gebiet der Neonatologie waren die 80er-Jahre eine Zeit des Umbruchs. Denn bis zu diesem Zeitpunkt war es üblich, dass der Inkubator, also der künstliche Lebensraum eines Frühgeborenen mit meist weniger als 1000 Gramm Geburtsgewicht, nur vom Pflegepersonal genutzt werden durfte. Die Berührung des Neugeborenen durch Vater oder Mutter war meist strengstens untersagt. Mein Doktorvater, Professor Dr. Dr. Klaus P. Riegel, leitete damals die Neonatologie der Klinik. Seine Bestrebung war es, die frühkindliche Hirnentwicklung durch Stimulation des Gehirns der Frühgeborenen zu fördern. Dazu wurde nun den Eltern erlaubt, durch die vorhandenen Durchgriffsöffnungen in den Inkubator (Brutkasten) zu greifen und ihr Kind zu streicheln und zu berühren. Die Entwicklung der „Sinne“ sollte, so waren seine Bestrebungen, soweit als möglich den Gegebenheiten einer normalen Schwangerschaft angepasst werden. Im Bauch der Mutter nimmt das Kind vor allem akustische aber auch taktile Reize wahr.

Ein Frühgeborenes hat nur dann eine Chance zu überleben, wenn es die Zeit bis zur vollen Ausreifung der lebensnotwendigen Funktionen im Inkubator verbringt. Das Leben dort bedeutet helles Licht über 24 Stunden, ständige Motorengeräusche der Beatmungsmaschine und Monitor-Signaltöne sowie oft schmerzhafte Behandlungen, also ein gewaltiger Milieuwechsel gegenüber dem geschützten Raum der Gebärmutter. Einer der wesentlichen Reize, nämlich die mütterliche Stimme, entfällt für das Frühgeborene im Inkubator. Die Entwicklung menschlicher Gehirnfunktionen wird maßgeblich durch die Funktion des Hörens beeinflusst. Ausgangspunkt für meine Arbeit waren Untersuchungen von Alfred A. Tomatis, der in Experimenten zeigen konnte, „dass die Anregung des Gehirns sich um 60 bis 90 % reduziert, wenn das Gehör ausgeschaltet wird. Dies zeigt deutlich, dass das Ohr nicht nur ein Organ zum Hören ist, sondern auch der Aufladung des Gehirns dient. Deshalb lässt sich ein Mensch mit Hilfe von Klängen anregen." Aus seinen Arbeiten entwickelte er seine „Therapie für Kommunikationsschwierigkeiten", wobei sich sein Hauptaugenmerk auf verhaltensauffällige Kinder, Legastheniker, Stotterer und Autisten richtete [1].

Meine Aufgabe war es nun, den Frühgeborenen im Inkubator die Stimme ihrer Mutter zu präsentieren. Dazu stellte uns Prof. Tomatis Tonbänder her, in denen Musik und die Stimme der Mutter so bearbeitet wurden, dass die für das Frühgeborene wahrnehmbaren Frequenzen herausgefiltert wurden.

Da es bei Frühgeborenen oft zu einer Schädigung des Mittelohres kommt, ist neben der Schallwahrnehmung über dieses Organ, die sogenannte Luftleitung, auch die Schallwahrnehmung über die Knochenleitung von Bedeutung. Dies musste bei unserem Versuchsaufbau berücksichtigt werden.

Im Inkubator wurden deshalb zwei Lautsprecher, verpackt in kleine Stoffsäckchen, beidseits in Kopfhöhe des Kindes angebracht (Luftleitung) sowie ein Vibrator an dessen Kopf angelehnt (Knochenleitung). Wochenlang arbeitete ich auf der Intensivstation und beobachtete die Reaktionen „meiner" drei Babys (27.–28. SSW, Geburtsgewicht zwischen 690 und 1320 Gramm). Ich protokollierte ihr Pulsverhalten und beobachtete ihre Reaktionen auf das Vorspielen der Tonbänder an Hand ihrer Mimik. In Übereinstimmung mit der Literatur konnte ich zeigen, dass die frühkindliche Hirnentwicklung in dieser Lebensphase reift und die akustischen Signale wahrgenommen werden, wenn keine kräftigeren Stimuli (Geräusche des Inkubators) interferieren [2].

So interessierte ich mich also bereits vor über 30 Jahren für die Entwicklung und Reifung des Gehirns. Dabei übte die Betrachtung unserer Sinnesorgane schon damals eine große Faszination auf mich aus.

Kommunikation beginnt in der Schwangerschaft und befähigt uns ein Leben lang, uns mitzuteilen und miteinander in Kontakt zu treten. Sie ist gewissermaßen unser Lebenselixier. Während ein Mangel an Kommunikation zu zahlreichen Erkrankungen führen kann, vermag gelungene Kommunikation nicht nur für den Körper, sondern auch für Geist und Seele heilsam zu sein.

Nehmen wir uns also die Zeit für eine kleine Abenteuerreise zu den Anfängen der Menschheit. Noch heute bestimmen steinzeitliche Regulationsmechanismen unser Zeitempfinden. Da sich der moderne Mensch davon jedoch immer weiter entfernt hat, sind Krankheiten entstanden, die für den Organismus Stress bedeuten und durch unnatürliche Tag-Nacht-Rhythmen bedingt sind.

3.3 Chronobiologie – Die innere Uhr des Menschen

Viele Hormone, allen voran das Cortisol, haben eine sogenannte „circadiane Rhythmik“. Das bedeutet, dass sie zu unterschiedlichen Tageszeiten in unterschiedlicher Menge produziert werden. Der Grund liegt in unseren steinzeitlichen Regulationsmechanismen. Sie waren erforderlich, um das Überleben der Menschheit zu sichern. So produziert unser Körper in den frühen Morgenstunden, von etwa 3 bis 8 Uhr, besonders viel Cortisol. Mit Beginn der Dämmerung und zunehmender Helligkeit am Morgen stieg die Angriffsgefahr des steinzeitlichen Menschen, man musste jederzeit fluchtbereit sein oder aber auch bereit zur Jagd. Dafür benötigen die Muskelzellen ausreichend Glukose, die durch eine vermehrte Bereitstellung aus der Leber zur Verfügung gestellt wird (Glukoneogenese). Körpereigenes Insulin kann nun die Zellen mit ausreichend Energie versorgen. Die Bereitstellung von Glukose ist immer dann erforderlich, wenn vermehrt Energie benötigt wird, sie ist der Brennstoff für die Zellen so wie das Benzin für den Motor eines Autos. Jeder Typ-1-Diabetiker weiß, dass er in den frühen Morgenstunden einen höheren basalen Insulinbedarf hat als zu allen anderen Tageszeiten. Das liegt zum einen an der oben beschriebenen Glukoneogenese, zum anderen aber auch daran, dass Cortisol ein Gegenspieler des Hormons Insulin ist. Die Bereitstellung von Zucker am frühen Morgen soll den Körper auf die anstehende körperliche Aktivität vorbereiten. An dieser „Programmierung“ hat sich bis heute nichts geändert.

Allerdings: die Natur hat zwei Aktivitäts-Typen vorgesehen: die „Lärche" und die „Eule", also den Frühaufsteher und den Langschläfer. Auch das war einst sinnvoll, denn die Lärchen waren morgens aktiv und erledigten die Jagd, die Eulen waren nachts aktiv und bewachten das Lagerfeuer. Heute können wir mit Messungen von Hormonspiegeln bestätigen, dass es diese beiden „Chronotypen" gibt [3]. Sie zeigen Veränderungen mit zunehmendem Lebensalter und auch geschlechtsspezifische Unterschiede. In diesem Zusammenhang wird immer wieder diskutiert, wie sinnvoll es ist, dass der Schulbeginn für Kinder und Jugendliche grundsätzlich morgens um 8 Uhr ist. Den unterschiedlichen Chronotypen wird man so definitiv nicht gerecht, was sich in der Lernleistung niederschlagen kann [4].

Rhythmusgeber für unsere innere Uhr ist die Intensität des Lichtes. Kommt es zu Schichtarbeit, Wechselschicht oder Wechsel in andere Zeitzonen, so gerät unsere innere Uhr unter Stress.

Heute wissen wir, dass Störungen unserer inneren Uhr zahlreiche Erkrankungen begünstigen können: Atherosklerose, Krebserkrankungen, Diabetes, Übergewicht, neurodegenerative Erkrankungen wie Alzheimer oder Parkinson, Schlaf- und Essstörungen, Depressionen und viele mehr.

Der französische Geologe Michel Siffre hat 1962 und erneut 1972 im Auftrag der NASA mit seinen Höhlenexperimenten untersucht, was geschieht, wenn über viele Wochen nichts geschieht, das heißt sein visuelles System weder Licht noch Schatten wahrnimmt [5, 8]. In 130 Meter Tiefe in einer dunklen Höhle, nur mit einer Taschenlampe und Proviant ausgerüstet, verbringt er 1962 alleine zwei Monate. Seine einzige Verbindung nach außen ist ein Feldtelefon, mit dem er zu den Forschern Kontakt hält. Sein Zeitgefühl gerät dabei völlig außer Kontrolle. Wenn er schläft, empfindet er diese Zeiträume oft nur als kurzes Dämmern, in Wirklichkeit waren es viele Stunden. Seine eigene Zeitrechnung weicht am Ende des Experimentes um 25 Tage von der reellen ab. Diese Zeit fehlt ihm – er hat sie nicht bewusst erlebt. Seinen Versuch hat Siffre mehrmals wiederholt, 1972 bleibt er für 205 Tage unter der Erde. Nach diesem Experiment fehlen ihm in seiner Erinnerung volle zwei Monate. Wenn permanente Dunkelheit herrscht und nichts geschieht, also keinerlei Ereignisse in unser Bewusstsein dringen, dann scheitert unsere Berechnung von Zeitspannen. Was für uns heute überlebenswichtig scheint, nämlich die genaue Bestimmung von Minuten und Stunden – in der Wildnis hatten sie keine Bedeutung. Naturvölker kennen für derart kurze Zeitabschnitte keine Worte [6]. Erst in hoch entwickelten Gesellschaften haben Menschen diese Zeitmaße festgelegt – der englische Naturphilosoph Gerald Whitrow spricht von der „Erfindung der Zeit" [7].

Wie diese Experimente gezeigt haben, spielt also das Tageslicht für unser Zeitempfinden eine wesentliche Rolle. Befinden wir uns viel in geschlossenen Räumen und sind dort Kunstlicht ausgesetzt, so ist dieses zu schwach, um unsere innere Uhr ausreichend zu stellen. Denn hinter Fensterscheiben registriert das menschliche Auge 50-mal weniger Licht als im Freien. Besser als eine Lichttherapie, die inzwischen allerorten angepriesen wird, wäre es also, die Wohnung zu verlassen und ins Freie zu gehen. Schwieriger ist das in nördlicher gelegenen Regionen, wo wenig Tageslicht vorhanden ist. Die Rate an Depressionen in diesen Ländern ist bekanntermaßen höher als in unseren Breiten. Wir wissen heute, dass viele Krankheitsbilder mit einer gestörten inneren Uhr in Zusammenhang zu bringen sind.

> „Die Liste der Erkrankungen, für die Ärzte einen zu schwachen oder falsch eingestellten inneren Tagestakt verantwortlich machen, wird in den nächsten Jahren wahrscheinlich stark anwachsen – die Forschung darüber beginnt gerade erst." [8, 9]

Bei einem gestörten Tag-Nacht-Rhythmus treten bekanntermaßen mehr Schlafstörungen, Herz-Kreislauf-Erkrankungen und Arbeitsunfälle auf. Dies betrifft insbesondere Schichtarbeiter, Nachtarbeiter oder Menschen, die an ihrem Arbeitsplatz wenig natürliches Licht erhalten (Büro, Labor, Operationssaal, U-Bahn, Lagerhallen etc.)

Was bedeutet all das nun für Sie, lieber Leser? Das Wissen um derartige Zusammenhänge sollte Ihr Interesse für Ihren Tagesrhythmus wecken. Deshalb stelle ich meinen Patienten regelmäßig die Frage nach ihrem Schlafverhalten. Denn wer nachts schlecht schläft, und das bedeutet, nicht in Tiefschlafphasen zu gelangen, in denen das Gehirn regenerieren kann, ist für den nächsten Tag schlecht vorbereitet. Dann schleppt man sich müde von Termin zu Termin, was für den Organismus toxischen Stress bedeutet, doch dazu später mehr.

Wie wichtig ein intaktes Zeitempfinden für uns Menschen ist, sehen wir auch daran, was passiert, wenn es durch eine Erkrankung verloren geht. So haben Patienten nach einem Schlaganfall oder bei einem Tumor im Kleinhirn ebenso wie Parkinsonpatienten, deren Defekt im Basalganglienbereich liegt, ein gestörtes Zeitgefühl. Das Gehirn ist also die Schaltzentrale für unsere Wahrnehmung von Zeit und darüber hinaus für zahlreiche hormonelle Regulationsmechanismen zuständig, die einem circadianen Rhythmus folgen.

3.4 Ausflug in die Geschichte der Uhr

Haben Sie schon einmal darüber nachgedacht, wie oft Sie an einem normalen Tag auf die Uhr schauen? Oder wie oft sie von einer Uhr mit einem Alarmsignal an einen wichtigen Termin erinnert werden? Das beginnt früh morgens mit dem Wecker, der Sie aus dem Tiefschlaf holt. In unserem Alltag gibt es neben den klassischen Uhren in unseren Wohnräumen und unserer Armbanduhr noch zahlreiche weitere Exemplare. Da ist die Zeitanzeige auf dem Mobiltelefon, am PC oder Laptop, die Bahnhofsuhr oder das Uhrendisplay im Schaufenster zahlreicher Geschäfte. Unser Tag ist sozusagen „getaktet" – die Zeit auf der Uhr bestimmt darüber, wann wir zur Arbeit oder zum Essen gehen, wann wir ins Kino gehen oder ins Theater oder ins Konzert. Und damit wir wichtige Termine nicht vergessen, werden wir durch Ton- oder Vibrationsalarme daran erinnert. Das war nicht immer so! Wie oft hören wir heute den Satz: „Zeit ist Geld" – oder „Ich habe dafür keine Zeit".

Die Geschichte der Uhr beginnt in der Antike. Damals waren die Zeitpunkte, an denen man sich orientierte, durch die Natur vorgegeben. Der Stand von Sonne und Mond diente der Orientierung im Tagesablauf, die Beobachtung der Wanderung des Schattens führte zur Entwicklung von Schattenuhren im alten Ägypten. Im Mittleren Reich folgten Diagonalsternuhren, deren Stundeneinteilungen auf Bewegungen von Sternbildern beruhten. Im 16. Jahrhundert folgten Wasseruhren im alten Ägypten. Im Mittelalter, etwa ab 900 n. Chr., gab es Kerzenuhren, Feueruhren und schließlich als markantes Ereignis die Räderuhren. Eine solche ist 1335 erstmals urkundlich erwähnt und befand sich in der Kapelle des Palastes der Visconti in Mailand. In Mitteleuropa verbreiteten sich gleichzeitig mit den Räderuhren auch Sanduhren, sie wurden vor allem in den damaligen Zentren Venedig und Nürnberg hergestellt [10].

Die weitere Entwicklung der Uhr wurde von zwei Typen bestimmt: Standuhren, also ortsfeste Großuhren an Türmen oder auf Tischen sowie tragbare Kleinuhren. Grundstein für den Bau von Präzisionsuhren war schließlich die Einführung des Pendels als Gangregler. 1656 schließlich wurde die erste Pendeluhr vom holländischen Astronom, Mathematiker und Physiker Christiaan Huygens entwickelt und von Salomon Coster angefertigt. Auch die Seeschifffahrt benötigte zur Navigation in dieser Zeit eine exakte Zeitmessung, 1759 baute John Harrison das erste Marinechronometer.

Ab Mitte des 19. Jahrhunderts führte die Industrialisierung zur Massenproduktion von Uhren, in Deutschland vor allem im Schwarzwald. Während anfangs sehr hochwertige und teure Produkte gefertigt wurden, entwickelte sich die Uhr in der Neuzeit immer mehr zum Massenartikel, die Taschenuhr oder „Dollar Watch" war nun ein Artikel für Jedermann. Kuckucksuhr (1730), Taschenuhr (1756), Armbanduhr (1810/1812), Quarzuhr (1927) und Atomuhr (1949) – die Erfolgsgeschichte nahm kein Ende.

Dem Wort Uhr liegt das lateinische „ora" zugrunde, was „Zeit" oder „Stunde" bedeutet. Heute noch kennen wir die Redewendung „Die Zeit ist abgelaufen". Sie stammt aus dem Griechenland des 16. Jahrhunderts, wo vor Gericht zur Begrenzung der Redezeit Wasseruhren verwendet wurden.

Dieser kleine Streifzug durch die Geschichte zeigt, wie sehr sich die „Zeiten" gewandelt haben. Mit unseren Uhren sind wir heute auf die Sekunde genau, man denke nur an den Hochleistungssport, wo Zehntelsekunden über Gold, Silber oder Bronze entscheiden. Warum stelle ich diese Überlegungen an? Weil sie Bedeutung haben für die Entstehung vieler Erkrankungen, die unserem zunehmenden Wunsch nach Effizienz und Optimierung geschuldet sind. Keine noch so genaue Uhr bringt uns unseren natürlichen Zeitgebern, der Wechsel von Tag und Nacht, von Helligkeit und Dunkelheit näher.

3.5 Zeit für Gesundheit – eine Illusion?

Haben Sie schon einmal gehört, dass jemand gesagt hätte: „Ich habe zu viel Zeit“? Üblicherweise beklagt der moderne Mensch „zu wenig Zeit“ – und das, obwohl der Anteil an Freizeit, den wir heute haben, erheblich größer ist als noch vor 100 Jahren. Woran liegt das? Und was bedeutet es im Hinblick auf die Gesundheit? Ist Zeit für Sie, lieber Leser, etwas Positives oder Negatives? Nun ja, werden Sie sagen, im Urlaub habe ich Zeit, aber im normalen Alltag habe ich davon häufig zu wenig.

Die Summe an Aufgaben, die man an einem Tag zu bewältigen hat, bestimmt darüber, ob Freiräume bleiben oder man bis tief in die Nacht hinein „To-do-Listen“ abarbeiten muss. Ist das Arbeitspensum dauerhaft zu hoch und schrumpfen die Ruhezeiten, so ist es eine Frage der Zeit, wann sich Unzufriedenheit und Stresssymptome einstellen.

Nehmen wir als Beispiel einen normalen Arbeitstag, an dem Sie morgens auf dem Weg ins Büro im Stau stehen. Sie haben gleich zu Beginn des Tages einen wichtigen Termin mit Ihrem Vorgesetzten, da sollten Sie auf keinen Fall zu spät kommen. Nun erscheinen ihnen 10 Minuten im Stau wie eine Ewigkeit. In einer anderen Situation, nämlich mit dem Auto unterwegs in den Urlaub und mit netter Gesellschaft und guter Musik, sind 10 Minuten im Stau kein echtes Problem. Sie empfinden denselben Zeitraum als wesentlich kürzer, denken vielleicht nicht einmal darüber nach, wann der Stau sich auflöst – sie haben ja Zeit, denn eine Stunde Verspätung im Hotel würde niemand bemerken.

Was bedeutet diese Betrachtung von Zeit für die Gesundheit einer Person? Bei vielen Erkrankungen spielt es eine große Rolle, über welchen Zeitraum krankheitsauslösende Stressoren vorhanden sind. Je länger dies der Fall ist, umso wahrscheinlicher wird das Auftreten von ersten Krankheitssymptomen. Werden diese nicht ursächlich behandelt, sondern lediglich symptomatisch beseitigt – also beispielsweise durch Schmerzmittel, so entstehen Krankheitsbilder wie chronische Schmerzen, eine Depression, Stoffwechselstörungen oder auch Tumorerkrankungen. Patienten mit chronischen Erkrankungen, und dazu gehören auch Suchterkrankungen, haben das Gefühl, dem Geschehen ohnmächtig ausgeliefert zu sein. Je länger das Krankheitsgeschehen dauert, umso mehr verlieren sie die Zuversicht, an der bestehenden Situation etwas verändern zu können.

Viele Patienten mit chronischen Erkrankungen (zum Beispiel Schmerzen, Übergewicht, Depression) haben nicht nur eine erhebliche Einschränkung ihrer Lebensqualität. Auch ihre Arbeitsleistung schwindet und deshalb ist es absolut nachvollziehbar, dass sie nach „schnellen“ Lösungen suchen. Neben Medikamenten greifen sie vielfach nach Mitteln, die in den sozialen Netzwerken oder den Medien angepriesen werden. In einer Gesellschaft, die Schnelligkeit und Effizienz einfordert, tun sich Ärzte und Patienten gleichermaßen schwer, Gelassenheit und Geduld zu entwickeln. Beides aber ist notwendig, wenn man einen ursächlichen Therapieansatz verfolgen möchte. Hierzu ein Beispiel aus meiner Praxis:

Eine 35-jährige türkische Patientin leidet unter starkem Übergewicht und einem insulinpflichtigen Diabetes mellitus Typ 2. Sie bemüht sich über 2 Jahre vergebens um eine anhaltende Gewichtsreduktion. Ohne Rücksprache mit ihrem Hausarzt oder mit mir als ihrer behandelnden Diabetologin unterzieht sie sich auf eigene Kosten in der Türkei einer Magenoperation. Zwar würde sie diese Operation auch in Deutschland als Kassenleistung bekommen können, sie müsste jedoch zuvor nachweisen, dass die bisherigen Anstrengungen einer Gewichtsabnahme ergebnislos blieben. Auch ein psychologisches Gutachten wäre erforderlich, denn bei Vorliegen einer Essstörung, einer psychiatrischen Erkrankung oder einer Depression verbietet sich eine solche Operation. Trotzdem wählt die Patientin den Weg in ihr Heimatland. Sie möchte rasch abnehmen und vor allem die Insulintherapie beenden. Ein halbes Jahr nach der Operation stellt sie sich bei mir erneut vor. Sie hat deutlich an Gewicht verloren, benötigt jedoch weiterhin Insulin. Ihre Enttäuschung ist groß, weil sie damit nicht gerechnet hatte. Auf meine Frage nach der Supplementation mit Vitaminen und Spurenelementen, wie es nach einer derartigen OP erforderlich ist, gibt sie an, dass sie darüber in der Türkei nicht informiert worden sei. Dass sie nun lebenslänglich dafür Sorge tragen muss, keine Vitaminmangelerscheinungen zu bekommen, war ihr ebenfalls nicht bewusst. Die zunächst so einfach erscheinende und schnelle Lösung des Problems stellt sich nun für sie völlig anders dar. Der Eingriff ist jedoch nicht rückgängig zu machen und die regelmäßige

Nachsorge gehört jetzt zusätzlich zu ihren Aufgaben. Neben regelmäßigen Laborkontrollen muss sie auch weiterhin täglich ihren Blutzucker messen und Insulin spritzen.

Dieser Fall zeigt, dass Therapie nicht zwingend sofortige Heilung bedeutet, sondern vielmehr eine längerfristige Begleitung bei einem Krankheitsgeschehen. Neben Medikamenten kommt der Aktivierung und Stärkung von Selbstheilungskräften eine wichtige Rolle zu. Ein solcher Prozess braucht jedoch Zeit.

Therapie (altgriechisch θεραπεία therapeia „Dienst, Pflege, Heilung“) oder Behandlung bezeichnet alle Maßnahmen, die darauf abzielen, Behinderungen, Krankheiten und Verletzungen positiv zu beeinflussen. Die Voraussetzung für Therapie ist eine zuvor erlangte Diagnose. Ziel eines Therapeuten ist es, eine Heilung zu ermöglichen oder zu beschleunigen, die Symptome zu lindern oder zu beseitigen und körperliche oder psychische Funktionen wiederherzustellen.

Aus Sicht des Patienten ergibt sich jedoch oft ein anderes Bild. Er wünscht sich eine rasche Heilung, möchte möglichst schnell wieder in den Arbeitsprozess zurückkehren, weil andernfalls zusätzliche Probleme auf ihn warten. Deshalb gehen viele Menschen auch krank zur Arbeit. „Zum krank sein habe ich keine Zeit“ – so die gängige Formulierung, und folglich erhalte ich als Arzt den Auftrag, eine rasche Genesung herbeizuführen. Krankheit beschränkt sich jedoch vielfach nicht auf körperliche Ursachen. Viele Krankheitsbilder, wie zum Beispiel chronische Rückenschmerzen, wurzeln in seelischen Ursachen.

Körper, Geist und Seele bilden eine Einheit. Gesundheit kann sich nur einstellen, wenn alle dieser Faktoren berücksichtigt werden. Das ist keine neue Erkenntnis. Der römische Satiredichter Juvenal (1./2. Jahrhundert n. Chr.) formuliert es folgendermaßen:

> „Ein gesunder Geist lebt in einem gesunden Körper.“

Allgemein herrscht derzeit die Vorstellung, dass Gesundheit sich in jedem Falle einstellt, wenn man „gesund“ lebt, sich gesund ernährt, Sport treibt, kein Übergewicht mit sich herumträgt, nicht zu viel Alkohol trinkt und auf Nikotin verzichtet. Was aber geschieht, wenn der Körper gesund, der Geist oder die Seele aber krank ist?

3.6 Kurze Stressreaktion oder anhaltender Stress?

Der ungarisch-kanadische Biochemiker und Hormonforscher Hans Selye (1907 bis 1982) gilt als Vater der Stressforschung. In den 30er-Jahren entwickelte er die Grundlagen der Stresslehre und beschreibt das Adaptationssyndrom, also das allgemeine Reaktionsmuster des Körpers auf länger anhaltende Stressreize. Seine Definition von Stress lautet: „Stress ist ein Syndrom unspezifischer Veränderungen, mit denen sich ein biologisches System an Veränderungen der Umwelt anpasst.“ [7]

Letztlich sind Stressmechanismen ein Erbe aus grauer Vorzeit, als dem Signal „Gefahr“ mit dem Fluchtreflex eine überlebenswichtige Funktion zukam. Im Augenblick der Gefahr wird die Stressreaktion durch Hormone in Gang gesetzt. Dies bewirkt einen Anstieg von Blutdruck und Blutzucker, die Bronchien weiten sich, der Puls steigt (Herzklopfen). Speichelfluss, Magendurchblutung und Verdauung werden heruntergeregelt, das gilt ebenso für Wundheilung und Immunreaktionen. Auch die Libido schwindet, denn Sex würde in einer derartigen Situation für den Organismus einen unnötigen Energieverbrauch darstellen. Sämtliche Energiereserven werden benötigt und mobilisiert, um der Gefahr zu entkommen, zu fliehen oder zu kämpfen.

Eine kurzfristige Stressreaktion ist per se nicht schädlich. Problematisch wird es aber dann, wenn Stresssituationen wiederholt auftreten und über längere Zeiträume anhalten. Dann kommt es zu den bekannten Auswirkungen wie Gefäßveränderungen durch anhaltend hohe Blutdruckwerte, Diabetes oder einer Schwächung des Immunsystems mit erhöhter Infektanfälligkeit. Somit macht es Sinn, wenn wir über Stress sprechen, unterschiedliche Formen zu beschreiben: gesunder, tolerabler und krankmachender Stress. Der Psychoneuroimmunologe Prof. Dr. Christian Schubert beschreibt es folgendermaßen: „Ein wesentlicher Grund dafür, dass Stress krank macht, ist, dass Katecholamine und Cortisol nicht nur auf Organe wie Herz, Muskulatur und Haut, sondern auch auf das Immunsystem wirken.“ [11]

Darüber hinaus ist inzwischen bekannt, dass auch die Knochendichte Schaden nimmt, wenn es zu einer länger andauernden Überproduktion von Cortisol kommt. Besonders häufig ist dieser Befund bei Patienten mit Depressionen zu beobachten [12, 13].

Ein weiteres Organ kann uns auf Stress hinweisen: unsere Haut. In der Psychosomatik wird gerne von einem „Kommunikationsorgan" gesprochen und wir finden das in zahlreichen Redewendungen abgebildet, so zum Beispiel: „Das ist zum aus der Haut fahren" oder „Das geht mir unter die Haut". Wenn wir uns ärgern, verändert sich unsere Gesichtsfarbe, der Kopf wird rot oder blass, je nachdem welches Erlebnis wir hatten, ja es „stellen sich mir die Haare auf" – wir frösteln, haben Pickel, Hautausschläge oder chronische und schlecht heilende Wunden.

Stress können wir dann gut ertragen, wenn wir die Kontrolle über unsere eigene Situation, also die Menge an belastenden Faktoren, nicht verlieren und wenn wir die Situation aus eigener Kraft bewältigen können. Wir sprechen von positivem Stress, wenn das Selbstwertgefühl steigt, weil wir die Stresssituation aus eigener Kraft beenden können. Tolerabler Stress liegt dann vor, wenn wir Bewältigungsstrategien für die Probleme finden und unser Selbstwertgefühl deshalb erhalten bleibt. Genügen aber die Maßnahmen, die wir treffen nicht, um die auftretenden Probleme zu bewältigen, so entsteht toxischer Stress. Unser Selbstwertgefühl sinkt. Wichtig wäre folglich, dass wir rechtzeitig erkennen, wann wir uns aus dem tolerablen in den toxischen Bereich bewegen. Das würde bedeuten, dass wir zu gegebener Zeit erkennen, wie sich positiver Stress in negativen verwandelt. Wenn wir uns aber zu weit vom Bereich des tolerablen Stressbereiches entfernen, dann wird der Rückweg in den gesunden Bereich nahezu unmöglich. Es ist wie im Alltag: haben Sie sich zu weit vom Ziel entfernt, sind Sie zu lange den falschen Weg gegangen oder mit dem Auto auf der falschen Straße unterwegs gewesen, so dauert es entsprechend lange, wieder zum Ausgangspunkt der Reise zurück zu gelangen. Die falsche Abzweigung, die Einbahnstraße – wir drehen nicht um, weil wir es nicht bemerken oder uns die Kraft für den Rückweg fehlt. So verharren Menschen an ihrem Arbeitsplatz oder in Partnerschaften, obwohl sie dort nicht glücklich sind. Sie trauen sich Veränderungen nicht zu, sind vielfach in finanzieller Abhängigkeit gebunden und werden krank. Nur wer in der Lage ist, diese Zusammenhänge zu erkennen und wer Zuwendung erfährt, wird in der Lage sein, den Weg aus der krank machenden Umgebung hinaus und in ein Umfeld hinein zu gehen, dass gesund werden lässt.

3.7 Arbeits-Zeit und Frei-Zeit

Im beruflichen Umfeld geht es um Leistung und Effizienz. Wer mehr Arbeit schafft als sein Kollege in der gleichen Zeit, wird schneller befördert und erhält eine Gehaltszulage. Wer für sein Studium länger benötigt, muss mehr Geld aufbringen und verdient später als sein Kommilitone, der seinen Abschluss in der Regelstudienzeit absolviert und die Abschlussprüfungen auf Anhieb besteht. Wer seine Mails zügig und knapp beantwortet, hat schneller Feierabend als der Kollege, der sich für jede Mail viel Zeit lässt. Wie aber sieht dann die Freizeit aus?

Wenn ich nach dem Wochenende montags wieder in der Praxis bin, werde ich oft gefragt: „Was hast du gemacht?" Vor allem nach Urlauben werden uns diese Art Fragen gestellt. Fast hat man den Eindruck, wer nichts erzählen kann, weil er zu Hause geblieben ist und „nur wandern" war, sei zu bedauern. Warum nimmt das Bestreben, in der zur Verfügung stehenden Zeit immer mehr und vor allem etwas „Besonderes" zu erleben, so zu? Warum packen wir immer mehr Aktivitäten vor allem in unsere freie Zeit? Warum brauchen so viele Menschen den ganz besonderen „Kick" – denken wir nur an Bungee-Jumping, Sprünge von Felsklippen oder mindestens einen Ultra-Marathon? Warum wurde mir – als ich noch an Volksläufen teilnahm – so oft die Frage gestellt: „In welcher Zeit"? Warum bewerten wir viele Dinge danach, in welcher Zeit sie geschehen? Ist nicht das Leben selbst mit seiner endlichen Dauer von meist nicht mehr als 90 Jahren genug „Kick"? Ein bekanntes chinesisches Sprichwort bringt es auf den Punkt:

> „Man kann dem Leben nicht mehr Tage geben, aber den Tagen mehr Leben."

Inzwischen haben nicht nur Mediziner, sondern auch Firmen und Betriebe erkannt, dass es wichtig ist, ihren Angestellten Ruhezeiten und Ruheräume zuzugestehen. So wird die „Work-Life-Balance" als dem ausgewogenen Verhältnis zwischen beruflichen Anforderungen und privaten Bedürfnissen eingefordert. Wenn man nicht an Burn-out erkranken möchte, dann sollte man sich um Selbstfürsorge, Achtsamkeit und einen gesunden Schlaf bemühen.

3.8 Ruhe-Zeit als Kraftquelle

Abend für Abend gehen wir ins Bett, um uns in einen Zustand zu begeben, den wir Schlaf nennen. Oft sehnen wir den Schlaf herbei, vermutlich genauso oft liegen aber Menschen im Bett und können nicht einschlafen oder nicht durchschlafen. Leider ist die Frage nach dem Schlafverhalten einer Person keine ärztliche Routinefrage. Erst wenn wir einer Person ansehen, dass sie müde ist, fragen wir danach. Was passiert eigentlich während des Schlafens? Ist Schlaf wirklich wichtig oder nur vergeudete Zeit?

Die Schlafforschung ist noch eine ziemlich junge Disziplin in der Medizin. Vielleicht ihr wichtigstes Instrument ist das Elektroenzephalogramm (EEG), das 1924 von dem Neurologen und Psychiater Hans Berger (1873–1941) erstmals abgeleitet wird. Erst 1929 publizierte er seine Entdeckung, die 1930 im Düsseldorfer Stadtanzeiger als „elektrische Schrift des Menschenhirns" bezeichnet wurde [14].

Bis zu seiner bahnbrechenden Entdeckung war man davon ausgegangen, dass sich das Gehirn nachts quasi ausschaltet. Nun wurde klar, dass während des Schlafes kein Zustand absoluter Passivität, sondern höchster Aktivität herrscht. Hier wird jede Menge „neuronale Arbeit" geleistet, und das ist nur möglich, wenn die Wahrnehmung von Außenreizen völlig abgeschaltet wird. Im Schlaf hören, riechen und sehen wir nichts und spüren auch keine Temperaturänderungen. Die Gefahr, nachts zu erfrieren, ist deshalb in der ersten Nachthälfte, wo wir tiefer schlafen, besonders groß.

Die Schlafmedizin unterscheidet REM-Schlaf, Spindelschlaf oder Tiefschlaf. Jede dieser Phasen ist im EEG durch ein jeweils charakteristisches Wellenbild gekennzeichnet. Im Tiefschlaf erreicht die Frequenz der Hirnströme ihr Minimum, der Energieverbrauch des Gehirns sinkt um etwa 40 % [15]. Hier schlafen wir besonders tief und traumlos und sind nur schwer aufzuwecken. In dieser Schlafphase werden die gesammelten Informationen und Lerninhalte des vorangehenden Tages ins Langzeitgedächtnis der Hirnrinde übertragen.

In der REM-Phase ist das Gehirn dem Wachzustand am nächsten. Der US-amerikanische Schlafforscher Eugene Aserinsky (1921–1998) entdeckte im Rahmen seiner Doktorarbeit, dass die von ihm im Schlaf beobachteten Kinder in wiederkehrenden Abständen starke Rollbewegungen der Augen zeigten und nannte diese Phasen deshalb REM-Schlaf (Rapid Eye Movement). Auch konnte er dort ein charakteristisches Wellenbild im EEG ableiten. Heute wissen wir, dass Träume in dieser dem Wachzustand am nächsten befindlichen Phase stattfinden. Träume geben sich also als innerstes Erleben eines Menschen über die Augenbewegungen äußerlich zu erkennen. In den REM- oder Traum-Phasen erfolgt eine Umstrukturierung innerhalb der Hirnrinde. Dazu werden die Inhalte nach unentbehrlich und entbehrlich bewertet. Nur die unentbehrlichen Lerninhalte werden behalten, der Rest wird „entsorgt" [16].

Während einer Nacht wiederholen sich die Schlafphasen im Abstand von etwa 90 Minuten vier- bis sechsmal. Je näher der Morgen kommt, umso seltener und kürzer wird der Tiefschlaf und die REM-Phasen nehmen zu. Es ist eine Region im Gehirn, die sogenannte Formatio reticularis, die den Wechsel der Schlafphasen steuert und dafür sorgt, dass ein nächtliches „Aufräumen" in den Tiefschlaf- und Traumphasen geschehen kann [17].

Was aber geschieht und welche Auswirkungen hat es, wenn dieser natürliche Rhythmus des Schlafes gestört wird? Wie gerade beschrieben, ist die Nacht, und insbesondere der Tiefschlaf eine für den Körper extrem wichtige Zeit. Hier räumt das Gehirn auf – man könnte auch sagen: es regeneriert. So wie jeder Muskel nach starker Belastung eine Erholungsphase benötigt, so ist auch für das Gehirn nach dem Tagesgeschehen eine nächtliche Regenerationszeit erforderlich. Tiefschlaf stellt sich allerdings nur dann ein, wenn der Cortisolspiegel vor dem Bettgehen nicht zu hoch ist. Der Hirnforscher Achim Peters schreibt dazu in seinem Buch zum Thema Unsicherheit [16]: „Wer mit hohen Cortisolkonzentrationen ins Bett geht, wird keinen Tiefschlaf finden. Denn: Hohes Cortisol verursacht Schlafstörungen." [18, 19]. Und weiter schreibt er:

> „Im Umkehrschluss bedeutet das aber auch, dass hohes Nacht-Cortisol und die damit verbundenen Schlafstörungen nicht nur dazu führen können, dass wir weniger Gedächtnis bilden und lernen. Unter derartigen Umständen nimmt auch das Risiko zu, dass unser Selbstwertgefühl sinkt, wir uns weniger kompetent fühlen, unsicherer, ja vielleicht sogar ängstlicher. Was wiederum das Risiko erhöht, depressiv zu werden."

Gestörter Schlaf kann also zahlreiche Krankheitsbilder begünstigen (zum Beispiel Depression, Angsterkrankung, Burn-out, chronische Schmerzen, Übergewicht, Bluthochdruck). Haben Sie nach der Lektüre dieses Kapitels festgestellt, dass auch Sie von schlechtem Schlaf geplagt sind, dann sollten Sie das unbedingt mit Ihrem Arzt oder einem Schlafmediziner besprechen. Der Griff zur Schlaftablette oder Alkohol ist der falsche Weg, um zu einem besseren Schlaf zu gelangen. Für Ihr Gehirn sind all diese Substanzen sogenannte „Falschsignale" und in den allermeisten Fällen schädlich. Sie führen häufig zur Dosissteigerung und Toleranzentwicklung und fördern damit ein Suchtverhalten. Therapeutisch sind vor allem verhaltenstherapeutische Maßnahmen zielführend. Auch Schlafhygiene kann hilfreich sein.

Ein normaler Schlafrhythmus ist also für unsere Gesundheit von elementarer Bedeutung. Die Stunden der Nacht sind das Startkapital für den nächsten Tag. Wer nachts gut regeneriert, kann am darauffolgenden Tag mehr leisten, ist ausgeglichener und zufriedener und den beruflichen und privaten Anforderungen besser gewachsen.

Schlafdeprivation, also Schlafentzug, kann zu einer Störung der Affektkontrolle führen. Das begünstigt das Auftreten von Angst und Aggression. Auch Lernprozesse werden negativ beeinflusst, wenn die Schlafarchitektur gestört ist, es kann darüber hinaus zu Gedächtnisstörungen kommen [20].

All diese Beobachtungen zeigen, dass der Schlaf keineswegs ein passiver Zustand ist. Hier wird „aufgeräumt" und vor allem in den frühen Morgenstunden, wenn das Bewusstsein allmählich wieder heraufdämmert, stellen sich lebhafte und gefühlvolle Träume ein. Die Bilder, die wir dabei sehen entspringen nicht einem visuellen Eindruck über unsere Augen, sondern sie entstehen sozusagen von innen aus unserem Bewusstsein heraus. Das gilt auch für blinde Personen, die Bilder beschreiben, ja sogar zeichnen können, die sie nie in ihrem Leben gesehen haben. Somit sind Träume ein Tor zu unserem Bewusstsein, unseren Erlebnissen und Gefühlen. Stefan Klein schreibt hierzu: „Die Psyche hat mächtige Unterströmungen, die uns tagsüber entgehen, weil wir zu sehr mit äußeren Eindrücken beschäftigt sind. Im Traum aber erleben wir, was uns wirklich bewegt." [17]

Somit ist Ruhe-Zeit, also ein ungestörter Schlaf, keineswegs Zeitverschwendung, sondern ermöglicht uns gleichermaßen Erholung und die Begegnung mit unseren Stimmungen und Gefühlen.

3.9 Alles hat seine Zeit

In Anlehnung an den bekannten Text aus dem Buch des Predigers im Alten Testament am Ende dieser Zeitreise ein paar persönliche Gedanken.

Für jeden von uns ist die Zeit gleichermaßen endlich. Der Unterschied besteht darin, dass junge Menschen zumeist voller Kraft und Energie sind und Hindernisse aus dem Weg räumen können. Mit zunehmendem Alter schwinden die Kräfte und es stellen sich Krankheiten ein.

„Altwerden ist nichts für Feiglinge" – so lautet der Titel eines Buches von Joachim Fuchsberger [21]. Vor allem dann, wenn es zu Einschränkungen wie Schmerzen und einem Nachlassen der körperlichen und geistigen Kapazitäten kommt, wird es wichtig, sich neben dem Körper auch um Geist und Seele zu kümmern. Wenn Sie von einer Depression, Mutlosigkeit oder Traurigkeit geplagt sind, dann sollten Sie psychologische Hilfestellung in Anspruch nehmen. Die seelische Last, die Sie auf Ihren Schultern mit sich herumtragen, macht ebenso krank wie eine organische Ursache. Der Weg aus einer Depression heraus verläuft in kleinsten Schritten, kann aber neue Kräfte freisetzen, was dann die körperlichen Beschwerden leichter ertragen lässt.

Wenn die Zeit, die aller Wahrscheinlichkeit nach noch vor einem liegt, kürzer wird als die, die bereits hinter einem liegt, bekommen Vergangenheit, Gegenwart und Zukunft ein neues Gesicht. Man stellt sich nun immer öfter die Frage, wie man die verbleibende Zeit nutzen möchte und wie man dabei Glücksmomente erleben kann.

Je schwerer die äußeren Umstände zu ertragen sind, umso mehr dehnt sich die Zeit. Nelson Mandela formulierte es in Erinnerung an seine Isolation im Kerker folgendermaßen: „Jede Stunde erschien mir wie ein Jahr". Im Gegensatz dazu bewirkt eine positive Grundstimmung, dass die

Zeit nur so dahinfliegt. Der römische Schriftsteller Plinius der Jüngere (1. Jahrhundert n. Chr.) wusste davon auch schon zu berichten:

„Jede Zeit verrinnt umso schneller, je glücklicher man ist."

Hat Glück also etwas mit unserem Zeitempfinden zu tun? In welchen Augenblicken, zu welchen Zeiten gelingt es uns, im Hier und Jetzt glücklich zu sein? Philosophen und Psychologen beschäftigt en sich in allen Zeitepochen mit diesen Fragen. Mihaly Csikszentmihalyi (geb. 1934) prägte 1975 den Begriff „Flow". Darunter versteht man ein Hochgefühl bei der Tätigkeit, die man gerade ausführt, ganz egal ob dies am Arbeitsplatz oder in der Freizeit geschieht. „Flow" stellt sich ein, wenn die Tätigkeit, die wir gerade ausführen, uns voll und ganz in Anspruch nimmt, Wahrnehmung und Verstand ausgelastet sind und wir die Kontrolle über das Geschehen haben. In diesen Augenblicken gelingt uns die maximale Konzentration. Das kann ebenso beim Kochen, Musizieren, Lesen oder Arbeiten sein. Nicht das Umfeld bewirkt diesen Zustand, sondern eine optimale Informationsdichte in unserem Gehirn. Entscheidend ist jedoch, dass sich dieser Zustand als Folge einer Tätigkeit ergibt [7].

Damit wird deutlich, dass sich Glück nicht als Folge äußerer Umstände einstellt, sondern nur in Verbindung mit eigenem Zutun. Dann wird Zeit positiv erlebt, aber eben nur dann, wenn man eine Überforderung vermeidet. Vielen meiner Patienten ist dies nicht bewusst. Ein positives Zeiterleben wirkt sich günstig auf das Erleben von Krankheiten aus, ja es kann helfen, diese besser in den Griff ist zu bekommen. Gefragt sind aber, wie bereits erwähnt, Gelassenheit und Geduld sowie die Bereitschaft, die eigene Situation im beruflichen und privaten Kontext zu beleuchten.

Betrachte ich die „Jahreszeiten", so kann ich heute den Kreislauf der Natur übertragen auf mich selbst. Was mich in jungen Jahren kaum interessiert hat – inzwischen ist der Wechsel von Frühling zu Sommer, Herbst und Winter mit Gedanken und Gefühlen verbunden. Diese kann ich im Kleinen als Abbild des Lebens begreifen, als einen permanenten Kreislauf von Werden und Vergehen. Während ich diese Zeilen schreibe, versinken in meinem Garten die Sträucher im Schnee, die Wald- und Wiesenwege vor meiner Haustüre sind nicht mehr begehbar, Sträucher verschwinden unter der Schneelast und seit Tagen gab es keinen Sonnenstrahl. Alles schläft und man kann sich nicht vorstellen, dass in einigen Wochen alles wieder zum Leben erweckt wird, wenn der Schnee schmilzt und die Sonne wieder an Kraft gewinnt. So wie das Kommen und Gehen in der Natur erleben wir Menschen gute und schlechte, gesunde und kranke Phasen. Beides gehört zum Leben und mit dem Älterwerden begreife ich, dass jede Phase ihre eigenen Möglichkeiten bietet, zu lernen und zu wachsen.

> „Die Seele wächst durch Liebe und Schmerz.“ (Tibetanische Weisheit)

> „Es ist nicht wenig Zeit, die wir haben, sondern es ist viel Zeit, die wir nicht nützen.“ (Seneca)

Werfen wir noch einen letzten Blick auf die Bedeutung von Zeit im Arzt-Patienten-Gespräch. Wie wir gesehen haben, kommt es für beide Parteien darauf an, sich Zeit zu nehmen aber auch Zeit für Veränderungen zu geben. Gestörte Tag-Nacht-Rhythmen oder ein gestörter Schlaf sollten erfragt und deren Ursachen aufgedeckt werden. Ebenso wichtig ist es aber auch, zu vermitteln, dass Heilungsprozesse nicht von heute auf morgen stattfinden können, sondern Zeit benötigen. Hier sind Gelassenheit und Geduld sowohl bei uns Ärzten als auch bei unseren Patienten gefragt. Auch bedarf es eines permanenten ärztlichen Angebotes, diese Themen miteinander zu besprechen. Alle chronischen Erkrankungen sind über lange Zeiträume entstanden und Heilungsprozesse benötigen folglich Zeit. Die Therapie der kleinen Schritte ist ein oft mühsamer aber zumeist erfolgversprechender Weg.

Das Wichtigste im Überblick

- Bereits die intrauterine Entwicklung über 9 Monate ist bedeutsam für unsere spätere Fähigkeit zu Kommunikation.
- Zahlreiche Krankheiten sind gestörten Tag-Nacht-Rhythmen geschuldet.
- Unser Schlafverhalten hat wesentliche Auswirkungen auf Krankheitsprozesse und damit auch auf Heilungsprozesse.
- „Ruhe-Zeiten“ sind „Aus-Zeiten“ für unser Gehirn und dienen der Regeneration.
- Immer mehr Leistung und Aktivitäten in immer kürzerer Zeit kann zu toxischem Stress führen und die Gesundheit gefährden.

Literatur

1. Tomatis, A. A. (1978). Neue Theorien zur Physiologie des Ohres. Das elektronische Ohr und seine Anwendung. Vortrag Paris 1972, Übersetzung und Untertitel: Ursula Wernii Zürich, August 1978.
2. Hollenrieder, V. (1986). Akustische Stimulation von Frühgeborenen. Inaugural-Dissertation 1986 LMU München.
3. https://de.wikipedia.org/wiki/Circadiane_Rhythmik. Zugegriffen am 15.07.2022.
4. https://uni-tuebingen.de/en/95142 . Zugegriffen am 23.10.2021.
5. https://www.google.com/amp/s/www.spiegel.de/geschichte/hoehlenforscher-michel-siffre-kampf-gegen-einsamkeit-und-depression-a-979680-amp.html. Zugegriffen am 15.07.2022.
6. Dunlap, J., Loros, J., & DeCoursey, P. (Hrsg.). (2004). *Chronobiology*. Sinauer Associates.
7. Whitrow, G. (1991). *Die Erfindung der Zeit*. Junius-Verl.
8. Klein, S. (2006). *Zeit- der Stoff aus dem das Leben ist* (S. 47). S. Fischer.
9. McClung et al. (2005). Regulation of dopaminergic transmission and cocaine reward by the clock gene. *Proceedings of the National Academy of Sciences of the United States of America, 102*(26), 9377–9381.
10. https://de.wikipedia.org/wiki/Uhr. Zugegriffen am 15.07.2022.
11. Schubert, C. (2016). *Was uns krank macht was uns heilt* (S. 42). Fischer & Gann.
12. Williams, L. J., Pasco, J. A., Jacka, F. N., Henry, M. J., Dodd, S., & Berk, M. (2009). Depression and bone metabolism. A review. *Psychotherapy and Psychosomatics, 78*, 16.
13. Spangler, L., Scholes, D., Brunner, R. L., Robbins, J., Reed, S. D., Newton, K. M., Melville, J. L., & Lacroix, A. Z. (2008). Depressive symptoms, bone loss, and fractures in postmenopausal women. *Journal of General Internal Medicine, 23*, 576.
14. Berger, H. (1929). Über das Elektrenkephalogramm des Menschen. *Archiv für Psychiatrie und Nervenkrankheiten 87*(1), 527–570. Springer, ISSN 0003-9373. https://doi.org/10.1007/BF01797193.
15. Boyle, P. J., Scott, J. C., Krentz, A. J., Nagy, R. J., Comstock, E., & Hoffman, C. (1994). Diminished brain glucose metabolism is a significant determinant for falling rates of systemic glucose utilization during sleep in normal humans. *Journal of Clinical Investigation, 93*, 529–535.
16. Peters, A. (2018). *Unsicherheit – Das Gefühl unserer Zeit*. C. Bertelsmann.

17. Klein, S. (2014). *Träume. Eine Reise in unsere innere Wirklichkeit.* S. Fischer.
18. Fehm, H. L., Benkowitsch, R., Kern, W., Fehm-Wolfsdorf, G., Pauschinger, P., & Born, J. (1986). Influences of corticosteroids, dexamethasone and hydrocortisone on sleep in humans. *Neuropsychobiology, 16*, 198–204.
19. Antonijevic, I. (2008). HPA axis and sleep: Identifying subtypes of major depression. *Stress, 11*, 15–27.
20. Braus, D. F. (2014). *Ein Blick ins Gehirn*. Thieme.
21. Fuchsberger, J. (2011). *Altwerden ist nichts für Feiglinge*. Goldmann.

4 Die unsichtbaren „Experten" im Gespräch – welchen Einfluss haben externe Informationen und Akteure?

„Worte sind die mächtigste Droge, welche die Menschheit benutzt."

(Joseph Rudyard Kipling)

4.1 Einleitung

An wen wenden Sie sich als Patient, wenn Sie gesundheitliche Probleme haben? Neben Ihrem Hausarzt gibt es ja noch zahlreiche andere Personen, Institutionen oder Informationsquellen, die Sie nutzen können. Umfragen zeigen, dass dabei den sozialen Netzwerken ein immer höherer Stellenwert zukommt. Während meine Mutter vor 50 Jahren weder ein Mobiltelefon noch einen Internetzugang hatte, sind damit heute bereits Schulkinder ausgerüstet.

Diese Entwicklung hat natürlich auch zu massiven Umwälzungen im Gesundheitswesen geführt. Neben dem Hausarzt oder Apotheker gibt es heute zahlreiche Informationsquellen, um zu recherchieren, was einem fehlen könnte oder welches Medikament man sich besorgen sollte.

Hinzu kommt die im Zeitgeist vorherrschende Idee einer „Optimierungsgesellschaft", die den Anschein erweckt, man könne

V. Hollenrieder, *Sprechstunde auf Augenhöhe*,
https://doi.org/10.1007/978-3-658-37935-3_4

„gesünder" leben, wenn man bestimmte „Zielwerte" erreicht. Mit „Wearables", also am Körper zu tragenden Geräten, meist in Uhrenform, messen wir nicht nur unsere Puls- oder Blutdruckwerte, sondern auch unsere Schrittzahl und die verbrauchte Kalorienmenge beim Sport. Ja, wir können damit sogar unser Schlafverhalten analysieren. So können wir feststellen, wie wir in unserer Altersklasse abschneiden und haben das Gefühl, alles nur Erdenkliche für unsere Gesundheit getan zu haben. Wozu also noch zum Arzt gehen und lange Wartezeiten in Kauf nehmen?

Betrachtet man Gesundheit im Sinne der WHO-Definition von 1948, so ist dies ein „Zustand des vollkommenen körperlichen, seelischen und sozialen Wohlbefindens und nicht die bloße Abwesenheit von Krankheit oder Gebrechen." [1]

Moderne apparative Maßnahmen, Labordiagnostik oder bildgebende Verfahren konnten bislang die steigenden Zahlen chronischer Stoffwechselstörungen und psychischer Krankheitsbilder nicht stoppen. Offensichtlich werden die Bedürfnisse, Probleme, Sorgen und Nöte vieler Menschen auf diese Weise nicht behoben und Gesundheit ist wohl doch etwas mehr als ein Zahlenspiel. Folglich lautet die Frage: Wo gibt es die besten Angebote auf dem Weg zu Gesundheit? Beim Arzt, in der Apotheke, im Buchladen oder vielleicht doch im Netz? Und welche Kommunikationskanäle wollen wir in den kommenden Jahren propagieren? Hat das persönliche Arzt-Patienten-Gespräch überhaupt noch eine Daseinsberechtigung oder wird es Schritt für Schritt durch Online-Angebote abgelöst?

4.2 Die Macht der Medien, Daten und Experten

Das Thema Gesundheit ist in aller Munde, es vergeht kaum ein Abend, an dem Sie nicht einen Gesundheitsbeitrag in einem der zahlreichen Fernsehsender verfolgen können. Am nächsten Tag gibt es dann so gut wie immer einen Patienten der mich fragt: „Haben Sie gestern die Sendung im Fernsehen gesehen? Was sagen Sie dazu, Frau Doktor? Kennen Sie den Experten, der befragt wurde? Wäre das besprochene Produkt oder die vorgestellte Heilmethode nicht auch etwas für mich?"

Unsere Patienten sind permanent auf der Suche nach dem „Königsweg" – eben der einen einzig richtigen Behandlungsmethode, ganz egal, um welches Problem es sich handelt. Sie hinterfragen immer häufiger die Therapien der behandelnden Ärzte, holen eine Zweitmeinung ein oder wechseln den Arzt. Woran liegt das? Handelt es sich um einen Mangel an Vertrauen in uns Ärzte?

So scheuen beispielsweise übergewichtige Patienten oft keine Kosten und Mühen, um endlich schlank zu werden. Sie unterwerfen sich teuren und mörderischen Diäten, zahlen viel Geld für Hungerkuren oder Gewichtsreduktionsprogramme mit dem alleinigen Ziel, endlich die gewünschte Körperform zu erlangen. Wie in vielen anderen Bereichen der Medizin, setzen Patienten an den Symptomen an. Das gilt in ganz besonderem Maße auch für chronische Schmerzpatienten. Einen „Königsweg" zur Problemlösung gibt es deshalb nicht, weil es individuelle Gegebenheiten sind, die als Ursachen für all diese Erkrankungen in Frage kommen. Jeder Mensch hat andere Reaktionsmuster und Symptome auf chronische Stressoren. Ohne eine genaue Analyse der Beschwerden unter Einbeziehung geistiger und seelischer Ursachen ist jedoch bei psychosomatischen Krankheitsbildern keine Therapie möglich.

Als Internistin und Diabetologin beobachte ich immer häufiger, dass Patienten, die ich seit vielen Jahren kenne und die ich durch „dick und dünn" begleitet habe, immer besser informiert sind – vor allem durch die sozialen Netzwerke. Oft fordern sie auch neue therapeutische Optionen ein, seien es zum Beispiel neue Medikamente, Insuline oder technische Errungenschaften wie die Glukosesensoren. Grundsätzlich ist dagegen nichts einzuwenden, allerdings darf die Ärzteschaft es nicht ignorieren: was in Film, Funk und Fernsehen oder auch in den Printmedien zu erfahren ist, hat ganz offensichtlich einen besonders hohen Stellenwert für unsere Patienten. Wir müssen uns die Frage stellen, warum die Informationen, die dort vermittelt werden, unseren Patienten oft mehr bedeuten als das, was wir ihnen in unseren Arztpraxen Tag für Tag vermitteln, erklären oder in evaluierten Schulungsprogrammen – zum Beispiel zu den Themen Hypertonie, Asthma, Diabetes – vermitteln. Mangelt es unseren Patienten an Vertrauen in die Ärzteschaft oder was ist der Grund für ihre Wege außerhalb der Arztpraxis? Warum sind klassische Patientenschulungen in den Augen vieler Betroffener „old school"? Warum ist die

Meinung eines „Experten“, der in der Medienlandschaft erscheint, oft so viel bedeutender als die des behandelnden Arztes? Warum vertrauen unsere Patienten diesen „Experten“, die ihre individuelle Krankheitsgeschichte nicht kennen, oft mehr als ihren Ärzten, die sie seit vielen Jahren begleiten? Ist es Misstrauen oder die permanente Suche nach etwas „Neuem und Einzigartigem“? Bin nicht auch ich als behandelnder Arzt ein Experte – nach so vielen Jahren ärztlicher Tätigkeit? Oder habe ich es nur versäumt, mich als solchen zu bezeichnen?

In diesem Zusammenhang möchte ich noch einen kurzen Blick auf unsere heutigen sozialen Netzwerke wie Facebook, Twitter oder Instagram werfen. Für die junge Generation sind dies Informationsquellen, die nicht mehr wegzudenken sind. Wie vertrauenswürdig aber sind sie? Nicht immer kommunizieren hier reale Personen, häufig handelt es sich dabei um „Social Bots“. Diese „treten in den sozialen Medien wie reale Personen auf, sind aber geschickt programmierte virtuelle Accounts, mit denen gezielt die öffentliche Meinung beeinflusst werden soll. Geheimdienste, Konzerne, politische Initiativen bedienen sich immer häufiger dieser Methode.“ [2] Sie stellen keine seriöse Informationsquelle dar, sind nicht überprüfbar und bieten somit auch keinerlei Evidenz. Als Kommunikationspartner sind sie damit natürlich nicht zu empfehlen.

4.3 Wer sind die „Player“ im Gesundheitswesen?

Die Gesundheitsbranche ist zu einem unerschöpflichen Markt geworden. Das, lieber Leser, liegt unter anderem darin begründet, dass Ihre Lebenserwartung immer mehr steigt und Sie in der Ihnen zur Verfügung stehenden Zeit immer mehr Gesundheitsangebote „konsumieren“ können. So manche Information diesbezüglich erhalte ich von meinen Patienten, denn inzwischen ist es unmöglich, den expandierenden Markt zu überblicken. Meine feste Überzeugung ist es, dass wir Ärzte nur dann die Vertrauensperson unserer Patienten bleiben, wenn wir dieser Entwicklung Rechnung tragen.

Das neue Credo in der Medizin lautet „Innovation“. Allerdings ist eine solche nicht zum Nulltarif zu haben. Auch die Digitalisierung im

Gesundheitswesen kostet Geld, man denke da nur an die derzeit laufende Implementierung der Telematik-Infrastruktur in sämtlichen Arztpraxen deutschlandweit. Wer profitiert davon? Es bleibt abzuwarten, ob derartige Maßnahmen unseren Patienten wirklich helfen, ich bin da eher skeptisch.

Auch der medizinische Fortschritt hat seinen Preis – hier denke ich zum Beispiel an Bereiche Onkologie, Präimplantationsmedizin, Organtransplantation, oder innovative Medikamente für HIV, Multiple Sklerose oder Mukoviszidose – die Liste ließe sich beliebig verlängern.

Ein Screening auf Trisomie 21 (Down-Syndrom oder Mongolismus)in der Schwangerschaft musste bis Ende 2021 privat bezahlt werden – unter bestimmten Voraussetzungen soll es ab 2022 als Leistung der Krankenkassen angeboten werden [3]. Die Option derartiger diagnostischer Möglichkeiten führt uns mitten hinein in rechtliche und ethische Fragestellungen! Vieles ist heute „machbar" – die Wissenschaft steht niemals still und hat zweifelsohne viele gute Errungenschaften hervorgebracht. Deshalb sterben Frauen heute nicht mehr am Kindbettfieber oder nach einer schweren Geburt, Tuberkulose ist weitgehend gebannt (aktuell durch die Einwanderungswelle jedoch wieder auf dem Vormarsch), eine Lungenentzündung ist allermeist durch Antibiotika beherrschbar, um nur ein paar Beispiele zu nennen.

Wo aber soll all das Geld herkommen, wenn auch Ärzte höhere Honorare einfordern, Krankenkassen, Apotheken und Pharmakonzerne verdienen wollen? Ist wirklich alles was machbar ist auch zum Nutzen unserer Patienten? Viel zu selten wird kommuniziert, dass in vielen anderen wichtigen Bereichen des Gesundheitswesens, so zum Beispiel der häuslichen Pflege, bei der stationären Pflege, der Hospiz- oder Behindertenarbeit das Geld an allen Ecken und Enden fehlt.

Die „Player" im Gesundheitssystem sind heute Krankenversicherungen, die pharmazeutische Industrie, Apotheken, die Ärzteschaft und das fachmedizinische Personal. Sie alle nehmen Einfluss auf Menschen, die krank und auf der Suche nach therapeutischer Begleitung sind. Darüber hinaus nehmen Online-Angebote, neue Technologen und die Welt der Daten Einfluss auf unsere Patienten.

Der gute alte „Hausarzt" droht wie eine seltene Tierart auszusterben. Während ihm in ländlichen Regionen noch ein großer Stellenwert zukommt, ganz einfach, weil es keine Alternativen zu ihm gibt, treffen wir ihn in den Ballungszentren immer seltener an. Hier geht der Trend zur großen Praxisgemeinschaft, wo Sie als Patient diverse Fachrichtungen an einem Ort vorfinden und somit Zeit und Wege einsparen. Solche Zentren sind für Ärzte ein geringeres finanzielles Risiko als eine Einzelpraxis. Ärzte mehrerer Fachdisziplinen in einem Gebäudekomplex können gemeinsam wirtschaftlicher arbeiten als der Einzelkämpfer, der auf ein gut funktionierendes Ärztenetzwerk angewiesen ist. Immer wieder berichten mir gerade ältere Patienten, dass es ihnen Probleme bereitet, wenn sie bei jedem Termin einen anderen Arzt antreffen. Sie wollen eine Vertrauensperson, mit der sie vor allem bei psychischen Problemen reden können.

Der Gedanke einer flächendeckenden, im besten Falle deutschlandweiten Vernetzung hat durchaus etwas Reizvolles. Sie könnte einerseits alle Befunde eines Patienten überall einsehbar machen und andererseits dabei helfen, Doppeluntersuchungen und damit Kosten einzusparen. Oft ist es wichtig, gelegentlich sogar lebensrettend, wenn wichtige Vorbefunde rasch verfügbar sind. Als Patient können Sie nicht einschätzen, welche Voruntersuchungen von Relevanz sind.

Das Thema Digitalisierung ruft bei allen Diskussionen auch sofort die Datenschützer auf den Plan, denen wir seit 2018 eine neue Datengrundschutzverordnung zu verdanken haben. Gerne würde ich unseren Gesundheitsminister einmal für einen Tag in unsere Praxis einladen, um ihm zu zeigen, wie zeitaufwändig es ist, beispielsweise einem älteren und schwerhörigen oder ausländischen Patienten die Summe an Formularen, die bei einer Erstbehandlung zu unterzeichnen sind, zu erklären. Auch geht dabei Zeit für das eigentliche ärztliche Gespräch verloren Die tägliche Kommunikation mit den Patienten ist und bleibt die Schlüsselstelle zu ärztlichem Handeln. Hier gilt es zu investieren, damit der Arzt die Vertrauensperson des Patienten bleiben kann.

Nun aber zu den „Playern im Gesundheitswesen“, mit denen Sie es als Patient zu tun haben.

1. Krankenkassen

Die Anzahl an gesetzlichen aber auch privaten Krankenkassen ist unüberschaubar. Vor allem dann, wenn das Geld knapp ist, werden Sie als Patient den Tarif ihrer Kasse mit dem anderer Versicherungen vergleichen. Dabei ist es schwierig, den Leistungsumfang in seiner gesamten Breite zu erfassen. Erschwert wird das für Sie als Patient vor allem deshalb, weil Krankenkassen immer häufiger, um rentabel zu bleiben, mit Gesundheitsprogrammen arbeiten, die zu einer Einschränkung der freien Arztwahl führen. Wenn Sie sich in ein solches Programm einschreiben, dann verpflichten Sie sich dazu, zu den Spezialisten des Netzwerkes, sei es in Praxen oder Kliniken, überwiesen zu werden. Geworben wird mit einer schnellen Terminvergabe – was immer das ist. Auch erfahren Sie als Patient nicht, welche Kriterien an die Auswahl der Netzärzte gestellt wurden und welche Institution oder welches Gremium diese Ärzte ausgewählt hat. Es geht mir an dieser Stelle um eine Darstellung der Strukturen, die sich in den vergangenen Jahren immer mehr etabliert haben. Solche Netzwerke können grundsätzlich vorteilhaft sein, wenn sie interdisziplinär arbeiten. Wenn wir aber feststellen müssen, dass die eigentlichen Akteure im Hintergrund immer öfter Gesellschaften sind, die sich als Berater der Krankenkassen an marktwirtschaftlichen Gegebenheiten orientieren, dann müssen wir wachsam bleiben, als Ärzte ebenso wie als Patienten. Gesundheitspolitik lenkt Patientenströme und verteilt die Gelder. Warum aber brauchen wir neben den Krankenkassen nun auch noch Gesellschaften, die sich nicht ohne Honorar an die Arbeit machen und damit weitere Kosten verursachen? Und wer kann darüber entscheiden, ob ein Termin dringend ist oder nicht? Oder eine Zweitmeinung eingeholt werden muss? Ist es die Krankenkasse oder vielleicht doch ein Arzt?

„Meine Krankenkasse hat gesagt, dass sie das für mich bezahlt". So lautet ein häufiger Satz meiner Patienten. Was dabei vergessen wird: es war lediglich der Sachbearbeiter am Telefon, der befragt wurde. In dem Bestreben, die Versicherten nicht zu verlieren, sind telefonische Auskünfte leider häufig falsch oder werden von Patienten falsch interpretiert. Wollen Sie also eine verbindliche Aussage über eine Leistung Ihrer Krankenkasse erhalten, dann sollten Sie eine solche immer schriftlich anfordern.

Beachten wir noch kurz die Wortwahl: Krankenkassen werben vielfach mit dem Wort „Gesundheit". Der Fall in Köln im September 2019 hat auf erschütternde Weise gezeigt, wie falsche Sparsamkeit bei der Durchführung eines Zucker-Belastungstests in der Schwangerschaft zum Tod einer 28-jährigen Mutter und dem ihres Kindes geführt hat [4].

Als Vorsitzende der Fachkommission Diabetes Bayern(FKDB) kämpfe ich derzeit mit meinen Kollegen dafür, dass eine Fertiglösung wieder von den gesetzlichen Krankenkassen bezahlt wird. Hier geht es um wenige Euro bei der Diagnostik eines Schwangerschaftsdiabetes und um Diabetes-Prävention für das werdende Leben. Es kann und darf nicht sein, dass wir Ärzte für unsere diagnostischen und therapeutischen Maßnahmen die Verantwortung tragen, bei deren Auswahl jedoch kein Mitspracherecht haben. Ärzte und Krankenkassen sollten mehr miteinander statt übereinander reden, im Sinne einer optimalen Behandlung, Begleitung und Betreuung unserer Patienten. Deshalb bin ich auch seit vielen Jahren berufspolitisch aktiv und der festen Überzeugung, dass wir Ärzte uns an diesen Schlüsselstellen viel mehr einbringen müssen. Das erfordert Zeit und Geduld und geschieht letztlich „ehrenamtlich" – wer hat dafür bei einem normalen Praxisalltag schon Nerven und Zeit übrig? (Ich arbeite inzwischen nur noch 25 Stunden in der Woche, daher bleibt Zeit für Berufspolitik, meine Vorträge und das Schreiben von Artikeln oder einem Buch).

Egal ob gesetzlich oder privat versichert – unsere Patienten erhalten regelmäßig umfangreiches Informationsmaterial von ihren Krankenkassen. Vielfach kommen sie damit zu mir und fragen nach, was sie damit machen sollen. Das trifft insbesondere auf die ältere Generation zu, denn hier gilt der Arzt noch eher als Vertrauensperson. Was angeboten wird, sind unter anderem Ernährungskurse oder Bewegungsprogramme – wogegen grundsätzlich nichts einzuwenden ist. Jedoch sollten all diese Maßnahmen den Therapieplan des Arztes ergänzen und unterstützen. Gerade in meinem Fachgebiet sind Ernährungs-schulungen und Bewegungsprogramme ein wesentlicher Bestandteil unserer therapeutischen Maßnahmen. Langzeitstudiendaten zeigen jedoch immer wieder auf, dass Interventionen nur dann langfristige Erfolge erzielen, wenn eine kontinuierliche, engmaschige therapeutische Unterstützung mit persönlichem Kontakt zum Therapeuten vorhanden ist [5].

Verhaltensmuster langfristig oder dauerhaft zu verändern, gehört wohl zu den schwierigsten Aufgaben im Leben eines Menschen. Und dies wird umso schwerer, je älter und damit meist kränker unsere Patienten sind. Mit zunehmenden Lebensjahren sinken die Möglichkeiten, Ernährungs- oder Bewegungsmuster zu verändern. Nun gilt es, andere Ressourcen aufzudecken und gemeinsam mit dem Patienten zu überlegen, welche Möglichkeiten ihm zur Verfügung stehen, mit seinen gesundheitlichen Problemen umzugehen. Fakt ist derzeit leider, dass gerade ältere und multimorbide Menschen immer weniger Unterstützung seitens ihrer Krankenkasse erhalten. Denn es herrscht ein starker Wettbewerb und man leistet gerne für jüngere Patienten, um damit Versicherte zu gewinnen. Auch wünschen sich vor allem ältere Patienten einen Gesprächspartner und haben vielfach Berührungsängste mit den technologischen Neuerungen.

Ärztliche Begleitung bedeutet für mich grundsätzlich nicht nur eine optimale medikamentöse Therapie. Es ist mir wichtig, meinen Patienten auch bei ihren Alltagsproblemen unter die Arme zu greifen. Sie benötigen vielfach seelische Unterstützung. Chronisch kranke Menschen leiden wesentlich häufiger unter Depressionen als ihre gesunden Altersgenossen. Deshalb braucht es ein ganzheitliches Therapiekonzept, denn körperliches Wohlbefinden ist ohne geistiges und seelisches Wohlbefinden nicht möglich. Bei einer zunehmenden „Überalterung" unserer Gesellschaft würde ich mir wünschen, dass auch Krankenkassen diesen Gegebenheiten künftig mehr Rechnung tragen.

2. Pharmazeutische Industrie
Jeder Pharmakonzern möchte seine Produkte verkaufen – seien es rezeptpflichtige oder frei verkäufliche Medikamente. Unsere Patienten kennen folgenden Satz sehr gut: „Das bezahlt ihre Krankenkasse nicht, das gibt es nur auf Privatrezept." Folglich eruieren sie die Preise im Netz oder gelegentlich auch in der Apotheke.

Hersteller geben auf ihren Webseiten natürlich auch Auskunft über Dosierungen, Wechsel- oder Nebenwirkungen, ähnlich dem Beipackzettel in der Tablettenschachtel. Was aber fehlt, ist bei der Recherche im Netz ein Gesprächspartner, idealerweise der Arzt, der seine Patienten mit ihren Grunderkrankungen kennt und ebenso ihre aktuellen Dauermedikamente.

Ein Arzt hat grundsätzlich die Aufgabe, Sie bei der Verordnung eines Medikamentes über alle möglichen Nebenwirkungen und gegebenenfalls auch über erforderliche Kontrolluntersuchungen (z. B. Laborkontrollen) zu informieren. Einleitung und Überwachung einer Medikation ist eine ärztliche Aufgabe, die ein hohes Maß an Verantwortung und jede Menge Zeit in Anspruch nimmt.

Im internistischen Bereich gibt es für die allermeisten Wirkstoffe eine unendlich große Auswahl – ich möchte das kurz am Beispiel von Metformin erklären. Als Diabetologin habe ich damit täglich zu tun und das Präparat ist deshalb so „spannend", weil es sehr häufig zu gastrointestinalen Nebenwirkungen führt. So sind inzwischen auch laktosefreie Produkte auf dem Markt – alleine das behebt das Problem in den allermeisten Fällen nicht. In nahezu allen Metformin-Präparaten ist Macrogol enthalten (es gibt lediglich ein einziges macrogolfreies Präparat, aber nur in der Dosierung 500 mg!). Macrogol ist als Zusatzstoff in vielen Arzneimtteln enthalten und kann zu Blähungen und Durchfällen führen. Das ist den allermeisten Patienten und auch vielen Ärzten nicht bekannt. Im Hinblick auf die Verträglichkeit eines Produktes geht es also primär um die Inhaltsstoffe eines Medikamentes – nicht um dessen Preis und auch nicht darum, welcher Konzern mit welcher Krankenkasse gerade einen „Rabattvertrag" hat. Die Preisunterschiede der angebotenen Medikamente bewegen sich im Cent-Bereich – rechnet man die Kosten für die derzeitigen Vertragsgestaltungen zwischen Kassen und Pharma-Konzernen dagegen, so führt die Vorgehensweise ad absurdum. Oft ist es mühsam, im Gespräch mit den Patienten zu klären, welche Metformin-Präparate bislang zum Einsatz kamen und nicht immer lässt sich das ausreichend zurückverfolgen. Aber oft gelingt es auch, die Metformin-Therapie durch andere Dosierungs-Intervalle so zu gestalten, dass sie gut toleriert werden kann und sich daraus letztendlich ein therapeutischer Nutzen ergibt.

Und dann wäre da noch die Sache mit den teuren Originalpräparaten, den billigen Generika und den Rabattverträgen. In einem Beitrag der Bundesvereinigung des Deutschen Apothekerverbandes e.V. können sie die Theorie nachlesen – die Praxis sieht leider häufig anders aus! [5]

Sich in einem solchen System zurechtzufinden, wird für alle „Player" von Jahr zu Jahr schwieriger. Apotheker und Ärzte führen deshalb täglich Gespräche, das kostet Zeit und Nerven. Dient all das wirklich der Kostenersparnis? Hier habe ich erhebliche Zweifel! Warum entscheiden Kassen und Pharma-Konzerne darüber, welche Präparate ihre Versicherten erhalten dürfen? Warum wehrt sich die Ärzteschaft dagegen nicht? Weil sie keine Zeit hat und ja bereits mit der Patientenversorgung am Limit ist.

Medikamente und in jüngster Zeit sogar technische Hilfsmittel wie Glukosesensoren oder Insulinpumpen werden sogar im Fernsehen beworben, ja man informiert darüber hinaus sogar über Erkrankungen wie Herzinsuffizienz. Wir werden uns daran gewöhnen müssen, denn die Macht hat der oder die Institution, die über ausreichende finanzielle Mittel verfügt.

3. Apotheken

Eine enge und gute Zusammenarbeit zwischen Ärzten und Apotheken kann einen wichtigen Beitrag zu Gesundheit leisten. Mit dem Versandhandel kommt jedoch zu diesem Team ein weiterer neuer Player hinzu. Das bedeutet eine gewaltige Konkurrenz für die Apotheken. Es ist mir in den vielen Jahren meiner ärztlichen Tätigkeit bislang zumeist gelungen, mit den Apotheken in meinem Umkreis ein partnerschaftliches Verhältnis zu pflegen. In jüngster Zeit habe ich aber leider in einigen Fällen von meinen Patienten aber auch von meinen ärztlichen Kollegen in Fortbildungsveranstaltungen erfahren, dass in Apotheken zu den verordneten Präparaten Kommentare abgeben werden oder sogar davor gewarnt wird. Gelegentlich werden meine Patienten sogar auf Veröffentlichungen hingewiesen, die das verordnete Präparat in Frage stellen. Das führt bei unseren Patienten verständlicherweise zu großer Unsicherheit. Wem sollen Sie nun glauben? Dem Arzt oder der Apotheke? Ich denke, es ist eine Frage des Vertrauens, wie sie nun reagieren. In jedem Fall finde ich es wichtig, sich Sicherheit zu verschaffen und in derartigen Fällen auf jeden Fall mit dem behandelnden Arzt Rücksprache zu halten. Und auch wenn es nur Einzelfälle sind, jeder davon ist einer zu viel!

Nichtsdestotrotz kommt der Apotheke für Sie als Patient eine Schlüsselrolle zu. Sie ist überwiegend ganztägig geöffnet und auch an Wochenenden und Feiertagen können Sie einen Apotheker erreichen. Gerade in Akutsituationen ist das von unschätzbarem Wert. Und noch eine wichtige Funktion hat die Apotheke. Trotz „Medikamentenplan", der der Ihnen ja inzwischen vom Hausarzt verpflichtend ausgestellt werden muss – kommt es immer wieder zu „Doppeleinnahmen" – die wir Ärzte übersehen. Auch Ärzte sind nur Menschen, und die Aktualisierung eines Planes ist vor allem dann nicht immer gewährleistet, wenn Sie von zahlreichen Fachärzten mitbehandelt werden. Sind Sie also zum Beispiel wegen einer diabetischen Nierenerkrankung und Bluthochdruck sowohl beim Kardiologen, Nephrologen, Diabetologen als auch beim Hausarzt in Behandlung, dann müsste bei einer Veränderung ihrer Medikamente jeder dieser Ärzte Ihren Medikamentenplan entsprechend aktualisieren. Geschieht dies nicht, kann es passieren, dass mehrere Medikamente mit gleicher Wirksubstanz eingenommen werden, ohne dass einer der behandelnden Ärzte dies bemerkt. So etwas fällt dann gelegentlich erst in der Apotheke auf, wenn die Fachkraft dort einen Blick auf die abgegebenen Medikamente wirft. Deshalb empfehle ich meinen Patienten grundsätzlich, eine Apotheke aufzusuchen wo sie ein gutes Vertrauensverhältnis zum Apotheker und seinem Team haben.

4. Ärzteschaft

Unsere Berufsgruppe wird seitens der Kassenärztlichen Vereinigung (KV) standespolitisch vertreten. Gemeinsam mit den Krankenkassen wacht die KV auch über die korrekte Verordnung von Medikamenten und beobachtet über die sogenannten Praxisbudgets die Ausgaben jedes Arztes. Als Kassenarzt ist man nämlich dazu verpflichtet, im Sinne der Solidargemeinschaft „ausreichend, zweckmäßig und wirtschaftlich" zu verordnen. Gerade junge Kollegen haben mit dem Damoklesschwert „Regress" zu kämpfen – aber auch die „alten Hasen" einschließlich meiner Person haben das permanent vor Augen. Wer sein Verordnungsverhalten nicht ausreichend begründen kann, muss zurückbezahlen – auch das habe ich in meiner Laufbahn inzwischen zweimal erleben müssen. In beiden Fällen waren meine in der Patientenakte hinterlegten Kommentare „nicht ausreichend begründet" – dass die Verordnungen für den Patienten gewinnbringend waren, war selbst vor dem Sozialgericht irrelevant. Somit steht jeder Kassenarzt im ständigen Spannungsfeld zwischen bestmöglicher Therapie für die Patienten und einem budgetkonformem Verordnungsverhalten. Augenblicklich ist nicht absehbar, dass sich an dieser Situation in den kommenden Jahren etwas verändern wird. Als Grund wird immer wieder die „Kostenexplosion im Gesundheitswesen" ins Feld geführt. Dass es eine solche gibt, ist allerdings bei steigendem Lebensalter und jeder Menge innovativer Therapien – man denke nur an die Präimplantationsmedizin oder Transplantationsmedizin – unvermeidbar. Innovation hat ihren Preis, sollte aber nicht zu Lasten der Patienten geschehen, die mit einer Standardtherapie nicht behandelbar sind.

Ärzte arbeiten an Universitäten, in Kliniken und Praxen – sie sind also eine inhomogene Gruppe. Damit liegt auf der Hand, dass ihre Interessensschwerpunkte stark voneinander abweichen. Meine Vorstellung von guter Patientenversorgung wäre es, in berufspolitischen Institutionen gemeinsam aufzutreten. Bislang findet dieser Dialog leider nur selten statt, hier besteht meines Erachtens Handlungsbedarf.

Wenn man mich fragen würde, womit ich in den vergangenen 25 Jahren am meisten gelernt habe, dann würde ich sagen: es sind meine Patienten und meine ärztlichen Kollegen. Der interdisziplinäre Austausch gehört zu den elementaren Bestandteilen meines ärztlichen Wissens. Deshalb sind all die Aktivitäten, die wir Ärzte in unserer Freizeit besuchen, wie Qualitätszirkel, Vortragsveranstaltungen oder Kongresse nicht wegzudenken. Natürlich sind das Zeiten, die uns niemand bezahlt und die den Feierabend verzögern oder das Wochenende verkürzen. Aber es schafft eine Dimension, die kein Lehrbuch der Welt bewirken kann. Den eigenen Horizont zu erweitern und den interdisziplinären Austausch mit Kollegen aller Fachrichtungen zu pflegen, halte ich für elementar. Es verschafft nicht nur Sicherheit für das eigene Handeln, sondern verleiht auch immer wieder neue Kraft, Ideen und Motivation für die tägliche Patientenbegleitung.

Kommunikation unter Ärzten hat zahlreiche Gesichter. Da ist zum einen der gute alte Arztbrief, per Post oder per Fax. Für mich ist es vielfach jedoch hilfreicher, das Telefon für eine Nachfrage beim zuweisenden Kollegen zu nutzen. So kann ich rasch an oftmals wichtige Detailinformationen gelangen, die für meine diagnostischen und therapeutischen Maßnahmen wichtig sind. Auch Doppeluntersuchungen lassen sich so vielfach vermeiden. Eine solche Maßnahme ist natürlich nur dann rechtlich erlaubt, wenn der Patient dazu seine Einwilligung gibt. Datenschutzbestimmungen kennt heute jeder Patient und inzwischen haben sich Ärzte und Patienten an den erheblichen Mehraufwand in Form von zahlreichen Formularen gewöhnt.

Auch wenn es in naher Zukunft eine elektronische Gesundheitskarte geben sollte – das kollegiale Gespräch unter Ärzten und die Kommunikation mit dem Patienten wird sie nicht ersetzen können.

5. Fachmedizinisches Personal
Vielfach liegt die Hauptlast der Versorgung in den Händen von Krankenschwestern, Pflegern, medizinischen Fachangestellten, Sozialarbeitern, Physiotherapeuten und zahlreichen weiteren Berufsgruppen, die uns Ärzte mit ihrem täglichen Tun unter die Arme greifen. Die aktuelle Diskussion in Deutschland im Hinblick auf den Pflegenotstand ist aus meiner Sicht längst überfällig. Warum sparen wir vor allem an alten, multimorbiden Patienten? Gerade denen, die ein Leben lang ihren Beitrag zur Solidargemeinschaft geleistet haben, gebührt unsere Anerkennung und deshalb auch umfassende Versorgung. Wer über die Verteilung der Mittel entscheidet, sollte vielleicht öfter ein Pflegeheim oder Hospiz besuchen, aber nicht nur vor laufender Kamera und im Eingangsbereich, sondern auch einmal nachts, wenn eine Pflegekraft nicht nur Tabletten zu verteilen hat, sondern auch schwere körperliche und psychische Arbeit leisten muss.

Eine immer bessere Medizin bedingt eine zunehmende „Alterung" der Bevölkerung. Jeder Einzelne ist gut beraten, sich soweit wie möglich darauf vorbereiten. Dazu gehört natürlich auch, rechtzeitig über eine Patientenverfügung nachzudenken und diese schriftlich zu hinterlegen.

Pflegekräfte sind für multimorbide Menschen die wichtigste Vertrauensperson. Deshalb sollten sie bei der Verteilung der Ressourcen nicht an letzter, sondern an erster Stelle stehen.

4.4 Mobile Gesundheit – „mHealth"

Mobile Gesundheit – oder auch „mHealth" – ist ein „expandierendes Feld der Gesundheitsversorgung" [6]. Wir verstehen darunter den Einsatz mobiler Geräte für gesundheitliche Zwecke. Elemente sind dabei die Telemedizin oder auch Gesundheits-Apps und „Wearables", die einen medizinischen Nutzen verfolgen. Während die Telemedizin mittels audiovisueller Kommunikationstechnologien eine Brücke zwischen Patienten und Behandlern schlägt, werden mobile Endgeräte (zum Beispiel einfaches Handy, Smartphone, Tablet oder PC) von Betroffenen vielfach auch ohne Rücksprache mit Ärzten eingesetzt. Sie vermitteln Wissen (z. B. Online-Schulung) und sollen Motivation sein für Verhaltensänderungen (z. B. Schrittzähler oder Fitness-Armband). Der Begriff „eHealth" „schlägt einen noch größeren Bogen und umfasst zusätzliche gesundheitsnahe Dienstleistungen, die mittels moderner Informations- und Telekommunikationstechnologien erbracht werden." [6]

Der Markt mobiler Betriebssysteme wird derzeit mit 97 % bestimmt von zwei Konzernen: Apple (iOS-Betriebssystem) und Google (Android-Betriebssystem). Letzteres führt den Markt an. Sowohl Hersteller als auch Nutzer haben einen einfachen Zugang zu diesen Systemen („App-Stores").

Aktuell wird diskutiert, ob und wenn ja welche Gesundheits-Apps künftig Leistungen der Krankenkassen sein sollen (Stichwort „Digitales Versorgungsgesetz", das seit Oktober 2020 in Kraft ist).

Zweifelsohne gibt es „digitale" Angebote, die das Angebotsspektrum eines Arztes – sei es nun des Haus- oder Facharztes – erweitern und unterstützen können. Welche der derzeit zwischen 80.000 und 90.000 verfügbaren Apps in den Kategorien „Medizin" und „Gesundheit und Fitness" kann man Patienten tatsächlich guten Gewissens empfehlen? Was ist für die Gesundheit im Sinne der WHO-Definition förderlich? Und was vielleicht hinderlich? Können digitale Angebote das körperliche und seelische Wohlbefinden verbessern und welche Gefahren beinhalten sie möglicherweise? Und wann kann man eine App als Medizinprodukt betrachten? Fragen über Fragen, die noch nicht wirklich geklärt sind, und sowohl Ärzte als auch Patienten umtreiben.

Das Bundesinstitut für Arzneimittel und Medizinprodukte (BfArM) beschäftigt sich mit all diesen Fragen und darüber hinaus auch mit den dazugehörigen Themen Datenschutz und Haftung. Wann ist eine App also ein Medizinprodukt? Dafür muss sie die in § 3 Abs. 1 des Medizinproduktegesetzes festgelegten Kriterien (z. B. Erkennung, Verhütung, Überwachung oder Behandlung von Krankheiten, Linderung oder Kompensierung von Behinderungen, Empfängnisregelung) erfüllen. Bislang gibt es jedoch wenig Evidenz für nachweislich nutzenbringende Apps. Bislang fehlen klare Qualitätskriterien und systematische Bewertungen [7].

Unlängst wurde ich bei einem meiner Vorträge von einem Kollegen gefragt: „Welche Ernährungs-App empfehlen Sie?“ (das Thema des Vortrages war Adipositas). Derartige Fragen bekomme ich auch täglich von Patienten gestellt, und meine Antwort lautet grundsätzlich: keine! Warum? Weil ich daran interessiert bin, dass sich meine Patienten selbst mit der Frage beschäftigen, welche App für sie eine Motivation sein könnte. Die Zeit, die man damit verbringt, sich diverse Apps anzusehen, bedeutet einen ersten Schritt auf dem Weg zu einer möglichen Verhaltensänderung. Das Angebot an Apps ist inzwischen unüberschaubar. Hier meine ich, dass es vergleichbar ist mit der Suche nach einem Ernährungsratgeber oder Kochbuch – jeder muss das finden, was zu ihm passt. Und durch die Suche nach etwas Passendem geschieht bereits ein wichtiger Teil von Wahrnehmung. Auch macht eine App nur dann Sinn, wenn sie im Alltag aktiv genutzt wird – und das ist nur der Fall, wenn sie einem zusagt. Und spätestens seitdem Apps auch das Management der Blutzuckermessung möglich machen (FGM und CGM) wissen wir, wie unterschiedlich unsere Patienten damit umgehen. Von der einen Patientengruppe kommt nur Kritik, was die App alles nicht kann und die andere Fraktion ist dankbar und glücklich über die neuen Optionen.

Zum 25. März 2018 ist die neue Datenschutz-Grundverordnung (DSGVO) in Kraft getreten. Seitdem vergeht kaum ein Tag, an dem nicht über „Datenschutz“ diskutiert wird. Was uns Sicherheit bringen soll, wird bei allen neuen Versorgungsformen, die man derzeit diskutiert, diesbezüglich neue Fragen aufwerfen. Das Thema wird uns in den kommenden Jahren sicher weiter begleiten, wenn eine Online-Sprechstunde oder die Telemedizin immer mehr Raum einnehmen werden. Sie als Patient werden künftig immer öfter darüber zu entscheiden haben, auf welchem Weg Sie mit Ihrem Arzt kommunizieren möchten.

Daten als Grundlage ärztlicher Intervention können einen wichtigen Beitrag zur Therapie leisten. Die Interpretation der Daten allerdings und die therapeutischen Konsequenzen daraus sollten meines Erachtens in Händen des Arztes bleiben, der über ausreichend Expertise verfügt, um Handlungsempfehlungen zu erteilen. Denn grundsätzlich ist immer zu bedenken, dass jede Technologie ausfallen oder versagen kann und der Patient dann einen Plan B haben muss.

In Sachen Technologie lerne ich – häufig gemeinsam mit meinen Patienten – ständig dazu. Während ich zu Beginn meiner Praxistätigkeit noch nicht einmal einen PC bedienen konnte, gehört es heute zu meinem Alltag, Datenmaterial auszuwerten und mich auch im Netz zu bewegen, um zu wissen, was dort diskutiert wird. Ich halte es für wichtig, diese Welt zu kennen, die gleichermaßen Information und Unsicherheit bei meinen Patienten schafft. Bei der Begleitung meiner Patienten geht es nicht nur um Wissensvermittlung, sondern in besonderem Maße auch darum, dass die Erkrankung Diabetes angenommen und in den Alltag integriert wird. Hier können moderne Technologien definitiv unterstützen, ebenso aber auch neue Ängste erzeugen wie die beiden folgenden Beispiele aus meiner Praxis illustrieren.

Ein 20-jähriger Typ-1-Diabetiker ist mit seinem HbA1c trotz mehrfacher Schulung bei 8,5 %. Sein Diabetes besteht seit 7 Jahren. Er steht kurz vor dem Abitur, sein Lieblingsfach ist Informatik. Durch Einsatz eines CGM-Systems kann er innerhalb eines halben Jahres seinen HbA1c auf 6,5 % senken und hat trotzdem deutlich weniger Hypoglykämien als zuvor. Er ist begeistert von der Technik, die ihm neue Erkenntnisse über seine BZ-Verläufe ermöglicht und empfindet das System als große Motivation, sich mehr mit seinem Diabetes auseinanderzusetzen.

Ganz anders ein 50-jähriger Patient, ebenfalls Typ 1 Diabetiker, der seit mehr als 30 Jahren mit der konventionellen Blutzuckermessung vertraut war. Durch den Einsatz seines CGM-Systems und damit die Visualisierung der Blutzuckerverläufe entwickelt er zunehmend Ängste. Auch fühlt er sich durch die Alarme maximal gestresst und schaltet sie deshalb ab. Bei sinkenden Trendpfeilen reagiert er mit frühzeitiger Kohlehydratzufuhr und der HbA1c-Wert verschlechtert sich folglich deutlich von initial 7,5 % auf 9,5 %. Für ihn bleibt nun das ärztliche Gespräch die wichtigste Maßnahme, denn nur so können seine Ängste abgebaut werden und er im weiteren Verlauf lernen, die Möglichkeiten des Glukosesensors voll zu nutzen.

Diese beiden Beispiele zeigen deutlich, dass bei aller Technik der Mensch mit seiner individuellen Persönlichkeit, seinen Ressourcen oder Ängsten die wichtigste Stellgröße ist. Und natürlich macht es einen Unterschied, ob man mit der digitalen Technik aufgewachsen ist wie im Falle des jungen Mannes oder sich erst mühsam darauf einstellen muss.

Ebenso gibt es aber auch viele ältere Patienten, deren Angst vor Unterzuckerungen durch einen Glukosesensor abgebaut werden kann. Da das Alarmsystem rund um die Uhr zur Verfügung steht reduziert sich in vielen Fällen die Angst vor Unterzuckerungen, insbesondere nachts. Aus den Beispielen wird klar, dass es im Vorfeld Gespräche braucht um die Fragen und Ängste der Patienten vor technischen Neuerungen aufzudecken.

Was neue Technologien in der Diabetologie definitiv zu erreichen vermögen, ist ein neues „Wir-Gefühl". Während bis vor wenigen Jahren das Blutzuckermessen in der Öffentlichkeit so weit wie möglich vermieden wurde, bekennt sich heute eine große „Community" zu ihren neuen Tools, seien es nun Glukosesensoren oder auch Insulinpumpen. Und wenn in den sozialen Netzwerken selbst Prominente über ihre Diabeteserkrankung berichten, gleich ob Schauspieler, Sportler oder Politiker, dann trägt das dazu bei, den Betroffenen immer wieder vor Augen zu führen, dass auch mit einem Typ-1-Diabetes alles möglich ist. Das neue „Wir-Gefühl" unterstützt unsere ärztlichen Bemühungen, indem es aufzeigt, dass auch mit dieser Stoffwechselstörung nahezu alles im Leben möglich ist.

4.5 Heute Zweitmeinung – morgen KI?

KI – also künstliche Intelligenz, ist inzwischen die Vision derer, die glauben, dass mittels Technik eine bessere Diagnostik und auch Therapie möglich ist. Die größte Schwachstelle bei Entscheidungssituationen sei der Mensch, so ist allerorten zu hören. Was für das Auto gilt, kann auch in der Medizin eingesetzt werden. Autonomes Fahren sei sicherer als wenn der Mensch lenkt, denn er sei die Schwachstelle im System. Wenn diese beseitigt würde, könne folglich die Unfallquote gesenkt werden.

Wie stellt sich demgegenüber die Situation in der Medizin dar? Die Möglichkeiten apparativer Diagnostik sind in den vergangenen 50 Jahren exponentiell gestiegen. All die Befunde, die uns CT oder MRT liefern bedürfen jedoch immer noch einer Auswertung. Vor 10 Jahren konnte ich selbst erfahren, was es bedeutet, wenn Ärzte sich bei der Interpretation eines Befundes täuschen.

Nach einem Marathon in Hamburg musste ich mich wegen starker Schmerzen im Sprunggelenk in orthopädische Behandlung begeben. Nach Röntgen und MRT lautete die Diagnose „Fersenbeinbruch". Da ich diese Diagnose nicht glauben konnte, weil keiner der klassischen Auslösefaktoren für ein derartiges Ereignis gegeben war, holte ich bei einem mir bekannten Orthopäden eine Zweitmeinung ein. Was im MRT als Frakturlinie (Bruchlinie) interpretiert worden war, entsprach lediglich einer nicht geschlossenen Wachstumsfuge im Fersenbein. Dies ist zwar ein seltener Befund in einem Alter von 50 Jahren – erklärte aber nicht meine Beschwerden. Erst im Ultraschall konnte letztlich eine Sehnenentzündung festgestellt werden. Mit physikalischen Maßnahmen gelang der Heilungsverlauf und ich konnte meine sportlichen Aktivitäten wieder aufnehmen. Hätte ich damals der Diagnose des Radiologen geglaubt, würde ich heute vermutlich nicht mehr joggen. Mit diesem sehr persönlichen Erlebnis habe ich damals gelernt, wie wichtig es ist, technische Befunde zu hinterfragen, wenn sie nicht zur Anamnese passen. Hätte man den Ultraschall vor dem MRT gemacht, wäre es nie zu einer falschen Diagnose gekommen.

Was nun aber tun, wenn Erst- und Zweitmeinung stark voneinander abweichen? Vielleicht noch eine dritte Meinung einholen? Und welcher dann vertrauen? Geht es um die Frage einer anstehenden Operation, so hat der Gesetzgeber genau geregelt, wie vorzugehen ist. Inzwischen werben sogar Krankenkassen damit, dass sie ihren Versicherten eine Zweitmeinung finanzieren. In einer Stellungnahme der Verbraucherzentrale vom 02.03.2017 ist zu erfahren: [8]

„Seit Mitte 2015 hat der Gesetzgeber ausdrücklich den Anspruch auf eine solche ärztliche Zweitmeinung festgeschrieben und geregelt, dass die gesetzlichen Krankenkassen die Kosten dafür übernehmen müssen. Das verbriefte Patientenrecht ist ein wirkungsvolles Rezept, allerdings nicht bei jeder Diagnose. Denn eine weitere Expertenmeinung wird nur bei planbaren sowie bei solchen Operationen zugestanden, die aus wirtschaftlichen Gründen häufiger angewendet werden als medizinisch unbedingt nötig wäre. Welche Eingriffe konkret zweitmeinungsfähig sind, ist zwischenzeitlich gesetzlich durch den G-BA geregelt."

Ist das nicht spannend? Werden doch tatsächlich in Deutschland Operationen durchgeführt, ohne dass dies „medizinisch notwendig" wäre? Was will man da mit der „Zweitmeinung" eigentlich regeln? Soll sie zu Kosteneinsparungen führen und verfolgt man somit lediglich wirtschaftliche Interessen? Und weiter heißt es in dem Bericht der Verbraucherzentrale zum Thema Qualität: „Künftig müssen Zweitmeinungsverfahren konkrete Qualitätsvorgaben einhalten: sowohl was die Güte der Einschätzung selbst angeht als auch die Qualifikation des Arztes, der sie abgibt. Diese Anforderungen gelten allerdings nur für den noch festzuschreibenden Pool an Operationen, die nach dem Gesetz zweitmeinungsfähig sind. Bei allen anderen Zweitmeinungen gibt es keine konkreten Vorgaben. Patienten sollten deshalb bedenken, dass sie unter Umständen keine unabhängige Zweitmeinung bekommen. Im Krankenhaus beispielsweise spielen auch die wirtschaftlichen Interessen eine Rolle. Medizin ist heutzutage auch ein Geschäft. Der Rat muss deshalb nicht immer unbeeinflusst von Geschäftsinteressen sein." [8]

Auch der Gemeinsame Bundesausschuss(GBA) positioniert sich zum Thema Zweitmeinung [9].

Was sich selten ein Arzt traut zu sagen oder schwarz auf weiß zu Papier zu bringen, steht hier geschrieben. Was niemand wahrhaben möchte und den Glauben an die „Götter in Weiß" auszulöschen droht, ist längst trauriges Alltagsgeschehen geworden. Wirtschaftliche Interessen von Kliniken, Medizinischen Versorgungszentren, Reha-Einrichtungen aber ebenso auch der Pharmaindustrie können und dürfen wir nicht wegdiskutieren. Wir müssen uns diesen Problemen stellen, wenn wir als Ärzte unsere Glaubwürdigkeit behalten wollen. Ja, wir sollten als Ärzteschaft gegen solche Regelungen Sturm laufen, wenn wir das Vertrauen unserer Patienten nicht verlieren wollen und dafür kämpfen, dass der Menschen mit seinen medizinischen Problemen auch in Zukunft im Mittelpunkt jedes ärztlichen Handelns steht.

In meinem Alltag stellen mir Patienten sehr häufig die Frage nach ihren Laborwerten und möchten wissen, was denn der „Normwert" sei. Vielleicht haben Sie mit ihrem Arzt eine solche Diskussion schon erlebt. Da all diese Werte nichts anderes sind als Laborergebnisse, ist grundsätzlich zu bedenken, dass für ein und denselben Wert die Normbereiche stark variieren können. Da hilft dann auch die Recherche im Netz nicht weiter.

Was ist ein „Normwert"? Wenn ein Parameter innerhalb der Norm liegt, ist das zwangsläufig „normal"? Und vor allem, was ist denn eigentlich ein „normales" Gewicht, ein „normaler" Blutdruck, ein „normaler" Hämoglobin – oder Leukozyten-Wert? Was ist ein „normales" Einkommen oder eine „normale" Entwicklung zum Beispiel eines jungen Menschen? Natürlich ist Ihnen als Leser klar, dass es grundsätzlich auf die

Perspektive ankommt, die Sie einnehmen und das Glas Wasser eben halb voll oder aber auch halb leer sein kann. Was für einen Millionär eine „normale" Investition oder Anschaffung ist, wäre für einen arbeitslosen Familienvater sein Leben lang unerschwinglich. Der Begriff „Normwert" wird vor allem auf Patientenseite häufig fehlinterpretiert, und dies geschieht umso häufiger, je mehr Patienten ihre Laborergebnisse für die alleinig richtungsweisende Stellgröße halten. Wie oft höre ich Sätze wie: „Mein Arzt hat gesagt, es sei alles normal, aber jetzt habe ich mich im Netz schlau gemacht und herausgefunden, dass meine Leukozyten-Zahl nicht normal ist und ich diese oder jene Krankheit haben könnte." Vielleicht hat genau dieser Patient aber schon seit Jahren einen erhöhten Leukozyten-Wert, diesen aber bislang nie zur Kenntnis genommen. Auf der Suche nach Erklärungen für Beschwerden jeglicher Art begeben sich viele Patienten auf den Weg der Eigenrecherche oder holen Zweimeinungen ein. Das Misstrauen und die Skepsis uns Ärzten gegenüber ist gewachsen. Dieser Tatsache muss sich die Ärzteschaft bewusst sein und umso mehr muss das ärztliche Gespräch als wichtige therapeutische Maßnahme betrachtet werden. Es darf nicht aus Zeitmangel ausfallen! Lassen Sie sich als Patient deshalb erklären, welche Bedeutung Werte außerhalb der Norm für Ihre Lebenserwartung oder Lebensqualität haben. So würden Sie dann, um bei dem obigen Beispiel zu bleiben, erfahren haben, dass Ihre Leukozyten-Zahl immer schon leicht erhöht war und diese Normvariante ebenso zu Ihnen gehört wie Ihre Nase.

Normwerte bedeuten nicht, dass jedes Individuum zwingend im Normbereich liegen muss. Es hängt von den klinischen Gegebenheiten ab, welche Werte für Sie als Zielwerte gelten. So sollte ihr LDL-Cholesterin unter 150 liegen, wenn Sie ansonsten gesund sind und keine Risikofaktoren haben. Für Diabetiker wäre der Zielwert unter 100, für Patenten nach einem Herzinfarkt unter 70 oder gar unter 50. Es sind also bei der Frage nach Ihrem Normwert zwingend Ihre Begleiterkrankungen zu berücksichtigen. Dazu ist grundsätzlich das Individuum als Stellgröße zu berücksichtigen.

Vor allem betagte Patienten stellen hier eine besondere Herausforderung dar. Oftmals steht die Angst vor Krankheit im Vordergrund und es ist meines Erachtens eine wichtige ärztliche Aufgabe, Ihnen in einem solchen Fall zu erklären, dass sich so mancher Laborwert verändern darf, ohne dass dies zwangsläufig „pathologisch" sein muss. Wenn ich beispielsweise einem 80-jährigen Herrn erkläre, dass er mit seiner leichtgradigen Niereninsuffizienz noch problemlos 20 Jahre leben kann, dann erlebe ich regelmäßig eine große Erleichterung auf Seiten des Patienten. Heute weiß ich, wie entlastend und befreiend es für ältere Menschen sein kann, wenn man ihnen ihre Ängste nimmt, die sie oft völlig unbegründet haben, nur, weil vielleicht ein Kreuz neben dem Laborwert steht oder sie erfahren haben, dass ihr Wert „außerhalb der Norm" liegt. Mein zunehmendes Bewusstsein um die Sorgen und Ängste meiner Patienten fließt deshalb ein in das Gespräch. Zu erklären, wie irrelevant der ein oder andere Befund für ihre Lebenserwartung und Lebensqualität ist, nimmt so manche Angst und Sorge von den Schultern. Das ist ein wesentlicher Bestandteil der ärztlichen Arbeit und wird es auch bleiben, wenn KI vielleicht eines Tages Bestandteil der ärztlichen Versorgung wird.

4.6 Akteure im Gespräch

Wie wir gesehen haben ist das Arzt-Patienten-Gespräch eine komplexe Angelegenheit. Es ist mehr als die Begegnung von zwei Personen und das Gespräch zwischen Ihnen. Der Arzt kann sein Wissen, seine Erfahrung und seine psychologischen Fähigkeiten in die Waagschale werfen, der Patient kommt mit vielen Fragen, Sorgen, Nöten und Ängsten. Beide Akteure sind nicht völlig frei in Ihrem Handeln. Der Kassenarzt hat Vorgaben seitens der Kassenärztlichen Vereinigung, der Patient Vorgaben seitens seiner Krankenkasse. Beide Parteien werden darüber hinaus täglich mit Informationen aus den sozialen Netzwerken konfrontiert und Gesundheit ist zu einem gewinnbringenden Markt geworden. Der Wunsch nach Vereinfachung ist allerorten spürbar, jedoch eher das Gegenteil der Fall: zunehmende Bürokratisierung, Reglementierung und Anonymisierung erschweren den ärztlichen Beruf und Patienten fühlen sich nicht ausreichend wahrgenommen. Dieses Buch soll einen Beitrag dazu leisten, dass Ärzte und Patienten einander wieder ein größeres Verständnis entgegenbringen, die beschriebenen Einflüsse verbalisieren und sich wieder mehr vertrauen können.

Das Wichtigste im Überblick

- Medizinische Informationen werden heute über viele Kanäle angeboten – diese Angebote werden oft von den Patienten vor dem Gang zum Arzt genutzt.
- Die Player im Gesundheitswesen sind neben der Ärzteschaft und dem medizinischen Fachpersonal die Krankenkassen, pharmazeutische Industrie und Apotheken.
- Digitale Angebote und technische Neuerungen sind aus der Gesundheitsbranche nicht mehr wegzudenken. Sie bergen Risiken aber auch Chancen.
- Der Angst vieler Patienten vor technischen Neuerungen kann man durch aufklärende und begleitende Gespräche begegnen und ihnen somit die Chancen technischer Neuerungen ermöglichen.
- Anamnese und Befunde gehören zusammen – und „Normwerte" bedürfen einer individuellen Betrachtung.

Literatur

1. Renneberg, B., & Hammelstein, P. (2006). *Gesundheitspsychologie*. Springer.
2. Peters, A. (2018). *Unsicherheit – Das Gefühl unserer Zeit*. C. Bertelsmann.
3. https://www.tagesschau.de/inland/nipt-test-trisomie-101.html. Zugegriffen am 15.07.2022.
4. https://www.spiegel.de/panorama/justiz/koeln-toxische-substanz-in-glukosebehaelter-was-wir-ueber-den-fall-wissen-a-1288396.html. Zugegriffen am 15.07.2022.
5. Fogelholm, M., et al. (2017). PREVIEW-Studie. *Nutrients, 9*, pii E632.
6. Albrecht, U.-V. (2016). Kapitel Kurzfassung. In U.-V. Albrecht (Hrsg.), *Chancen und Risiken von Gesundheits-Apps (CHARISMA)* (S. 14–17). Medizinische Hochschule Hannover. Urn: nbn:de:bgv:084-16040811173. http://www.digibib.tu-bs.de/?docid=60004.
7. Löbker, W., et al. (2019). Wer entscheidet – Arzt oder App? – Kompendium. *Diabetes, 14*, 59–62.
8. https://www.verbraucherzentrale.de/wissen/gesundheit-pflege/aerzte-und-kliniken/aerztliche-zweitmeinung-was-die-krankenkasse-zahlt-13493. Zugegriffen am 15.07.2022.
9. https://www.g-ba.de/richtlinien/107/. Zugegriffen am 24.10.2021.

5 Gefühle und Emotionen zum Ausdruck bringen – Nonverbale Kommunikation II

„Handlung wird allgemein besser verstanden als Worte. Das Zucken einer Augenbraue,
und sei es noch so unscheinbar, kann mehr ausdrücken als hundert Worte.“

(Charlie Chaplin)

„Wer nach außen schaut, träumt; wer nach innen schaut, erwacht.“

(C. G. Jung)

5.1 Einleitung

Was wünschen Sie sich von Ihrem Arzt? Stellt man Patienten diese Frage, dann taucht immer wieder das Wort vom „empathischen Arzt“ auf. Neben medizinischem Sachverstand und Erfahrung wünschen sich Menschen, die einen Arzt aufsuchen, in den allermeisten Fällen Empathie.

Was bedeutet dieser Begriff? Er findet Anwendung nicht nur in der Medizin, sondern auch in zahlreichen anderen Wissenschaften wie beispielsweise der Politikwissenschaft, Pädagogik, Philosophie, dem Management oder Marketing. Empathie beschreibt die „Fähigkeit und

V. Hollenrieder, *Sprechstunde auf Augenhöhe*,
https://doi.org/10.1007/978-3-658-37935-3_5

Bereitschaft, die Empfindungen, Emotionen, Gedanken, Motive und Persönlichkeitsmerkmale einer anderen Person zu erkennen, zu verstehen und nachzuempfinden. Der Begriff beinhaltet auch die angemessene Reaktion auf Gefühle anderer Menschen, so zum Beispiel Mitleid, Trauer, Schmerz und Hilfsbereitschaft aus Mitgefühl." [1–3]

Grundlage der Empathie ist die Selbstwahrnehmung. Je offener eine Person für ihre eigenen Emotionen ist, desto besser kann sie auch die Gefühle anderer deuten [4].

Bei Empathie geht es also grundsätzlich um zwei Menschen, die miteinander in Kontakt treten. Sie begegnen sich im beruflichen oder privaten Umfeld und kommen ins Gespräch. Wie die Kommunikation zwischen den beiden Akteuren verlaufen wird, hängt ganz wesentlich davon ab, welche Botschaften auf verbale und nonverbale Weise übermittelt werden. Wir haben also einen Sender und einen Empfänger. Die Rollen sind dabei nicht immer gleich verteilt. Ein Arzt beispielsweise ist vielfach der Sender von Botschaften. Er kann aber ebenso zum Empfänger werden, nämlich dann, wenn sein Gegenüber, der Patient, in der Lage ist, seine Gedanken, Emotionen und Empfindungen zu verbalisieren. Gelungene Kommunikation geschieht immer dann, wenn sie wechselseitig passiert, Sie als Patient also sowohl Empfänger als auch Sender von Botschaften sind. Und dies gilt in gleicher Weise für den Arzt. Gute Gespräche verlaufen nie nur in eine Richtung, dürfen also nicht zur Einbahnstraße werden. Sie müssen wechselseitig erfolgen und die Gesprächsanteile sollten ausgewogen sein. Wenn das gelingt, dann entsteht eine gute Arzt-Patienten-Kommunikation, die auf beiden Seiten Zufriedenheit hinterlässt und heilende Kraft besitzt.

5.2 Empathie bei Arzt und Patient

In einer Welt der Daten und Fakten mag es überraschen, dass ich mir ausführlicher Gedanken über Empathie bei Arzt und Patient mache. Sie kostet nämlich Zeit, und diese ist, wie bereits ausgeführt, in einer Arztpraxis nur in sehr begrenzter Menge vorhanden. Bei 8 Minuten pro Patient ist es schwierig, sich „empathisch" mit Patienten auseinanderzusetzen. Ihre Gefühle und Emotionen zu lesen braucht Übung und

Erfahrung und setzt voraus, dass der Therapeut sich ebenso empathisch zeigen kann. Ich bin jedoch der festen Überzeugung, dass es genau dieser Weg ist, der ein erfolgreiches therapeutisches Handeln möglich macht und zu Gesundheit führt. Gesundheit ist als Einheit zu verstehen, und gemäß der WHO-Definition von 1947 ein „Zustand völligen Wohlbefindens im psychischen, mentalen und sozialen Bereich." [5] Im Folgenden werden Sie erfahren, wie empathisches Verhalten zu einem wichtigen Element für Gesundheit werden kann. Was dabei geschieht, kann langfristig betrachtet sogar Zeit einsparen.

Wenn nun die Selbstwahrnehmung wie oben beschrieben die Grundlage für Empathie ist, dann stellt sich die Frage, was geschieht, wenn diese fehlt. Menschen, die ihre eigenen Bedürfnisse nicht wahrnehmen, ihre Gefühle übergehen oder verleugnen, laufen Gefahr, sich selbst und ihre Gesundheit zu ruinieren. Das gilt für Ärzte und Patienten gleichermaßen. In dem Bemühen, unsere Patienten zu begleiten, müssen auch wir Ärzte mit unseren Kräften haushalten. Wer täglich Gespräche führt und dies über viele Jahre tun möchte ohne dabei selbst Schaden zu nehmen, muss lernen, nach anteilnehmenden Gesprächen mit den Patienten eine innere Distanz zu schaffen, die Gespräche also sozusagen in der Praxis zu lassen und Sie nicht mit hinein zu nehmen in das eigene persönliche Leben. Zu den gemeinsamen Gesprächsregeln gehört aber auch, dass man als Arzt bezüglich Termin und Dauer von langen Gesprächen Grenzen setzen muss, um allen Patienten gerecht werden zu können. Gelingt dies nicht, ist ein Burn-out nicht nur bei Patienten, sondern ebenso auch bei Ärzten vorprogrammiert [6].

Doch zurück zum Thema Kommunikation. Das lateinische Wort „communicatio" bedeutet „Mitteilung", das Verb „communicare" bedeutet „teilen, mitteilen, teilnehmen lassen, gemeinsam machen, vereinigen". Es handelt sich also um eine Interaktion zwischen Personen, was aus dem Wortstamm communio: „Gemeinschaft" und communis: „gemeinsam" hervorgeht. Es gibt zahlreiche Kommunikationswege wie zum Beispiel die Sprache oder die Schrift, in jüngster Zeit natürlich auch digitale Kommunikationswege [7].

Wie Sie in den vorangehenden Kapiteln erfahren haben, unterscheiden wir zwischen verbaler und nonverbaler Kommunikation. Erstere umfasst das gesprochene oder geschriebene Wort, letztere Gestik und Mimik, also den großen Bereich der sogenannten „Körpersprache". Für eine gelungene Kommunikation zwischen zwei Menschen spielt der nonverbale Anteil die überragende Rolle. Das wird insbesondere dann deutlich, wenn Menschen nicht mehr sprechen können. Auch ohne Sprache können sie sich über nonverbale Wege verständigen und kommunizieren.

Die Gesprächsperson zu verstehen und ihre Gefühle nachzuvollziehen, ist für das Gelingen von Kommunikation unerlässlich. Dafür müssen sich sowohl Ärzte als auch Patienten ihren eigenen Gefühlen widmen und diese ins Gespräch einbringen. Das ist oft nicht einfach, vor allem dann, wenn es um Gefühle wie Wut, Trauer oder Enttäuschung geht. Wenn sich aber zwei Gesprächspartner auf Empathie einlassen, kann das Gespräch auf beiden Seiten Kräfte freisetzen und für Sie als Patient zum Heilmittel werden.

5.3 Schaltzentrale Gehirn

Die Neurowissenschaften haben uns inzwischen wertvolle Erkenntnisse zur Entwicklung des Gehirns geliefert. Bei einem Neugeborenen umfasst es 12 % des Körpergewichtes und benötigt 60 % des gesamten Energiebedarfes, beim Erwachsenen macht es noch etwa 2 % des Körpergewichtes aus und benötigt circa 20–25 % der Körperenergie. Zum Zeitpunkt der Geburt sind Geruchs-und Geschmackssinn am weitesten entwickelt. Auch das Hörsystem ist bereits sehr früh funktionstüchtig. Das ungeborene Kind registriert die Darmgeräusche der Mutter sowie ihren Herzschlag und ihre Stimme. Diese bewirken bereits im pränatalen Gehirn synaptische Verankerungen und führen damit zu Plastizität und Lernen.

> „Denkt man in diesem Zusammenhang an die Musiktherapie in der Psychiatrie, so sei bemerkt, dass archaische indische, afrikanische, australische und auch europäische Instrumente wie z. B. Didgeridoo oder Alphorn Geräusche bzw. Klänge erzeugen, die der frühen Erfahrung des Gehirns intrauterin [innerhalb der Gebärmutter, die Verf.] sehr nahekommen. Über solche Klänge wird möglicherweise das Gefühl von Geborgenheit und Sicherheit angeregt, was sich auf den „emotionalen Apparat“ auswirkt.“ [8]

Die Neuroanatomie des Gehirns könnte man mit einer Landkarte vergleichen. Genau umschriebenen Arealen können Funktionen wie Sehen (Okzipitallappen), Lesen, Riechen, Sprechen und Hören (Temporallappen) oder Orientierung und Sensibilität (Parietallappen) zugeordnet werden. Eine Sonderstellung nimmt dabei der Frontallappen ein, der 40 % des menschlichen Gehirns umfasst. Dieses Areal ist für Bewegung, Koordination und Kommunikation zuständig, für Sprache, Gestik und Mimik. Erst mit etwa 20 Jahren ist er voll ausgereift und auch wesentlich an der Induktion und Modulation von Gefühlen beteiligt.

Die zentrale Rolle für Gefühle, Emotionen und Motivation spielt in unserem Gehirn jedoch das sogenannte „limbische System". Es umfasst mehrere Areale wie die Hippocampus-Amygdala-Formation, das Belohnungssystem, das Zingulum sowie die Insula. D.F. Braus bezeichnet diese Region auch als „Bauch in unserem Kopf" oder „emotionalen Apparat".

> „Jeder Mensch kennt eher nach innen gerichtete Gefühle und nach außen gerichtete Emotionen. **Gefühle** (feeling) stellen eine Art subjektive Erfahrung über den Zustand des Körpers dar. Sie geben Hinweise auf Bedürfnisse (Hunger, Durst, Luftnot), Fehlfunktionen (Schmerz), optimale Funktion (Wohlbefinden), Bedrohung (Ärger, Furcht) oder spezifische soziale Interaktionen (Mitgefühl, Dankbarkeit, Liebe). Gefühle bzw. Befinden werden von internen Reizen getriggert, sind eher mit Instinkten assoziiert und treiben auch „Motivationsprogramme" an (z. B. Essen, Flucht, Neugier). **Emotionen** hingegen werden von äußeren Stimuli wie Sehen, Riechen, Schmecken oder Hören getriggert und sind eher nach außen gerichtet. Grundemotionen sind Angst, Ärger, Überraschung, Ekel, Trauer und Freude." [8]

5.4 Der Umgang mit Gefühlen

Wie Menschen mit Gefühlen und Emotionen umgehen können, bedarf einer genaueren Betrachtung. Denn das subjektive Empfinden und Verarbeiten von positiven oder negativen Erlebnissen ist grundsätzlich ein individuelles Geschehen. Dazu ein Beispiel: Werden Personen am

Arbeitsplatz mit Mobbing konfrontiert, so gehen sie damit sehr unterschiedlich um. Während der Eine sich zur Wehr setzt und den Betriebsrat einschaltet, gerät der Andere in eine schwere Depression und verliert seine Arbeitsfähigkeit. Ein anderes Beispiel: der Tod des Partners. Während nach einem solchen Ereignis die eine Person in ein jahrelanges Loch versinkt, kann eine andere sich nach einem begrenzten Zeitraum (Trauerjahr) wieder zurück ins Leben begeben und die Erfahrung der Trauer für das weitere Leben nutzen.

Warum reagieren Menschen so unterschiedlich auf ein und dasselbe Gefühl, wie zum Beispiel eben das Gefühl der Trauer? Weil Gefühle zu verarbeiten eine wesentliche Aufgabe unseres Gehirnes ist und die frühkindliche Hirnentwicklung, also die Reifung und Funktionsweise der Hirnareale, bei jedem Individuum anders verläuft.

Vom letzten Drittel der Schwangerschaft bis etwa zum 4. Lebensjahr ereignet sich das größte Gehirnwachstum. Bei 4- bis 7-Jährigen ist schließlich die maximale Synapsen-Dichte vorhanden. Damit ist das Gehirn des Kleinkindes maximal plastisch und lernfähig, aber auch maximal anfällig für neurotoxische Einflüsse wie Alkohol, Medikamente oder Nikotin. In dieser Lebensphase wird auch festgelegt, wie die spätere Stress-Reaktivität eines Menschen anspringt. Ist die elterliche Fürsorge und Kommunikation verlässlich, so entwickelt sich eine hohe Stresskompetenz. Sind aber Vernachlässigung, Missbrauch oder fehlende „Nestwärme" vorhanden, so können diese frühen Stresserfahrungen das emotionale Gedächtnis prägen und später zum Auftreten von ängstlich-depressivem Verhalten und anderen Störungen führen. [8]

Frühkindliche Erfahrungen prägen unser emotionales Gedächtnis, also die Fähigkeit, im späteren Leben mit Gefühlen umgehen zu können. „Nestwärme" in den ersten Lebensjahren fördert die Entwicklung unserer „Gefühlskompetenz" und schafft damit die Voraussetzung, mit negativen Gefühlen besser umgehen zu können. Diese Zusammenhänge zu kennen, wäre gerade für Eltern wichtig und ein wichtiger Bestandteil von Gesundheitsprävention.

Als Ärzte sind wir es gewohnt, mit handfesten Befunden wie Laborwerten, Blutzucker- oder Blutdruckwerten oder Befunden von Ultraschall, Röntgen oder Kernspin umzugehen. Diese mit den Patienten zu besprechen und die erforderlichen Maßnahmen zu initiieren, fällt vor allem dann schwer, wenn die Botschaften negativ sind. Das Überbringen schlechter Nachrichten ist vor allem deshalb problematisch, weil wir nun in den Bereich von Gefühlen und Emotionen eindringen. Wenn ich einem 14-jährigen Jugendlichen sagen muss, dass er nun für den Rest seines Lebens Insulin benötigt, dann setzt das bei ihm, seinen Eltern und auch bei mir jede Menge Emotionen frei. Die therapeutische Begleitung aller Patienten beinhaltet die Beschäftigung mit deren Gefühlswelt, denn Körper, Geist und Seele sind untrennbar miteinander verbunden.

Was sollte man in einem solchen Gespräch vermeiden und wie am besten formulieren? Hier eine kleine Auswahl:

- Statt: „Sie müssen jetzt täglich mindestens viermal Ihren Blutzucker messen" – besser: „Je öfter Sie Ihren Blutzucker messen, umso besser werden Sie die Zusammenhänge zwischen Insulin und Blutzuckerverlauf verstehen lernen."
- Statt: „Hohe Blutzuckerwerte führen zu schweren Gefäßkomplikationen" – besser: „Je besser Ihre Blutzuckereinstellung sein wird, umso eher können Sie Gefäßkomplikationen vorbeugen."
- Statt: „Ihr Kind wird das nie ohne Ihre Hilfe schaffen" – besser: „Im Laufe der Zeit wird Ihr Kind lernen, sich Stück für Stück selbst um die erforderlichen Dinge zu kümmern."

Gerade dann, wenn eine neue Diagnose den Rest des Lebens betrifft gilt es, für die Betroffenen Perspektiven aufzuzeigen. Sie brauchen das Bewusstsein, dass Sie von einem Arzt begleitet werden, der all Ihre Probleme verstehen und Ihnen Lösungsmöglichkeiten aufzeigen kann. Die Akzeptanz einer Stoffwechselstörung wie Typ 1 Diabetes ist ein Prozess und dafür müssen wir Ärzte unseren Patienten auch ausreichend Zeit geben. Das gilt ebenso für Tumorerkrankungen, eine Depression und zahlreiche andere Krankheitsbilder.

Vielen Menschen fällt es schwer, Gefühle in Worte zu fassen. Häufig erlebe ich Patienten, die Sachverhalte wie „Schmerzen", „Trauer" oder „Angst" nicht in Worte fassen können. Jedoch die Beobachtung ihrer Körpersprache gibt großzügig Auskunft über ihr Befinden.

5.5 Was Trauer und Depression für die Gesundheit bedeuten

Mit dem Tod meiner Mutter vor 10 Jahren habe ich zum ersten Mal erfahren, was Trauer wirklich bedeutet. Seitdem kann ich ermessen, was Menschen in solchen Lebensphasen durchleben. Trauer ist aber weit mehr als ein Gefühl. In Zeiten der Trauer kommt es häufig zu einem Rückzug aus dem gesellschaftlichen Leben. Da die Gedanken um das stattgefundene Ereignis kreisen, lässt die Konzentration für die Aufgaben des Alltags nach, am Arbeitsplatz schleichen sich Fehler ein, wichtige Termine werden vergessen, ja es kann sogar zur Vernachlässigung des eigenen Körpers kommen.

Trauer kostet Kraft und Energie. So kann es zu ständiger Müdigkeit, Schlaflosigkeit oder einer Veränderung des Ess- und Bewegungsverhaltens kommen. Die gesundheitlichen Folgen sind zahlreich, so zum Beispiel Verschlechterung der Blutdruckeinstellung oder der Blutzuckerwerte, Gewichtszunahme oder Depression.

Während vor nicht allzu langer Zeit Menschen ihre Trauer noch in Form ihrer Kleidung kundgetan haben, ist es heute eher die Regel, dass man traurige Phasen im Leben zu verbergen versucht. Trauer wird auch gerne völlig ausgeblendet, sie passt nicht zu einer Gesellschaft, die auf Gewinnmaximierung und Optimierung fokussiert ist.

Wenn die Trauerreaktion über viele Monate unverändert anhält oder so stark ist, dass psychotische Symptome oder Suizidalität auftreten, gilt sie als krankhaft und damit behandlungsbedürftig. [9] Leider erlebe ich viel zu oft, dass Patienten erst auf mein Nachfragen hin berichten, dass sie seit vielen Jahren nicht über den Tod eines geliebten Menschen hinwegkommen. In solchen Lebensphasen ist es wichtig zu akzeptieren, dass therapeutische Unterstützung erforderlich ist und diese rechtzeitig in Anspruch zu nehmen. Achten Sie deshalb ebenso auf Ihre seelische Befindlichkeit wie auf Ihren Körper.

Trauer hat viel gemeinsam mit einer Depression. Die Abgrenzung ist oft schwierig. Eine Depression kann auch ohne auslösendes Ereignis eintreten. Tatsache ist, dass alle chronischen Erkrankungen das Risiko für das Auftreten einer Depression stark erhöhen. Egal, ob zum Beispiel

Bluthochdruck, Diabetes oder eine Herzerkrankung – wer davon betroffen ist, weiß, dass man sich sozusagen lebenslänglich damit wird auseinandersetzen müssen. Nehmen wir einen 15-jährigen Typ-1-Diabetiker, der egal was er in seinem Alltag tun möchte, sich permanent darüber vergewissern muss, welchen Blutzucker er gerade hat. „Urlaub" vom Diabetes gibt es für ihn nicht. Das gilt ebenso für Herzpatienten wie für viele andere Krankheitsbilder. Schätzungen gehen davon aus, dass Patienten nach einem Herzinfarkt oder Schlaganfall in bis zu 40 % der Fälle eine Depression, Angst- oder Panikstörung entwickeln. [10]. Ein noch recht neues Fachgebiet, die Psychokardiologie, die in den 1990er-Jahren ihre Anfänge hat, beschäftigt sich mit dieser Patientengruppe [11].

Was belastet depressive Menschen? Es sind vor allem negative Gedanken, die ihr Denken und Erleben dominieren. An vielen Dingen können sie sich nicht freuen, weil eine permanent negative Grundstimmung herrscht. Und weil das Umfeld diese Negativstimmung ebenfalls spürt, ziehen sich die Bezugspersonen von depressiven Menschen oftmals zurück. Das führt letztlich zur Isolation und das wiederum verstärkt den Teufelskreis aus negativen Gedanken und Gefühlen. Depressive Menschen fühlen sich oft schuldig, unattraktiv und nutzlos.

Und wenn Sie sich nun, lieber Leser, nach diesen Zeilen fragen, ob auch Sie eine depressive Verfassung haben, dann empfehle ich Ihnen, wie vielen meiner Patienten, den WHO-5-Fragebogen. Mit diesem Selbstbefragungs-Test können Sie klären, wie nahe sie einer Depression sind. [12]

5.6 Formen der Angst

Das Gefühl der Angst kennt unterschiedliche Intensitäten. Menschen haben Angst vor Schmerzen, Verlusten jeder Art, seien sie finanzieller oder persönlicher Natur, vor Tieren, vor großen Menschenansammlungen, vor Flügen mit Flugzeugen aller Arten, vor Armut, Einsamkeit oder dem Verlust des Arbeitsplatzes. Begrifflich wird dabei die objektunbestimmte Angst (lateinisch angor) von der objektbezogenen Furcht (lateinisch timor) unterschieden. [13]

Letztere wäre die Furcht vor Spinnen, erstere die Angst vor zum Beispiel Einsamkeit oder Armut.

Betrachtet man das Gefühl der Angst aus evolutions-theoretischer Sicht, so stehen bei drohender Gefahr zwei mögliche Reaktionsmuster zur Verfügung: Kampf oder Flucht („fight or flight").

Der Psychologe und Neurowissenschaftler Joseph LeDoux (geb. 1949) hat sich bei seinen Forschungen schwerpunktmäßig mit der Neurophysiologie der Angst beschäftigt. Er hat das Grundmuster beschrieben, das im Gehirn abgespeichert ist und für unser Überleben unerlässlich war und ist: Reiz – Assoziation – sofortige Reaktion. [14]

Noch bevor das bewusste Denken über die erforderliche Reaktion einsetzen kann, werden vom Organismus innerhalb von etwa 300 Millisekunden zahlreiche Stoffwechselvorgänge aktiviert:

- die Durchblutung und Spannung der Muskulatur nimmt zu, das erhöht die Reaktionsgeschwindigkeit
- die Pupillen weiten sich, Seh-und Hörnerven werden empfindlicher, beides erhöht die Aufmerksamkeit
- Herzfrequenz und Blutdruck steigen, die Atmung wird schneller und flacher
- Blasen-, Darm- und Magentätigkeit werden gehemmt, das spart Energie
- Absonderung von Molekülen im Schweiß, die andere Menschen Angst riechen lassen und bei diesen unterbewusst Alarmbereitschaft auslösen. [15]

All dies geschieht unwillkürlich, also lange bevor Denkprozesse einsetzen. Nur durch diese Automatismen ist eine rasche Fluchtreaktion zu gewährleisten. Hätte die Evolution in grauer Vorzeit ein Nachdenken vor einer oder über eine Reaktion zugelassen, wäre die Menschheit ausgestorben. In bedrohlichen Situationen ist Nachdenken nicht erlaubt, denn es würde wertvolle Zeit verloren gehen und die Chancen für eine erfolgreiche Flucht erheblich reduzieren.

Die Amygdala (Abschn. 5.3) ist die zentrale Hirnregion, die für die Einleitung einer Angstreaktion die entscheidende Rolle spielt, und die – wie bereits betrachtet – auch bei emotionalen Vorgängen eine Schlüsselrolle einnimmt.

Haben Sie also Angst, so steigt Ihr Blutdruck, der Puls geht schneller und Sie beginnen zu Schwitzen. Auch Ihre Pupillen weiten sich, die Angst ist Ihnen sozusagen „ins Gesicht geschrieben". Paul Ekman [16] beschreibt den Gesichtsausdruck noch etwas genauer: „Wenn zu den hochgezogenen Oberlidern angespannte Unterlider hinzukommen, das übrige Gesicht aber unbeteiligt bleibt, handelt es sich nahezu immer um ein Zeichen von Angst. Betrachtet man die untere Gesichtshälfte, so fällt bei Angst und Überraschung der Unterkiefer herunter, bei Angst und Furcht hingegen werden die Lippen horizontal verzerrt."

Angst ist also eine Emotion, deren Ursache oft nicht klar benannt werden kann. Sie muss keinen Krankheitswert haben. Wenn Ängste jedoch zu einer Einbuße an Lebensqualität führen, dann ist es wichtig, sich darum zu kümmern.

Der Psychoanalytiker Fritz Riemann unterscheidet in seinem Werk „Grundformen der Angst" [17] zwischen dem „schizoiden", dem „depressiven", dem „zwanghaften" und dem „hysterischen" Persönlichkeitstypus. Als damit verbundene „Grundängste" des Menschen beschreibt er die „Angst vor Veränderung", die „Angst vor der Endgültigkeit", die „Angst vor Nähe" und die „Angst vor Selbstwerdung".

Was wir umgangssprachlich als Angst bezeichnen ist vielfach eher eine Furcht. Das Bedrohliche an Ängsten ist, dass sie Stressreaktionen in Gang setzen, die, wenn sie über einen längeren Zeitraum existieren, gewaltige gesundheitliche und schließlich aus soziale Auswirkungen haben können. Nehmen Sie also Ängste ernst und sprechen Sie gegebenenfalls Ihren Arzt darauf an. Nicht hilfreich ist es, die Symptome der Angst mittels Selbstmedikation in Form von Tabletten oder Alkohol zu betäuben.

Mögliche Formulierungen, um ein solches Gespräch seitens des Arztes in Gang zu setzen könnten sein:

- „Wenn ich Ihnen so zuhöre, dann habe ich das Gefühl, dass Sie sich mit irgendwelchen Ängsten herumplagen. Könnte das sein?"
- „Könnte es sein, dass es Ängste sind, die Sie nicht schlafen lassen?"
- „In ihrem Gesicht lese ich ein Gefühl von Angst. Möchten Sie darüber reden?"

Und als Patient sollten Sie sich nicht scheuen, etwa folgende Frage zu stellen:

- „Es gibt Dinge, über die ich mit niemanden reden kann. Dazu gehören vor allem meine Ängste."
- „Oft habe ich ein Gefühl der Angst – kann das etwas mit meiner Schlaflosigkeit zu tun haben?"
- „Kann es sein, dass meine Angst davor, in der Firma nicht genügend Leistung bringen zu können, zu meinen Symptomen führt?"
- „Meine berufliche/private Situation macht mir Angst. Was kann ich dagegen unternehmen?"

5.7 Schuld und Versagen

Diesen Gefühlen begegne ich in meiner Praxis sehr oft. Sätze wie „Ich bin ja selber schuld, dass mein Gewicht gestiegen ist/mein Blutzucker schlechter ist" gehören zu meinem Alltag. Leider ist es ein Phänomen unserer Zeit, dass immer dann, wenn etwas nicht passt – sei es in der Politik, am Arbeitsplatz oder im privaten Umfeld – nach „dem Schuldigen" gesucht wird. Jeder aber weiß, dass diese Vorgehensweise selten zum Ziel führt. An einer Trennung sind zumeist zwei Personen beteiligt, am Debakel einer Partei mehrere Personen, am Konkurs einer Firma ebenso. Sich schuldig zu fühlen, gehört zu den sehr unangenehmen Gefühlen, die jeder am liebsten vermeiden möchte. Wenn sich Patienten aber so fühlen und es in Worte fassen, dann halte ich es für außerordentlich wichtig, ihre Äußerung im Dialog aufzugreifen. Schuld bedeutet Versagen, etwas nicht geschafft haben, rückfällig geworden zu sein etc. So erleben meine Patienten beispielsweise nach einer erfolgreichen Gewichtsabnahme Schuldgefühle, wenn sie in alte Verhaltensweisen zurückfallen und wieder zunehmen.

Schuld ist ein Gefühl, dass man in folgenden Situationen besonders häufig antrifft: Suchterkrankungen (Alkohol, Drogen, Medikamente), Übergewicht (zu viel gegessen, zu wenig bewegt), Trennungen (zu viel gearbeitet, zu wenig für die Partnerschaft getan). Kommt es in der Folge zu gesundheitlichen Problemen wie einem Leberschaden, Übergewicht,

Diabetes, Bluthochdruck oder einem „Burn-out", dann haben die Betroffenen das Gefühl, es selbst verschuldet zu haben.

Was Sie in solchen Fällen definitiv nicht gebrauchen können, sind weitere Schuldzuweisungen, sei es vom Partner, von Freunden oder vom Arzt. Nun brauchen Sie eine Hand, die Ihnen entgegengestreckt wird, ein paar tröstende und aufmunternde Worte.

Das Gefühl von Schuld und Versagen begleitet viele Menschen von Kindesbeinen an: schlechte Noten in der Schule, Klassenziel nicht erreicht, Absagen bei Bewerbungen, Versagen bei Prüfungen (Führerschein, Weiterbildung etc.), Versagen in der Partnerschaft (Trennung, Scheidung), finanzielle Krisen, Schulden, Mobbing am Arbeitsplatz, um nur einige Beispiele zu nennen.

Wie lange man mit Schuldgefühlen und dem Gefühl des Versagens leben kann, ohne dass sich gesundheitliche Folgen einstellen, ist für niemand vorhersehbar. Manche Menschen können besser mit Rückschlägen, dem Gefühl des Versagens oder der Schuld fertig werden als andere, die sehr rasch daran zu Grunde gehen. Warum das so ist, können Neurowissenschaftler, Pädiater und Psychologen immer besser erklären. Man spricht heute von „Resilienz" als der seelischen Widerstandskraft, die es ermöglicht, mit den Widrigkeiten des Lebens umzugehen [18]. Bei diesem Prozess ist ärztliche Unterstützung wichtig und hilfreich. Patienten mit Schuld- und Versagensgefühlen brauchen eine Anleitung, ihr eigenes Leben zu betrachten. Sie müssen lernen, zu erkennen, warum sie mit ihrem Vorhaben gescheitert sind und überlegen, wie sie künftig Rückschläge vermeiden können. Aber sie müssen es sich auch zutrauen, mit Niederlagen umzugehen. Dafür ist es wichtig, in der Rückschau zu erkennen, dass bereits früher Krisen bewältigt wurden. Immer wieder erlebe ich bei Patienten, dass sie das Vertrauen in die eigene Person verloren haben. Sie brauchen Zuwendung im Gespräch, ein offenes Ohr und ermunternde Worte. Dann können sie lernen, auch zu sich selbst wieder Vertrauen zu entwickeln. (siehe auch Kap. 6)

5.8 Gefühle der Ohnmacht

An einem Fall aus meiner Tätigkeit in der Justizvollzugsanstalt München möchte ich das Gefühl der Ohnmacht aufzeigen. Die ärztliche Begleitung von Strafgefangenen stellt eine ganz besondere Herausforderung dar. In Haft ist das Stresssystem maximal aktiviert, es braucht oft viel Zeit und Geduld, um den Gefangenen ihre Ohnmachtsgefühle soweit als möglich zu nehmen.

Frau K., 29 Jahre, kommt in die Sprechstunde, weil sie am Tag zuvor, kurz nach der Aufnahme in der Anstalt, eine heftige Diskussion bezüglich ihrer Medikamentenversorgung mit dem Pflegepersonal hatte. Sie nimmt seit vielen Jahren drei verschiedene Blutdruckmedikamente. In ihrer Box seien nun ganz andere als die gewohnten Tabletten. Sie möchte unbedingt dieselben Medikamente erhalten wie zu Hause, denn wenn sie diese nicht bekäme, würde das ihr Herz schädigen. Außerdem ist sie beunruhigt, weil die bevorstehende Dauer der Haft noch unklar ist und sie nun ihre regelmäßigen Kontrolluntersuchungen beim Kardiologen nicht durchführen lassen könne. Auch quält sie der Gedanke an ihre 7-jährige Tochter. Da sie alleinerziehend ist, muss sie deren Versorgung nun fremden Personen überlassen.

Beim Betreten des Sprechzimmers ist Frau K. sehr aufgebracht, in ihrem Gesicht spiegeln sich Ärger und Wut. Da ich ihre Krankenvorgeschichte nicht kenne, frage ich nach der Ursache für ihre Herzschädigung. Sie berichtet von einer Herzmuskelentzündung in der Schwangerschaft, die zu einer erheblichen Funktionseinbuße des Herzmuskels geführt habe. (es handelte sich um eine Schwangerschafts-Kardiomyopathie, eine seltene Komplikation in der Schwangerschaft mit jedoch in der Regel sehr guter Prognose). Ich versichere der Patientin, dass ich ihre Ängste sehr gut verstehen kann. Allerdings, so erkläre ich ihr, ist Aufregung und der damit verbundene Blutdruck- und Puls-Anstieg für ihr Herz aktuell problematischer als ihre Vorgeschichte. Ich versichere ihr, dass die ausgehändigten Medikamente zwar anders aussehen, jedoch definitiv wirkstoffgleich zu ihrer häuslichen Medikation seien. Und ich erkläre ihr, dass auch in Haft eine Kontrolle der Herzmuskelfunktion in regelmäßigen Abständen durchgeführt werden kann, ebenso wie Blutdruck-, Puls- und EKG-Kontrollen. Über den Sozialdienst könne sie darüber hinaus Kontakt zu ihrer Tochter aufnehmen.

Was die Patientin umtreibt, sind in dieser außergewöhnlichen Situation sowohl Angst als auch Unsicherheit, vor allem aber Ohnmacht. Neben der Angst vor einer Verschlechterung der Herzmuskelerkrankung quält sie die Unsicherheit bezüglich der Dauer der Haft und der Versorgung ihrer Tochter. Vor allem aber fühlt sie sich ohnmächtig gegenüber dem Pflegepersonal, das ihr die Medikamente zuteilt. Es steht nun nicht mehr in ihrer Macht, an der bestehenden Situation etwas eigenständig zu verändern. Sie ist nun dem „System Haftanstalt" ausgeliefert und muss zunächst einmal auf einen Termin mit ihrem Anwalt warten. Auch die Versorgung ihrer Tochter kann sie nicht aktiv regeln.

Ohne Macht zu sein bedeutet, sich einer Person, Institution oder einer Gruppe gegenüber ausgeliefert zu fühlen. Es ist das Gefühl, die Kontrolle über das eigene Schicksal, ja das eigene Leben verloren zu haben. Dieses Gefühl erleben Menschen in Haft in besonderem Maße, jedoch auch am Arbeitsplatz oder in Partnerschaften können wir es regelmäßig beobachten. Wenn es keine Möglichkeit zu geben scheint, an den bestehenden Verhältnissen etwas zu verändern, dann bedeutet das anhaltenden, also toxischen Stress.

Am Arbeitsplatz ist das vor allem dann der Fall, wenn Angestellte keine Möglichkeit haben, Arbeitsprozesse mitzubestimmen und sie dem Leistungsdruck nicht gewachsen sind. Fehlende Transparenz und Kommunikation im Betrieb, fehlendes Mitspracherecht bei der Arbeitsgestaltung, Multitasking und schlechte Arbeitsbedingungen (z. B. Lärm, Hitze, fehlendes Licht) stellen eine tägliche Belastung dar und bewirken so tagtäglich das Gefühl der Ohnmacht.

Aber auch Ereignisse im privaten Umfeld können das Gefühl der Ohnmacht hervorrufen, wie der folgende Fall aus meiner Praxis zeigt.

Herr H., 55 Jahre, hat seit 25 Jahren Typ-1-Diabetes und ist seit ebendieser Zeit in meiner ärztlichen Betreuung. Er arbeitet als selbstständiger Architekt, den Diabetes hat er über weite Strecken gut unter Kontrolle. Vor 10 Jahren heiratet er zum ersten Mal, wird bald darauf zweimal Vater. Kurz nach der Geburt seines zweiten Sohnes beginnen die Probleme in seiner Ehe. Nach längeren Auseinandersetzungen folgt die Scheidung, die für ihn erhebliche finanzielle Einbußen mit sich bringt. Die Auftragslage in seinem Architektenbüro ist gut, jedoch kündigen kurz hintereinander mehrere seiner Angestellten, sodass er die begonnenen Projekte nicht fristgerecht abwickeln kann und sich deshalb in eine immer größere finanzielle Schieflage bringt. Die Versorgung seiner Kinder an jedem zweiten Wochenende ist ihm wichtig, kostet ihn jedoch viele Stunden, in denen er die anliegenden Arbeiten im Büro aufschieben muss. Deshalb arbeitet er unter der Woche oft nachts und schläft meist nur wenige Stunden. Der Diabetes wird immer mehr zur Nebensache, die erforderlichen Blutzuckermessungen unterbleiben vielfach, Insulin wird oft erst viel zu spät gespritzt oder vergessen. Die schlechtere Blutzuckereinstellung führt zu vermehrter Müdigkeit und verstärkt die depressive Stimmungslage.

Bei seinem Kontrolltermin in der Praxis formuliert er es folgendermaßen: „Ich habe das Gefühl, die Kontrolle über mein Leben verloren zu haben. Ich fühle mich absolut ohnmächtig!"

Bei meiner ärztlichen Begleitung kommt es nun darauf an, im Gespräch mit dem Patienten zu überlegen, welche Schritte er sich zur Wiedererlangung der Kontrolle vorstellen kann. Das augenblickliche Gefühl der Ohnmacht kann nur dann verlassen werden, wenn er wieder eigene Macht über sein Denken und Tun besitzt. Die Last auf seinen Schultern ist um ein Vielfaches zu hoch, sein Stresssystem maximal aktiviert. Sich als Arzt in einer solchen Gesamtsituation alleine auf den Blutzucker zu fokussieren, genügt deshalb nicht. Denn nur, wenn der Stresslevel sinkt, kann langfristig eine stabile Stoffwechseleinstellung wiederhergestellt werden. Was Herr H. nun braucht, ist eine Person, die ihn an der Hand nimmt und ihm zeigt, wie er wieder die Kontrolle über sein Leben erlangen kann. Er ist deshalb offen für eine verhaltenstherapeutische psychologische Unterstützung. Damit macht er einen ersten aktiven Schritt heraus aus der Ohnmacht.

Willy Astor beschreibt das Gefühl der Ohnmacht und den Weg aus ihr heraus auf bezaubernde Weise in seinem Song „Diamant": (Textheft der CD „Leuchtende Tage", 18)

> „Wenn du einsam und ganz klein und traurig bist, wenn du glaubst, dass dich jetzt niemand mehr vermisst, wenn ein Regenbogen keine Farbe zeigt, keine Schnuppe mehr für dich vom Himmel steigt. Wenn du schwer bist

und gebückt von deiner Last, weil du eine Menge auf dem Herzen hast, und du könntest schrein, immer wieder nein, doch du vergisst:

Nichts ist dazu verdammt so zu bleiben wie es ist.

Die Zeit der Leichtigkeit, sie kommt von ganz allein, du kannst endlich wieder unbekümmert sein, weil eine Kraft in deiner Finsternis entstand, und diese Kraft, sie formte einen Diamant.

Der Moment, in dem du alles voll versaust, das Gefühl, dass du dir selbst nicht mehr vertraust, die Verzweiflung, dass du nicht am Leben bist, die Befürchtung, dass es lebenslänglich ist.

Deine Sehnsucht nach dem Dauerliebeskuss, die Gewissheit, dass das Wachsen wehtun muss, und du könntest schrein, immer wieder nein, doch du vergisst:

Nichts ist dazu verdammt so zu bleiben wie es ist.

Es kommt die Zeit, wo Licht auf deine Schatten fällt, und du umarmst dich leise und die ganze Welt. So wie die Blume ihren Weg durch Mauern fand, so wuchs in dir durch deine Kraft, ein Diamant.

Das große Glück, es ist doch nicht zu fassen, denn die Ungeduld ist oft so unbesiegbar groß. Ich hoffe meine guten Geister wern mich nicht verlassen, und wenn es kommt, mein Glück, ich lass es los.

Es kommt die Zeit, wo du dich selber wieder spürst, wo du voll Übermut etwas im Schilde führst. In dunkler Nacht hast du das Funkeln wohl erkannt, es ist ein Licht, und es bist du, ein Diamant."

5.9 Das Gefühl von Einsamkeit

Was ist Einsamkeit? Fühlen sich Menschen, die viel alleine sind, deshalb zwangsläufig einsam? Und welche Auswirkungen hat Einsamkeit auf unsere Gesundheit?

Einsamkeit ist ein Gefühl, das vermutlich jeder von Ihnen schon einmal erlebt hat. Es gibt Phasen im Leben, in denen man nicht nur alleine ist, sondern sich auch unverstanden oder nicht zugehörig zu den Mitmenschen fühlt. Obwohl wir in einer Zeit leben, die immer stärker „vernetzt" ist, verliert das Gefühl der Einsamkeit keineswegs an Bedeutung. Im Gegenteil: die moderne Welt mit ihren sozialen Netzwerken bringt neue Phänomene mit sich wie zum Beispiel den „Shit Storm" oder „Hate Speech". Die Opfer stehen hier einem noch größeren Publikum gegenüber als beim Mobbing in Peer Groups oder Betrieben. Einsamkeit erhöht die Wahrscheinlichkeit für Bluthochdruck, Übergewicht, Schlaganfall, Herzinfarkt, Depressionen, Schlafstörungen, Lungenerkrankungen und Infektionskrankheiten aller Art. [19]

Studiendaten belegen, dass Menschen sich heute nicht erst im Alter einsam fühlen, sondern dass dies oft schon bei Kindern und Jugendlichen der Fall ist. Follower im Netz genügen nicht, um dieses Gefühl zu verhindern [20].

Gehen wir deshalb noch einmal zurück zur kindlichen Hirnentwicklung. Neurowissenschaftler gehen heute davon aus, dass die ersten beiden Lebensjahre für Stresserfahrungen besonders bedeutsam sind. In dieser Phase bildet sich neben motorischen Fähigkeiten auch das emotionale Gedächtnis aus. Dieses wiederum hat einen erheblichen Einfluss auf die Bereitschaft zu Angst-und Aggressionsreaktionen. Was ein Kleinkind für eine optimale Entwicklung benötigt, sind vor allem Zuwendung, emotionale Wärme, Kommunikation und elterliche Fürsorge. Ist all das nicht in ausreichendem Maß gegeben, so kann in dieser frühen Lebensphase der Grundstein für das Auftreten von ängstlich-depressiven Erkrankungen im späteren Leben gelegt werden.

Frühe kindliche Erfahrungen prägen unser emotionales Gedächtnis, also die Fähigkeit, im späteren Leben mit Gefühlen umgehen zu können. Besonders schwerwiegend sind deshalb in dieser Lebensphase traumatische Ereignisse wie sexueller Missbrauch, Vergewaltigung, Vernachlässigung oder Unfälle, die an der eigenen Person oder auch an anderen Personen erlebt werden [21].

Brunner et al. beschreiben 2012 erstmals das Krankheitsbild der Posttraumatischen Belastungsstörung (PTBS). Hirnmorphologisch findet sich bei diesem Krankheitsbild eine Veränderung des Hippocampusvolumens. Nach Maercker 2013 ist ein multifaktorielles Geschehen für die Entstehung einer PTBS verantwortlich, in dem auch fehlende Schutzfaktoren, Ressourcen und posttraumatische Reifungsprozesse eine wesentliche Rolle spielen. Die häufigsten Begleiterkrankungen sind Angststörungen, Depressionen, Medikamenten-, Alkohol- und Drogenmissbrauch, Borderline- und andere Persönlichkeitsstörungen sowie Psychosen. [22–25]

Im Hinblick auf die aktuelle Diskussion bezüglich sexuellen Missbrauchs bei Kindern in Internaten, Kirche und sozialen Einrichtungen gewinnt die Betrachtung dieser Störungen an Bedeutung. Nur im vertrauensvollen Gespräch können Betroffene über derartige Erfahrungen in jungen Jahren berichten. Wie einsam sich diese Menschen über viele Jahre fühlen, ist schwer nachvollziehbar, sie daraus zu befreien ein langer Prozess, der ohne das therapeutische Gespräch nicht möglich ist.

„Nestwärme" in den ersten Lebensjahren fördert die Entwicklung unserer „Gefühlskompetenz" und schafft damit die Voraussetzung, mit negativen Gefühlen besser umgehen zu können. Damit wird deutlich, welche Bedeutung dem sozialen Gefüge zukommt, in dem Menschen aufwachsen, leben und ihren Lebensabend verbringen. Egal ob Kind, Jugendlicher, Erwachsener oder Greis, alle brauchen Zuwendung, Wärme und Kommunikation, also das Miteinander.

Einsamkeit meint also nicht das vorübergehende, stundenweise Alleinsein einer Person. Denn wer den ganzen Tag mit Menschen in Kontakt ist, braucht Ruhephasen, in denen keine Kommunikation stattfindet und man sich ausschließlich mit dem eigenen Selbst beschäftigen kann. Solche Zeiten des Alleinseins sind also durchaus positiv zu bewerten und der Gesundheit zuträglich. Wir beschreiben diesen Zustand heute als Achtsamkeit.

Mit Einsamkeit ist also nicht zwangsläufig soziale Isolation gemeint, sondern ein subjektives Gefühl, dass schwer messbar ist. Auch wenn man in einer Gemeinschaft lebt, wie man sie mit der Familie, dem Freundeskreis, den Arbeitskollegen oder mit Sportskameraden vorfindet, kann man sich trotzdem einsam fühlen. Menschen sind einsam in ihren Partnerschaften, am Arbeitsplatz oder in ihrer häuslichen Umgebung. Was tun, um die Einsamkeit zu vertreiben? Wie wir gesehen haben können Kontakte in den sozialen Netzwerken kaum Abhilfe schaffen. Eine hohe Anzahl an „Followern" vermag das Problem der sozialen Isolation nicht zu beheben.

Wenn man die Glücksmomente nicht in der Gemeinschaft findet, dann sucht man sie eben in der Fokussierung auf das eigene Selbst oder über materielle Dinge, die man sich „gönnt". Kann das aber Einsamkeit vertreiben?

Um das Problem der Einsamkeit unserer Zeit besser zu verstehen, lohnt sich der Blick zurück zu den gesellschaftlichen Veränderungen der vergangenen 60 Jahre. In den Jahren vor 1960 sprach man von der sogenannten „Baby-Boomer-Generation". Diese wurde abgelöst von der Generation X, die alle zwischen 1960 und 1980 Geborenen beschreibt, auch als „Generation Golf" bekannt. In dieser Zeit bekommt der Begriff „Schlüsselkind" eine zunehmende Bedeutung. Kinder werden nach der Schule sich selbst überlassen, weil die Eltern arbeiten gehen und nicht zu Hause auf ihr Kind warten. Da es immer weniger Großfamilien gibt, stehen auch Großeltern immer seltener für die Betreuung von Kindern zur Verfügung. Erst allmählich kommen Kindergarten, Vorschule und Kindertagesstätten in Mode.

Zeitlich schließt sich die Generation Y an, bekannt auch als „Millenials" oder „Generation Me" oder „Generation Why", die die Bevölkerungskohorte vor 1998 beschreibt. Sie zeichnet sich durch einen technikaffinen Lebensstil aus und ist die erste Generation, die durch mobile Kommunikation und Internet geprägt wird. Ihr folgt die Generation Z, auch unter dem Namen „You Tube Generation" oder „Digital Natives" bekannt. Das Bild, das die Generation Z am besten beschreibt ist das „Selfie", das moderne Selbstporträt. Das Wort taucht erstmals 2002 auf und erlebt mit dem Selfie-Stick, der 2014 in Mode kommt, eine immer größere Bedeutung. Was ist es, weshalb immer mehr junge Menschen die Darstellung der eigenen Person, das „Posten" auch der eigenen Tätigkeiten zur neuen Religion erheben?

Eine Studie über Facebook-Nutzer aus dem Jahr 2013 ergab, dass das häufige Posten von Selfies mit schwacher sozialer Unterstützung korreliert und dass diejenigen, die oft Fotos von sich selbst hochladen, ein Risiko eingehen, ihre realen Beziehungen zu beschädigen. [26–28]

Wenn aber eine Person sich die meiste Zeit mit sich selbst beschäftigt, kann dies Einsamkeit schaffen und der Auslöser für zahlreiche Erkrankungen sein. „Follower" in großer Anzahl ersetzen keine zwischenmenschlichen Kontakte. Sie vermitteln lediglich eine Illusion von Gemeinschaft. Soziale Netzwerke können die Kommunikation in verbaler und nonverbaler Form niemals ersetzen. Die menschliche Stimme, Gestik, Mimik und der Körperkontakt in Form von Berührung sind es, die echte Zuwendung bedeuten und Einsamkeit in ihrer Entstehung und

Ausbreitung verhindern helfen. Zuwendung im persönlichen Gespräch, im Zuhören oder in Form einer Umarmung sind die besten Medikamente gegen Einsamkeit.

In seinem Buch „Mono – Die Lust auf Treue" schreibt der Historiker Markus Spieker: „Wer dauernd am „Ich" herumbastelt, verliert das große Ganze aus den Augen. Das große Ganze ist das „Wir". Die treue Liebe wird von zwei Seiten eingeengt: einem ausufernden Kapitalismus und einem grassierenden Narzissmus. Das eine ist die Leitkultur, das andere die Leitneurose der Gegenwart. Noch nie gab es so viele Castingshows, noch nie so viele Autobiografien, noch nie so viele berechtigte Klagen über verwöhnte Kinder und verwöhnte Erwachsene, die sich wie Kinder verhalten. Demoskopen melden, dass die Selbstwerteinschätzungen von Menschen, vor allem Jugendlichen, auf eine historische Rekordhöhe geklettert sind. Gleichzeitig sind narzisstische Persönlichkeitsstörungen so weit verbreitet wie nie, genau wie ihre Kehrseite, die Depression. Die neue Standardkonstellation im Zeitalter von Liebe 2.0 ist: zwei hochentwickelte Individuen, null echte Bindung. Am Ende ist jeder alleine mit dem Menschen, den er über alles liebt (und doch immer zu wenig): sich selbst." [29]

Der Mensch ist von Natur aus kein Einzelgänger. Bereits Aristoteles bezeichnete den Menschen als „Zoon Politicon", also als Gemeinschaftswesen. Die Grundbestimmung des Menschen ist nach seiner Anthropologie das Zusammenleben mit Anderen, denn nur so kann er seine Natur verwirklichen. Der Mensch ist im Gegensatz zum Tier mit Vernunft und Sprache ausgestattet. Damit hat er die Möglichkeit, sich Vorstellungen von Recht und Unrecht zu machen und sich mit anderen auszutauschen. Wer außerhalb des Staates lebt, ist laut Aristoteles „entweder ein Tier oder aber ein Gott." [30]

In der Diabetologie gibt es seit wenigen Jahren eine sehr spannende Entwicklung, die Community der „Looper". Dies ist ein Zusammenschluss engagierter und motivierter Diabetespatienten, die mit eigenen Aktivitäten an einem „closed-loop", also einem geschlossenen System aus Insulinpumpe und Glukosesensor arbeiten. Da bislang keine medizintechnologische Firma ein solches Konstrukt anbietet, generiert die Community Algorithmen, die sie dem Einzelnen im Netz zur Verfügung stellt. Da die verwendeten Systeme dabei zweckentfremdet, also „gehackt" sind, werden die sich daraus ergebenden rechtlichen Konsequenzen für den Anwender (Looper) derzeit heftig diskutiert. Ich persönlich, trotz nur geringer technischer Affinität, sehe diese Entwicklung als einen positiven Beitrag. Denn wer sich mit seinem Diabetes auseinandersetzt und die vorhandenen technischen Möglichkeiten nutzt, leistet einen wesentlichen Beitrag für seine Therapie. Wenn mit einer derartigen Entwicklung ein Gemeinschaftsgefühl geschaffen wird, so erhöht dies wiederum die Chancen für therapeutische Erfolge, auch wenn die Entwicklung bislang noch kontrovers diskutiert wird. Was diese Menschen antreibt, ist die Verbesserung der eigenen Blutzuckereinstellung sowie der Wunsch, etwas zu schaffen, was die Industrie bislang nicht zuwege gebracht hat [31, 32].

Werfen wir zuletzt noch einen Blick auf die Frage, welche Bedeutung die Wohnverhältnisse haben, in denen wir aufwachsen. Ist die frühkindliche Sozialisation gestört und kommt es in diesem Lebensabschnitt zu einem Mangel an adäquaten Entwicklungsanreizen, so bezeichnet man das als „Deprivation". W. Goldfarb und J. Bowlby haben in den Jahren um 1950 erstmals beschrieben, welche Folgen es hat, wenn Kinder in Waisenheimen zwar genug zu essen und zu trinken haben, es ihnen jedoch an Sozialkontakten fehlt. Eine beeindruckende Übersichtsarbeit zu diesem Thema hat M. Rieländer in seiner Diplomarbeit 1978 zusammengetragen [33].

Egal, ob zu Beginn des Lebens oder im Alter – Einsamkeit ist schädlich und macht krank. Heute leben alte Menschen vielfach alleine oder unter ihresgleichen in Altenheimen. Dem entgegenwirken können Mehr-Generationen-Konzepte, die im Hinblick auf die Vereinsamung einen begrüßenswerten Ansatz darstellen. Wenn Jung und Alt aufeinandertreffen, dann entsteht ein Gemeinschaftsgefühl, das Einsamkeit vertreibt und damit zahlreichen Erkrankungen vorbeugt. Die Bandbreite des Lebens zu spüren, miteinander zu reden, zu weinen und zu lachen, ist für Menschen jeden Alters eine hervorragende Medizin. Der Film „Wir sind die Neuen" aus dem Jahr 2014 stellt ein weiteres Konzept in Form einer Mehr-Generationen-Wohngemeinschaft vor. Auf sehr amüsante aber auch tiefgründige Weise werden die Problematik der Einsamkeit sowie ein möglicher Lösungsansatz präsentiert [34].

5.10 Schmerz ist nicht gleich Schmerz

Sprechen wir über Schmerzen, unterscheiden wir den körperlichen vom seelischen Schmerz, beide können dem Patienten „ins Gesicht geschrieben sein". Ebenso habe ich aber unendlich oft Patienten erlebt, denen ihre großen Schmerzen, egal ob seelischer oder körperlicher Natur, nicht anzusehen waren. Neben der Körpersprache brauche ich als Arzt zur exakten Diagnosestellung das Gespräch mit dem Patienten. Zunächst möchte ich mich mit dem körperlichen Schmerz beschäftigen.

Schmerzpatienten gibt es in allen Bereichen der Medizin. Mit Gelenkbeschwerden (Knie, Hüfte, Schulter, Hände) wird zumeist der Orthopäde aufgesucht, mit Kopf- oder Bauchschmerzen der Hausarzt, Frauen mit Regelbeschwerden befragen ihren Gynäkologen, mit Blasenbeschwerden wird ein Urologe aufgesucht. Eine gewisse Sonderstellung haben Nervenschmerzen (neuropathische Schmerzen), die wir häufig als Folgeerkrankung bei Diabetespatienten finden oder auch in Form von Neuralgien, beispielsweise nach einer Herpes Zoster-Erkrankung. Die Schwierigkeit für den Arzt besteht darin, einerseits das Ausmaß des Schmerzes zu erfassen und andererseits sich ein Bild von dem Schmerzcharakter zu machen.

Am Beispiel von Kopfschmerzen möchte ich zeigen, wie man sich mit wenigen Fragen dem Schmerz des Patienten nähern kann. Wann treten die Schmerzen auf? Eher morgens beim Aufstehen oder entsteht der Schmerz im Laufe des Tages und erreicht abends sein Maximum? Gibt es Schmerz-Auslöser? Falls ja, welche? Kann körperliche Aktivität den Schmerz reduzieren oder wird er dadurch stärker? Wie beeinflussen Geräusche, Gerüche oder Licht das Schmerzempfinden? Welche Qualität hat der Schmerz? Wenn Sie Ihrem Arzt also über Schmerzen berichten, dann ist es hilfreich, all diese Angaben zur Erläuterung Ihres Schmerzes machen zu können.

Bei der Erfassung der Schmerzintensität arbeiten wir in der Schmerztherapie mit Ihrer Selbsteinschätzung. Die Intensität Ihres Schmerzes kann über eine Numerische Rangskala (NRS) erfasst werden. Auf einer Skala von 0 (schmerzfrei) bis 10 (größter vorstellbarer Schmerz) ordnen Sie Ihren Schmerz ein. Diese Selbsteinschätzung ist wichtig, um die Effizienz therapeutischer Maßnahmen messen zu können. Denn ein Schmerzmedikament kann in der Regel nicht Schmerzfreiheit, sondern zumeist nur eine Schmerzreduktion bewirken. Je niedriger Ihr Schmerzscore ist, umso zurückhaltender wird Ihr Arzt mit der Gabe eines Medikamentes sein. Denn neben einer erwünschten Wirkung haben alle Arten von Schmerzmittel auch zahlreiche Nebenwirkungen.

Während sich die Stärke von Schmerzen relativ gut über eine Skala abbilden lässt, ist es sehr viel problematischer, die Schmerzqualität zu erfassen. Hier fällt mir immer wieder auf, dass Menschen verlernt haben, einen Sachverhalt mit Worten zu beschreiben. Vielfach muss ich Adjektive wie „pochend, schneidend, brennend, dumpf, spitz“ vorgeben, um mit dem Patienten ins Gespräch zu kommen. Eine neue und häufig sehr hilfreiche Methode ist die „Dolographie“, eine „visuelle Kommunikationshilfe für die Schmerztherapie“. [35, 36] Das Arbeitsmaterial sind 34 Bildkarten. Sie wurden von den Kommunikationsdesignerinnen Sabine Affolter und Katja Rüfenacht entwickelt. Die Bildkarten zeigen keine konkreten Gegenstände, sondern sind teils farbige, teils schwarz-weiße abstrakte Grafiken. Damit entfällt jegliche Deutung der Bilder, es gibt weder für den Arzt noch für den Patienten ein „besser“ oder „schlechter“. Die Auswahl der Karten erfolgt alleine nach der subjektiven Wahrnehmung des Patienten, und dies sowohl zu Therapiebeginn als auch im Therapieverlauf. Damit stellen die Bilder eine Kommunikationshilfe zwischen Schmerztherapeut und Patient dar. Viele Patienten fühlen sich auf diese Weise in ihrem Schmerz besser verstanden und können ihn so auch ihrem Umfeld gegenüber (Angehörige, Freunde) besser kommunizieren. Mit der Dolographie kann das Vertrauen in die Behandlung deutlich verstärkt werden.

All diese Messinstrumente können jedoch nicht erfassen, was die Schmerzempfindlichkeit eines Menschen beeinflusst. So wissen wir heute, dass negative Erfahrungen die Schmerzempfindlichkeit erheblich beeinflussen. So treten unklare Schmerzzustände wie beispielsweise die Fibromyalgie bei Personen, die in ihrer Kindheit negative Erfahrungen wie Streitereien der Eltern, fehlende Zuwendung oder körperlichen Missbrauch erfahren haben, deutlich häufiger auf. [37]

Wie ist es aber bei seelischen Schmerzen? Nach meiner Erfahrung ist es auch hier unendlich hilfreich, neben der verbalen Kommunikation mit nonverbalen Elementen zu arbeiten. Gerne setze ich Elemente aus der Farbpsychologie bei meinen Beobachtungen ein. Wenn ich den Gefühlszustand einer Person einschätzen möchte, dann frage ich sie danach, welche Farbe sie aktuell für ihre Stimmung verwenden würde. Depressive Personen wählen häufig die Farbe „Grau“, trauernde Personen die Farbe „Schwarz“, entspannte Personen die Farbe „Blau“. Auch die Farbe der Kleidung kann Aufschlüsse auf die momentane emotionale Verfassung eines Menschen liefern.

Bilder können helfen, positive Gefühle zu erzeugen. So stellen wir uns neben unser Bett gerne ein Lieblingsbild unseres Partners, unserer Kinder oder einer glücklichen Momentaufnahme aus dem letzten Urlaub. In der Arbeit mit depressiven Patienten ist das Hervorrufen von positiven Gefühlen besonders wichtig, denn die Betroffenen kreisen in ihrem Alltag permanent um negative Gefühle. So kann die Erinnerung an einen Sonnenaufgang dazu animieren, sich einmal früher auf den Weg zu machen, um dieses Ereignis und die damit verbundenen positiven Gefühle wieder zu erleben.

Auch wenn der Schmerz in all seinen Varianten von Emotionsforschern nicht als Emotion gewertet wird, so spielt er für die Empathie zwischen Arzt und Patient eine wesentliche Rolle. Schmerzen jeder Form erzeugen Stress und führen zu einer Ausschüttung von Stresshormonen. Diese erhöhen nicht nur den Blutdruck oder den Blutzucker, sondern bewirken eine Reihe von Veränderungen, wie Sie in den vorangehenden Kapiteln bereits mehrfach erfahren haben. Will man folglich bei einem Schmerzpatienten den Blutdruck oder den Blutzucker gut einstellen, so kann dies nur gelingen, wenn der auslösende Stressor, also der Schmerz, erkannt und mitbehandelt wird.

Wer selbst schon einmal starke Schmerzen hatte, kann gut nachempfinden, was drohende körperliche oder seelische Schmerzen bewirken: sie machen uns Angst. Hatten Sie beispielsweise eine sehr schmerzvolle Zahnbehandlung, so haben Sie bei jedem weiteren Zahnarztbesuch vermehrt Angst, denn unser Schmerzgedächtnis speichert die

Empfindungen des Schmerzes ab und kann bereits bei minimalen Auslösern starke Schmerzen reaktivieren. Schmerzen und Angst stehen somit in enger Verbindung zueinander. P. Ekmann schreibt dazu: „Kern aller Angst sind drohende physische oder psychische Schmerzen." [16]

Darüber hinaus stehen das Schmerzempfinden und das Gefühl der Einsamkeit in enger Beziehung zueinander. In seinem Buch „Einsamkeit" schreibt der Neurowissenschaftler M. Spitzer:

> „Zwei unterschiedliche Erlebnisse – Schmerzen und Einsamkeit – gehen mit der Aktivierung des gleichen Areals, des ACC [anteriorer zingulärer Cortex oder auch Gyrus Cinguli bzw. Zingulum genannt, die Verf., siehe 5.3] in unserem Gehirn einher." [38]

Diese Hirnregion, also der ACC, ist es auch, in der die in unserem Körper gebildeten endogenen Opioide ihre Hauptwirkstätte haben. Gehen Beziehungen verloren, kommt es zu einer Verminderung der Bildung von Oxytozin und Dopamin.

Menschliche Beziehungen sind für die Gesundheit eine wesentliche Voraussetzung. Die sogenannten „Glückshormone" Dopamin, Oxytozin und Opioide werden nur dann in ausreichenden Mengen ausgeschüttet, wenn wir in einer Umwelt leben, die uns Anerkennung, Wertschätzung und Zuwendung entgegenbringt. Leben Menschen über lange Zeiträume in Einsamkeit, so fühlen sie sich isoliert und erhalten keine Anerkennung. Es ist dann nur noch eine Frage der Zeit, bis sie krank werden.

Vielfach nicht bekannt ist die Tatsache, dass unser menschliches Gehirn zwischen körperlichem und seelischem Schmerz kaum unterscheiden kann. Eine Vielzahl von Arbeiten konnte dies belegen, so zum Beispiel die Arbeiten des amerikanischen Hirnforschers und Psychiaters J. Panksepp [39, 40].

Einer der bekanntesten psychischen Stressoren ist soziale Isolation oder mangelnde Anerkennung. Diese kann sich in körperlichen Schmerzen manifestieren. Nun wird deutlich, warum die bei Schmerzpatienten durchgeführten Untersuchungen häufig Normalbefunde erbringen und ihre Symptome nicht erklären können. Besonders oft erlebe ich das bei Patienten mit Rückenbeschwerden. Wenn Medikamente nicht wirken und die durchgeführten Untersuchungen (Röntgen, CT, MRT) keine

Auffälligkeiten ergeben, dann sollte man immer an eine seelische Ursache denken: Ist die Seele krank, meldet sie sich mit Schmerzen zu Wort. Ärztliche Zuwendung vermag deshalb eine Linderung der Beschwerden zu erzielen, weil sie dieselben Hirnareale stimuliert wie es Schmerzreize tun, jedoch in einem positiven Sinne.

Zu dem Zusammenhang zwischen Schmerzempfunden und Empathie noch eine letzte Studie, die an Liebespaaren durchgeführt wurde. Die Versuchspersonen erhielten abwechselnd Hitzereize am Unterarm. Dabei durften sie einmal die Hand des Partners halten, ein anderes Mal durften sie sich nicht berühren. Während des Händehaltens kam es zu einer signifikant geringeren Schmerzempfindung und je mitfühlender sich der Partner zeigte, desto größer war die schmerzlindernde Wirkung [41].

Das Halten an den Händen macht also vor allem immer dann Sinn, wenn Schmerzen, Leiden oder negative Gefühle im Spiel sind. Es vermittelt Zuwendung und das wichtige Gefühl, in schweren Zeiten nicht alleine zu sein. Das gilt für körperliche ebenso wie für seelische Schmerzen.

Aber auch ohne Berührung kann durch das Betrachten eines Bildes von Partnern die Reaktion auf Schmerzreize unterschiedlich ausfallen. Betrachten Sie während einer schmerzhaften Untersuchung das Bild ihres Partners oder eines lächelnden Freundes, so werden Schmerzen weniger intensiv wahrgenommen. [42] Am besten tragen wir also ein solches Bild immer mit uns herum – oder haben eines auf unserem Mobiltelefon.

In der folgenden tibetanischen Weisheit kommt dieser Zusammenhang sehr schön zum Ausdruck:

„Die Seele wächst durch Liebe und Schmerz."

5.11 Mitleid und Mitgefühl unterscheiden

Wie wir in den vorangehenden Abschnitten erfahren haben, ist die Körpersprache einer Person in Form von Mimik und Gestik ein wichtiges Instrument bei der Kommunikation zwischen Arzt und Patient. Sie gibt Hinweise auf ihre aktuelle Gemütsverfassung und ist damit ein Wegweiser zu ihren Gefühlen, Sorgen, Ängsten und Problemen. Die Natur hat es so eingerichtet, dass unsere Mimik unwillkürlich gesteuert ist. Aus Sicht der Evolution macht das Sinn. Denn auf diese Weise bekommen traurige, leidende oder von Schmerzen geplagte Menschen die Zuwendung ihres Gegenübers, auch ohne dass sie über ihre schlechte Verfassung mit Worten Auskunft geben müssen. Das „Lesen" im Gesicht meiner Patienten wird für mich mit zunehmenden Berufsjahren immer wichtiger und meine Wahrnehmung bezüglich ihrer seelischen Verfassung immer besser. Diese Berufserfahrung ist für mich ein großes Geschenk, und macht das Älterwerden sehr viel leichter. Körpersignale wahrnehmen und im Gespräch aktiv darauf eingehen bedeutet therapeutisches Handeln. Dazu möchte ich all meine Kollegen ermutigen.

Zeigen Sie Mitgefühl und Empathie, aber übertreiben Sie es nicht! Denn „Mitgefühl" und „Mitleid" sind Gefühle, die auch zu Problemen führen können. Denn wenn ein Arzt mit seinen Patienten leidet, oder eine Person mit ihrem Partner leidet, der beispielsweise an Krebs erkrankt ist, dann kann dies zerstörerische Kräfte haben. Therapeuten dürfen das Leid, das sie jeden Tag erleben, nicht zu nahe an sich herankommen lassen, denn auch die ärztlichen Ressourcen sind begrenzt. Das gilt ebenso für Partner von Suchterkrankten. Eine Co-Abhängigkeit hilft weder dem Erkrankten noch dessen Partner, ein kranker und erschöpfter Arzt kann seine Patienten nicht mehr zielgerichtet begleiten. Wo aber verläuft die Grenze zwischen dem richtigen Maß an Zuwendung und Empathie und belastendem Mitgefühl? Was ist das richtige Maß an Verständnis und Zugeständnissen in therapeutischen Prozessen?

Auf diese Fragen muss jeder für sich selbst eine Antwort finden, es gibt diesbezüglich keinen Königsweg. In jedem Falle aber muss die Selbstachtung und Achtsamkeit der eigenen Person gegenüber gewahrt bleiben, um nicht selbst am Schicksal der Patienten oder Mitmenschen zu Grunde zu gehen.

Patienten und Ärzte müssen sich immer wieder selbst die Frage stellen, wo in ihrem Leben sie die Prioritäten setzen möchten. Empathie und Mitgefühl dürfen nicht zur Aufgabe von Selbstfürsorge und Achtsamkeit führen, sondern sollten wann immer möglich in eine gesunde Balance gebracht werden.

Das Wichtigste im Überblick:

- Bei jedem Gespräch sind neben Fakten auch Gefühle im Spiel.
- Die frühkindliche Hirnentwicklung hat Auswirkungen auf die spätere Gefühlskompetenz.
- Gefühle können positive und negative Auswirkungen auf die Gesundheit haben.
- Für das Erleben von negativen Gefühlen wie Angst oder Schuld spielt das Selbstwertgefühl einer Person eine wesentliche Rolle.
- Sozialkontakte sind für jeden Menschen von Bedeutung. Fehlen sie, so hat das gewaltige Auswirkungen auf die Gesundheit.
- Einsamkeit erhöht das Schmerzempfinden.
- Empathie und Mitgefühl dürfen nicht zur Selbstaufgabe führen.

Literatur

1. https://de.wikipedia.org/wiki/Empathie.
2. Empathie. (2017). *Dorsch: Lexikon der Psychologie.* Hogrefe , ISBN 978-3-456-85643-8 (Empathie. Dorsch: Lexikon der Psychologie Online, archiviert).
3. Empathie. (2000). *Lexikon der Neurowissenschaft.* Spektrum Akademischer . (archiviert).
4. Whitrow, G. (1991). *Die Erfindung der Zeit.* Junius.
5. https://de.wikipedia.org/wiki/Gesundheit.
6. Pampel, S. (2018). Burnout in therapists – how to recognize, how to prevent? *InFoDiabetologie, 12*(1), 43–44.
7. https://de.wikipedia.org/wiki/Kommunikation.
8. Braus, D. F. (2014). *Ein Blick ins Gehirn* (3. Aufl.). Thieme.
9. Hautzinger, M. (2013). *Kognitive Verhaltenstherapie bei Depressionen.* Beltz.
10. https://www.herzbewusst.de/leben-nach-dem-herzinfarkt/hilfe-fuer-angehoerige/depression-nach-dem-herzinfarkt.
11. https://web.archive.org/web/20120618151449/http://www.novego.de/wissen/herz-angst-und-depression/herz-angst-und-depression.
12. https://www.cmc-gesundheitsmanagement.de/files/inhalte/cmc/downloads/WHO-5_Institut-Coaching-Pra%CC%88vention-Gesundheitsfo%CC%88rderung.pdf.
13. https://de.wikipedia.org/wiki/Angst.

14. LeDoux, J. E. (2000). Emotion circuits in the brain. *Annual Review of Neuroscience, 23*, 155–184.
15. Mujica-Parodi, L. R., et al. (2009). Chemosensory cues to conspecific emotional stress activate amygdala in humans. *PLoS One, 4*(7), e6415. PMC 2713432 (freier Volltext).
16. Ekman, P. (2017). *Gefühle lesen*. Springer.
17. Riemann, F. (2009). *Grundformen der Angst. Eine tiefenpsychologische Studie* (39. Aufl.). Reinhardt. ISBN 3-497-00749-8.
18. Berndt, C. (2014). *Resilienz- Geheimnis der psychischen Widerstandskraft* (12. Aufl.). dtv. https://musikguru.de/willy-astor/songtext-diamant-653126.html. Zugegriffen am 01.11.2021.
19. Hawkley et al. (2010). Loneliness predicts increased blood pressure: 5-year cross-lagges analyses in middle -aged and older adults. *Psychol Aging, 25*(1), 132–141.
20. https://www.welt.de/gesundheit/article162663805/Soziale-Medien-koennen-Einsamkeitsgefuehl-verstaerken.html. Zugegriffen am 31.10.2021.
21. Turek et al. (2005). Obesity ans Metabolic Syndrome in Circadian Clock Mutant Mice. *Science, 308*(5724), 1043–1045.
22. Brunner, R., Plener, L. P., & Resch, F. (2012). Posttraumatische Belastungsstörung, Anpassungsstörungen und Selbstbeschädigungserkrankungen. In J. Fegert, C. Eggers & F. Resch (Hrsg.), *Psychiatrie und Psychotherapie des Kindes-und Jugendalters* (S. 597–619). Springer.
23. Maercker, A. (Hrsg.). (2013). *Posttraumatische Belastungsstörungen* (4., vollst. überarb. u. aktual. Aufl.). Springer.
24. Frommberger, U., Angenendt, L., & Berger, M. (2014). Post-traumatic stress disorder – A diagnostic and therapeutic challenge. *Dtsch. Ärzteblatt Int., 111*, 59–65.
25. Brähler, E., & Hoefert, H. W. (2015). *Lexikon der modernen Krankheiten*. Medizinisch Wissenschaftliche Verlagsgesellschaft MWV.
26. Dr. Houghton, David. (9. August 2013). *Sharing photographs on Facebook could damage relationships, new research shows*. Heriot-Watt University. Zugegriffen am 16.07.2022.
27. Houghton, D., Joinson, A., Caldwell, N., & Marder, B. (2013). *Tagger's delight? Disclosure and liking in Facebook: The effects of sharing photographs amongst multiple known social circles* (Discussion paper). University of Birmingham.
28. https://de.wikipedia.org/wiki/Selfie.
29. Spieker, M. (2011). *Mono – Die Lust auf Treue*. Pattloch.

30. https://de.wikipedia.org/wiki/Politik_(Aristoteles).
31. https://sugartweaks.de/diy-closed-loop-welches-system/.
32. https://www.blood-sugar-lounge.de/2018/03/10-dinge-die-du-ueber-selbst-gebaute-kuenstliche-bauchspeicheldruesen-wissen-solltest/.
33. http://www.psychologische-praxis.rielaender.de/Literatur/Deprivation_Heimerziehung.pdf. Zugegriffen am 31.10.2021.
34. https://www.zeit.de/kultur/film/2014-07/wir-sind-die-neuen-film.
35. https://www.dolografie.com/wp-content/uploads/2018/03/Hogrefe_FZS_Schmerz_Dolografie_2017.pdf.
36. https://www.bibliomed-pflege.de/zeitschriften/die-schwester-der-pfleger/heftarchiv/ausgabe/artikel/sp-12-2017-sichtbar-machen-wie-die-haendedesinfektion-verbessert-werden-kann/33891-wie-fuehlt-sich-ihr-schmerz-an/.
37. Imbierowicz, K., & Egle, U. T. (2003). Childhood adversities in patients with fibromyalgia and somatoform pain disorder. *European Journal of Pain, 7*, 113.
38. Spitzer, M. (2018). *Einsamkeit – Die unerkannte Krankheit* (S. 57). Droehmer.
39. Panksepp, J. (2003). At the interface of effective, behavioral, and cognitive neuroscience: Decoding the emotional feelings of the brain. *Brain and Cognition, 52*, 4.
40. Panksepp, J. (2005). Why does separation distress hurt? Comment on MacDonald and Leary. *Psychological Bulletin, 131*, 224.
41. Goldstein, P., et al. (13. März 2018). *PNAS, 115*(11), E2528–E2537; first published February 26, 2018. https://doi.org/10.1073/pnas.1703643115.
42. Hillmer, K., et al. (2021). https://doi.org/10.1371/journal.pone.0254069.

6

Die „Medizin" des persönlichen Gesprächs – was Körper, Geist und Seele heilt

„In einem guten Wort ist für drei Winter Wärme, ein böses Wort verletzt wie sechs Monate Frost."

(Sprichwort aus der Mongolei)

„Vertrauen ist die stillste Art von Mut."

(Irmgard Erath)

6.1 Einleitung

Stellen Sie sich vor, Sie fahren mit dem Zug in eine Ihnen fremde Stadt. Am Hauptbahnhof angekommen suchen Sie nun den Weg zu Ihrem Hotel. Wie gehen Sie vor? Die Älteren unter Ihnen fragen vermutlich eher einen Passanten nach dem Weg, die Jüngeren befragen mit großer Wahrscheinlichkeit ihr Smartphone. Die Kommunikation von Angesicht zu Angesicht nimmt in unserer Gesellschaft immer mehr ab. Auch im Praxisalltag ist diese Entwicklung zu beobachten. Rezepte werden selten persönlich abgeholt – so viel Zeit hat man nicht mehr – man lässt sie sich zuschicken und bestellt sie telefonisch oder online. Diese Vorgehensweise

V. Hollenrieder, *Sprechstunde auf Augenhöhe*,
https://doi.org/10.1007/978-3-658-37935-3_6

reduziert zwar das Patientenaufkommen in der Praxis – führt aber auch dazu, dass man den Patienten seltener sieht, ja so manch einer nur noch telefonisch Rezepte bestellt und sich nicht mehr zu Kontrolluntersuchungen vorstellt.

Doch zurück zu unserem Beispiel – der Situation am Hauptbahnhof. Wir können uns heute in einer fremden Stadt problemlos orientieren, ohne dafür auch nur ein einziges Wort sprechen zu müssen. Ja wir vertrauen unterwegs vielfach unserem Navigationsgerät des Mobiltelefons mehr als unserem eigenen Orientierungssinn oder gar dem Ratschlag eines Ortsansässigen.

In seinem Buch „Einsamkeit" schreibt der Gehirnforscher Manfred Spitzer:

> „Vertrauen ist ein wesentlicher Grundpfeiler von Zufriedenheit, Glück und Gesundheit des Einzelnen sowie einer ökonomisch und sozial funktionierenden Gesellschaft, wie von den unterschiedlichsten Wissenschaften – von der Soziologie und der Psychologie über die Ökonomie bis hin zur Medizin – betont wird. Vertrauen entsteht durch gelingende Interaktion zwischen fremden Menschen: Nach dem Weg fragen, einen Kaffee oder ein Eis kaufen sind die kleinen Bausteine, auf denen unsere Gemeinschaft fußt. Täglich millionenfach ablaufende kleine Handlungen dieser Art sind der Nährboden von allgemeinem Vertrauen, durch den sich Gesellschaften deutlich voneinander unterscheiden können." [1]

Es sind also die (kleinen) Interaktionen zwischen Menschen, die von ganz grundlegender Bedeutung für das Vertrauen zueinander sind. Von Kindesbeinen an spielen sie für den Aufbau von Vertrauen eine Rolle. Anfangs geht ein Kleinkind noch an der Hand seiner Eltern, wird dann aber durch Blicke, Worte und Gesten dazu ermuntert, seine ersten Schritte alleine zu wagen. Damit eine reibungslose Entwicklung von Vertrauen möglich ist, braucht es Kommunikation und menschliche Interaktion. Am Beispiel des kleinen Kindes können wir auch wunderbar beobachten, wie es auf fremde Menschen zugeht und ihnen eine Art Grundvertrauen entgegenbringt. Mit zunehmendem Alter und Erfahrungen mit unseren Mitmenschen verändert sich jedoch dieses Grundvertrauen. Positive aber eben auch negative Erfahrungen des täglichen Lebens führen dazu, dass wir zurückhaltender werden, wenn es darum geht, zu einer fremden Person Vertrauen aufbauen zu können. Wir werden vorsichtiger, wollen schlechte Erfahrungen nicht wiederholen, besinnen uns mehr auf das Erlebte als auf unsere ersten Impulse. Wir lernen aus Fehlern, Niederlagen und Enttäuschungen und reifen so zu einem Individuum heran, das immer einzigartig ist.

Jeder Mensch hat also seine ganz persönliche Vorgeschichte, bei der frühere Erfahrungen mit Krankheiten und Arztkontakten nicht zu vernachlässigen sind. Diese erschweren häufig den Zugang zum Arzt. Jeder, der bislang überwiegend positive Erfahrungen mit Ärzten gemacht hat, kann sich ihnen gegenüber öffnen und es fällt diesem Personenkreis nicht schwer, sich zur Mitarbeit bewegen zu lassen. Aber ebenso häufig treffe ich auf Menschen, die Ärzten gegenüber große Vorbehalte haben. Dann gestaltet sich der Aufbau eines vertrauensvollen Umganges miteinander wesentlich schwerer. Vorbehalte und Skepsis sind zumeist der Körpersprache zu entnehmen, ja schon der Händedruck kann hier aufschlussreich sein.

Es ist also nicht unbedingt Neugier, wenn Ihr Arzt bei einem Gespräch nachfragt und damit versucht, nicht nur Ihre Symptome, sondern auch Ihre sozialen Rahmenbedingungen zu erfassen. Gerade dann, wenn ihre Körpersprache negativ ist signalisieren Menschen die Notwendigkeit für Zuwendung und Aufmerksamkeit. Wenn sich Freunde und Bekannte eher zurückziehen, weil sie mit traurigen oder depressiven Menschen nicht umgehen können, dann sollten es gerade ihre Ärzte sein, die ihnen entgegenkommen, sie in schwierigen Lebensphasen begleiten und ihnen Vertrauen entgegenbringen.

Vertrauen gibt es auf zahlreichen Ebenen. Man kann Personen, Dingen und auch dem eigenen Körper vertrauen. Dazu nochmal ein Beispiel:

Sie wollen in den Urlaub fliegen. Das ist nur möglich, wenn Sie dem Piloten und dem Flugzeug, dass Sie transportieren wird, Vertrauen entgegenbringen können. Andernfalls scheidet ein Flugzeug für Sie als Transportmittel aus. Und wenn Sie einen Marathon planen, dann trauen Sie Ihrem eigenen Körper zu, dass er nach ausreichendem Training diese Leistung vollbringen kann. Egal ob Personen, Gegenstände oder der eigene Körper – sie alle können uns aber auch enttäuschen: der beste Freund, der uns hintergeht, das neue Mobiltelefon oder Auto, das technische Mängel aufweist oder aber unser eigener Körper, der unvorhersehbare Schwächen zeigt. Wir verlassen uns täglich auf Aussagen unserer Mitmenschen, auf Werbebotschaften oder Informationen, die uns zum Beispiel eine Funktionsarmbanduhr rund um die Uhr zur Verfügung stellt. Dabei verlernen wir, uns auf eigene Empfindungen zu konzentrieren und den eigenen Körper mit seinen Reaktionsmustern zu beobachten.

Die Datenflut, die heute mittels kleiner technischer Hilfen über uns hereinbricht, führt keineswegs zu mehr Sicherheit im Alltag. Viele meiner Patienten haben es verlernt, die eigenen Körpersignale zu beschreiben und zu beobachten. Die Fokussierung auf Daten und Befunde, die von technischen Geräten ermittelt werden (Blutzuckermessgerät, Glukosesensor, Röntgengerät, Computertomografie etc.) bedarf jedoch nach wie vor einer richtigen Interpretation. Ist diese falsch oder fällt die Technik einmal aus, können gefährliche Situationen entstehen. Deshalb ist es so wichtig, sich mit dem eigenen Körper auseinanderzusetzen, die eigenen Körpersignale zu beobachten und nicht aus vermeintlichem Zeitmangel zu übergehen. Man beschreibt diese Fähigkeit heute gerne mit dem Begriff Achtsamkeit.

Technische und medizinische Hilfsmittel liefern uns immer nur Teilinformationen wie zum Beispiel Herzfrequenz, Blutdruck oder einen Blutzuckerwert. Was sie nicht ermitteln, sind Körpersignale wie Abgeschlagenheit, Erschöpfung, Müdigkeit, Angst – um nur ein paar wenige zu nennen. Da Gesundheit jedoch grundsätzlich ein ganzheitliches Produkt ist, müssen Körper, Geist und Seele im ärztlichen Gespräch – und idealerweise auch in der Selbstbeobachtung der Patienten – zu gleichen Teilen berücksichtigt werden. Der Glaube an die Technik verstellt leider häufig diesen so wichtigen Teil von Gesundheit.

6.2 Vertrauen im Arzt-Patienten-Gespräch

Der Kardiologe und Friedensnobelpreisträger Bernard Lown schreibt in seinem großartigen Werk „Die verlorene Kunst des Heilens“:

> „In unserem modernen Zeitalter nährt die zunehmende Nähe von Medizin und Wissenschaft die Illusion, beide seien identisch. Sie verführt die Ärzte dazu, die Bedeutung des Einsatzes am Krankenbett zu verharmlosen,

begünstigt die Vernachlässigung einer umfassenden Anamnese und vermindert das eigene Bemühen, menschliche Beziehungen zu den Patienten aufzubauen. Der Fokus verschiebt sich vom Heilen zum Behandeln, so, als ob diese beiden Elemente eher gegensätzliche als komplementäre Systeme wären. Bei den Patienten verstärkt die wissenschaftliche Revolution die Erwartung, dass jede wie auch immer geartete Krankheit sofort behandelt werden könne." [2]

Auf der Suche nach immer besseren therapeutischen Möglichkeiten und Wegen scheint mir die Besinnung auf das persönliche Arzt-Patienten-Gespräch wichtiger denn je. Damit meine ich aber nicht nur ein paar kurze Worte oder das Besprechen von Laborergebnissen oder technischen Befunden, sondern ein ausführliches empathisches Gespräch. Denn bei vielen chronischen Erkrankungen bestehen Zusammenhänge zwischen Körper und Seele, die nur in einem solchen Gespräch aufgedeckt werden können. Am Beispiel chronischer Rückenschmerzen lässt sich dies eindrucksvoll mit zahlreichen Studien belegen. Schmerzen sind vielfach der Ausdruck schwieriger sozialer Verhältnisse, nicht selten verbunden mit Ängsten und Depressionen. Diese Erkenntnisse sind mittlerweile auch in die nationale Versorgungsleitlinie zum sogenannten unspezifischen Kreuzschmerz eingeflossen [3].

Und weiter schreibt B. Lown:

„In der kurzen Zeit, die für die Anamneseerhebung zur Verfügung steht, muss es das Ziel sein, über die essenziellen Fakten hinaus auch Einblick in das Innere des Menschen zu gewinnen. So einfach dies klingt: Zuhören können ist das komplizierteste und schwierigste aller Instrumente im Repertoire eines Arztes. Man muss ein aktiver Zuhörer sein, um unausgesprochene Probleme wahrnehmen zu können." [2]

Ganz großartig finde ich die Bezeichnung „aktiver Zuhörer". Die Informationen, die wir alle, egal ob Ärzte oder Patienten, jeden Tag über unsere Mitmenschen erhalten können, erschöpfen sich nicht in Worten, sondern werden darüber hinaus auch durch Gestik und Mimik erteilt. Es ist die Körpersprache, die uns neben dem gesprochenen Wort viel über unser Gegenüber verrät. Wir müssen nur darauf achten.

6.3 Vertrauen im Wandel der Zeit

Nicht nur die Chirurgie, sondern auch die Innere Medizin ist heute ohne Apparate nicht mehr vorstellbar: Herzschrittmacher, Defibrillator, Insulinpumpen und in jüngster Zeit Glukosesensoren sind für unsere Patienten nicht mehr wegzudenken und grundsätzlich ist dieser Fortschritt ja auch zu begrüßen. Was diese Systeme bei den Nutzern aber an Gedanken und Gefühlen auslösen, wird selten kommuniziert. Die permanente Konfrontation mit Daten, wie es auch schon die sogenannten „Wearables" (tragbare Geräte wie Puls-Uhr und Schrittzähler) bewirken, fokussiert auf Zahlen. Daten und Zahlen können motivieren, aber auch demotivieren. Sie können für die Prävention oder Progression von Erkrankungen einen wertvollen Beitrag leisten. Bei undifferenziertem Einsatz besteht jedoch ebenso die Gefahr, Menschen zu überfordern und ihre Mitarbeit zu verlieren. Darüber hinaus besteht die Gefahr, dass die Selbstbeobachtung und Selbstwahrnehmung von Körpersignalen verloren geht. Man vertraut alleine den Daten, nicht mehr aber dem eigenen Körper. Sind Therapieziele zu ehrgeizig gesteckt, ist der Misserfolg vielfach vorprogrammiert. Zielvereinbarungen sollten gemeinsam mit dem Patienten erarbeitet werden. Sie sollten spezifisch, realistisch und terminiert sein und auch sein Alter, seine Grunderkrankungen und seine Ressourcen berücksichtigen. (Siehe SMART, Kap. 6)

Die Visualisierung von Blutzuckerverläufen beispielsweise wird individuell sehr unterschiedlich wahrgenommen. Einige Patienten entwickeln sehr rasch mehr Sicherheit und können Trendpfeile als hilfreiche Unterstützung bei ihrem Blutzucker-Selbstmanagement einsetzen. Andere jedoch entwickeln Ängste und vorschnelle Reaktionsweisen und können Gelerntes nicht in Zusammenhang mit der neuen Technologie bringen. Deshalb ist es wichtig, dass wir Ärzte unsere Patienten fragen, wie sie mit den technischen Hilfsmitteln klarkommen, ob Sie ihnen helfen, oder ob vielleicht neue Ängste entstanden sind. Arzt und Patient können dann gemeinsam klären, ob die Technik letztlich weiter genutzt werden kann, weil sie in Summe doch hilfreich ist. Ebenso kann man aber auch auf einen Glukosesensor verzichten, wenn er kontraproduktiv ist, weil er neue Unsicherheiten und Ängste schafft, die bislang nicht vorhanden waren. Es geht also um weit mehr als nur um Daten, es geht um Gefühle. Angst und

Unsicherheit sind nicht messbar. Wenn Sie eine gute Vertrauensbasis zu ihrem Arzt haben, dann können Sie mit ihm darüber sprechen.

Macht uns mehr Technik sicherer im Umgang mit Gesundheit? Aus meiner therapeutischen Sicht ist das nicht so einfach zu beantworten. In der Praxis erlebe ich sowohl einen Zuwachs an Lebensqualität durch Technik wie auch deren Reduktion. Es sind die individuellen Gegebenheiten, die darüber entscheiden, was für unsere Patienten vorteilhaft ist und was nicht. Hier kommt die Größe „Mensch" ins Spiel, sein persönliches Umfeld, seine Vorgeschichte, seine Ängste und Sorgen. Das macht den Unterschied im Einsatz und Umgang mit modernen Technologien. Ohne das Gespräch und die Zuwendung aber geht es grundsätzlich nicht!

6.4 Vertrauen in Krisensituationen

Ein Beispiel aus meiner Praxis: Eine Typ-1-Diabetikerin, die ich seit etwa 15 Jahren betreue, bittet um einen dringenden Rückruf. Ihre Vorgeschichte: seit dem 10. Lebensjahr Diabetes, über viele Jahre eine Essstörung und große partnerschaftliche Probleme, seit 20 Jahren trägt sie eine Insulinpumpe. Sie ist extrem ehrgeizig und hat auf Grund häufiger Hypoglykämien eine Hypoglykämie-Wahrnehmungsstörung entwickelt. Durch mehrfache Schulungen und das Tragen eines Glukosesensors hat sie jedoch kaum noch nennenswerte Unterzuckerungen. Den derzeit 5-jährigen Sohn erzieht sie alleine und arbeitet in Vollzeit. Das aktuelle Problem, worüber sie mir nun telefonisch berichtet: ihr in Norddeutschland lebender Vater ist wegen einer schweren chronischen Erkrankung vom Dach der Klinik in den Tod gesprungen. Sie kann, weil noch in Norddeutschland, nicht in die Praxis kommen und bittet um Hilfestellung. In einer solchen Krisensituation ist ärztliche Begleitung eine echte Herausforderung. Zunächst einmal braucht diese Patientin eine Person, der sie sich anvertrauen kann, die ihr zuhört. Ein offenes Ohr und ein paar Minuten Zeit sind zunächst die einzig umsetzbaren Maßnahmen. Genau diese Augenblicke sind es, die mein „Arzt sein" ausmachen. Einfach da sein, zuhören und im Gespräch zunächst sämtliche Gefühle zulassen und auffangen, die meine Patientin erlebt: Angst, Wut, Verzweiflung, Entsetzen, Sorge, Trauer.

In solchen Lebenssituationen können die Blutzuckerwerte oft nur schwer beherrscht werden – Stresssituationen als Auslöser für Blutzuckerentgleisungen sind in meiner Praxis an der Tagesordnung. Für meine Patientin steht nun aber etwas ganz anderes im Vordergrund. Sie braucht das Gefühl, eine Begleitperson zu haben, der sie sich anvertrauen kann. Natürlich kann ich das nur vorübergehend sein, so lange, bis sie einen Termin bei einem Verhaltenstherapeuten bekommt. Und sie braucht in diesen Augenblicken eine Person, die ihr Mut macht, auch diese Lebenskrise bewältigen zu können. Als Arzt kann ich ihr hier durch meine ärztliche und menschliche Fürsorge fürs Erste helfen.

„Es sind die Begegnungen mit Menschen, die das Leben lebenswert machen" (Guy de Maupassant) [4]

6.5 Motivation wecken

Nicht nur Ärzte beschäftigen sich täglich mit der Frage, warum Menschen so oft in Verhaltensmustern verharren, die für sie schädlich oder gar zerstörerisch sind. Es sind ebenso Lehrer, Pädagogen, Eltern oder Lebenspartner, die versuchen, auf ihr Gegenüber positiven Einfluss zu nehmen, sie zu motivieren, ihre Verhaltensweisen zu verändern.

Nehmen wir beispielsweise einen Ehemann, der Tag für Tag seine schwer depressive Frau erlebt und sie motivieren möchte, doch endlich mal etwas mit einer Freundin zu unternehmen und aus dem Haus zu gehen. Ebenso geht es einem Lehrer, der seine Schüler zu besseren Leistungen motivieren möchte und einem Trainer, der den Sportler zu regelmäßigem Training motivieren will. Was ist eigentlich Motivation? Wie ist sie definiert und welche Rolle spielt dabei das Vertrauen in andere Personen?

Im Gabler Wirtschaftslexikon findet sich für den Begriff „Motivation" folgende Definition: „Zustand einer Person, der sie dazu veranlasst, eine bestimmte Handlungsalternative auszuwählen, um ein bestimmtes Ergebnis zu erreichen und der dafür sorgt, dass diese Person ihr Verhalten hinsichtlich Richtung und Intensität beibehält" [5]

Zugegeben, diese Definition ist sehr theoretisch und gibt für die gemeinsame Arbeit mit dem Patienten wenig her. Wesentlich hilfreicher ist es, wenn man sich die Frage stellt, was der Nährboden für die Motivation eines Menschen ist. Joachim Bauer, Medizinprofessor und Psychotherapeut, bezeichnet die zwischenmenschliche Beziehung als den „Treibstoff der Motivationssysteme". Die wesentlichen Voraussetzungen für das Gelingen einer Beziehung oder eines kooperativen Projektes beschreibt er in fünf Schritten: [6]

1. Sehen und Gesehenwerden
2. Gemeinsame Aufmerksamkeit gegenüber etwas Drittem
3. Emotionale Resonanz
4. Gemeinsames Handeln
5. Wechselseitiges Verstehen von Motiven und Absichten

Übertragen auf die tägliche Situation in Arztpraxen wird klar, warum so oft von „mangelhafter Compliance" und schlechter Motivation der Patienten die Rede ist. Sie fühlen sich vielfach nicht wahrgenommen, insbesondere dann, wenn zahlreiche technische Untersuchungen stattfinden, selten jedoch ein persönliches Gespräch. Es braucht Zeit, um die Motive und Absichten von Menschen zu verstehen, die über Jahre ihrem eigenen Körper gegenüber wenig Achtsamkeit entgegengebracht haben. Hier wird oft allzu schnell verurteilt und die Schuld auf Seiten des Patienten gesucht. Auch genügt es nicht, „leitliniengerechte" Vorgaben auszusprechen, wenn diese völlig unrealistisch sind und seitens des Patienten nicht umgesetzt werden können. Damit werden vielfach Arzt-Patienten-Beziehungen nachhaltig zerstört. Den Patienten mit all seinen Sorgen und Handicaps sehen, mit ihm gemeinsam eine Handlungsstrategie zu erarbeiten und ihn auch bei Rückschlägen nicht zu verurteilen, dass alles sind wesentliche Elemente für eine erfolgreiche therapeutische Begleitung.

Gemeinsam im Gespräch Motive für Veränderungen herauszuarbeiten, ist also ein erster Schritt. Solche möglichen Motive könnten sein:

- Gesundheit (z. B. Blutdruck, Blutzucker, Gewicht, Gelenke, Schmerzen, Atemnot)
- Lebensfreude, Stimmungslage, Selbstwertgefühl erzielen
- Kraftlosigkeit und Depression beenden

Motivation gibt es leider nicht auf Rezept. Sie muss grundsätzlich von jeder Person selbst erarbeitet werden und beginnt zunächst im Kopf. Der Raucher möchte zum wiederholten Male die Zigaretten abschaffen und es wird ihm nur gelingen, wenn er es auch wirklich will.

In ihrem Buch „Motivierende Gesprächsführung" definieren R. Miller und S. Rollnick Motivation als einen in vieler Hinsicht „zwischenmenschlichen Prozess" und das „Resultat einer Interaktion zwischen Personen". [7] Sie beschreiben drei Komponenten, die für Motivation eine zentrale Rolle spielen: Absicht, Fähigkeit und Bereitschaft. Wenn also das Gespräch einen Beitrag zu Motivation leisten will, dann sollte man sich über folgende Punkte unterhalten:

Absicht: Wie wichtig ist eine Veränderung für die betreffende Person? Wie groß ist die Diskrepanz zwischen dem Istzustand und dem erwünschten Zielzustand? Warum ist der Zielzustand attraktiv? Und weshalb wird der Istzustand toleriert, obwohl er im täglichen Leben Nachteile mit sich bringt.

Fähigkeit: Der Raucher traut es sich nicht zu mit dem ungesunden Verhalten aufzuhören. Er hat es schon mehrfach versucht und bei jedem neuen Anlauf steigt seine Enttäuschung über den Rückfall in alte Verhaltensmuster. Er zweifelt zunehmend an seiner Fähigkeit für Veränderungen. Letztlich entwickelt er Abwehrmechanismen. Diese sehen ganz unterschiedlich aus: Verleugnung („so schlimm ist es ja nicht"), Rationalisierung („ich wollte es ja sowieso nicht") und Projektion („es ist nicht mein, sondern ihr Problem"). Mit diesen Abwehrmechanismen versucht er, sein Scheitern zu rechtfertigen.

Bereitschaft: Auch, wenn Absicht und Fähigkeit für eine Veränderung vorhanden sind, dann genügt dies nicht, um sie in Gang zu setzen. Darüber hinaus ist es eine Frage der Prioritäten, die man in seinem Leben setzt. So will man die Veränderung vielleicht nicht jetzt, sondern zu einem späteren Zeitpunkt. Formulierungen wie „morgen/nächste Woche/nach meinem Geburtstag/nach den Sommerferien fange ich mit dem Sportprogramm an" signalisieren durchaus die Bereitschaft. Es bleibt jedoch die Frage, ob die Wichtigkeit hoch genug ist.

R. Miller und S. Rollnick beschreiben in diesem Zusammenhang die Rolle des Therapeuten folgendermaßen:

- Das Therapeutenverhalten beeinflusst in signifikanter Weise sowohl Behandlungsabbruch, Behandlungseinleitung, Behandlungsfortsetzung als auch Behandlungsergebnis.
- Insbesondere scheint ein empathischer Therapiestil Veränderungsbereitschaft hervorzurufen und seine Abwesenheit Veränderung zu verhindern.
- Personen, die glauben, dass es wahrscheinlich ist, dass sie sich ändern, ändern sich. Patienten, deren Therapeuten glauben, dass es wahrscheinlich ist, dass sie sich ändern, ändern sich. Die Personen, denen man sagt, dass man nicht erwartet, dass sie sich ändern, ändern sich tatsächlich nicht.

Damit ist klar, welche zentrale Rolle die Arzt-Patienten-Kommunikation für therapeutische Prozesse spielt. Der Beginn, die Durchführung und auch das Ergebnis von ärztlichen Maßnahmen wird ganz wesentlich dadurch beeinflusst, welche Schritte wir unseren Patienten zutrauen. Motivation ist also durchaus als Prozess zu verstehen, der sich aus einer gelungenen Interaktion zwischen Arzt und Patient ergibt. Dies ist auch übertragbar auf andere Formen der Partnerschaft. Im Miteinander liegt die Kraft für Veränderungen. Einer meiner Patienten hat es vor einigen Jahren ganz wunderbar formuliert. Er hatte jahrelang vergeblich versucht, Gewicht zu reduzieren und sich schließlich dazu entschieden, eine Adipositas-Gruppe zu besuchen: „Von dem Augenblick an, als ich Hilfe zugelassen habe, ging es kontinuierlich bergauf. Bislang dachte ich immer, ich müsste es alleine schaffen."

Das Spannende an meinem Beruf ist, dass ich auch nach so vielen Berufsjahren nicht immer einschätzen kann, auf welche Weise ich meine Patienten dazu bewegen kann, sich mit ihrer Stoffwechselstörung Diabetes definitiv auseinandersetzen. Während der Eine lediglich ein Motivationsgespräch unter vier Augen benötigt, profitiert der Andere von Kontakten zu Gleichgesinnten in einer Schulungs- oder Selbsthilfegruppe. Die Angebote gerade in einer Großstadt sind fast unüberschaubar. Jeder kann etwas finden, wenn er es denn nur möchte.

Wenn ich spüre, dass ein Patient misstrauisch gegenüber meinen Empfehlungen ist, dann spreche ich ihn darauf an. Ohne Bereitschaft in ein Miteinander kann Therapie nicht gelingen. Das löst immer wieder Erstaunen und Verwunderung aus und führt zu so manch negativem Kommentar in Ärzteportalen, mit denen ich aber gut leben kann. Eine meiner Patientinnen, die ich über 2 Jahre auf ihrem schweren Weg der Blutzuckerneueinstellung begleitet hatte und wozu es zahlreicher langer und teilweise kontroverser Gespräche bedurft hatte, formulierte es folgendermaßen: „Sie sind eine Ärztin, die nach dem Motto ‚fordern und fördern' handelt. Als ich das begriffen hatte, ging es bergauf." Ein schöneres Kompliment hätte sie mir nicht machen können, denn damit hat Sie meine Einstellung zu ärztlicher Begleitung beschrieben. Motivation bedeutet auch die gegenseitige Auseinandersetzung, und das ist manchmal für beide Parteien anstrengend. Nicht jeder kann sich darauf zu jedem Zeitpunkt einlassen. Das Sprichwort „Reibung erzeugt Wärme" umschreibt den therapeutischen Prozess zwischen Arzt und Patient in meinen Augen sehr treffend. Und letztlich ist es Wärme, die jeder Mensch benötigt und sucht.

6.6 Verhaltensveränderung planen

An vielen Stellen dieses Buches haben Sie nun gesehen, welch überragende Rolle für Ihre Gesundheit dem Gespräch mit Ihrem Arzt zukommt. Zunächst müssen Sie also erkennen, welche Verhaltensweisen für Sie krankheitsfördernd sind. Wie schwer es ist, alte und krank machende Verhaltensmuster abzulegen haben die allermeisten Menschen bereits erlebt. Der Weg vom „Wollen" zum „Handeln" fällt schwer, ja man benötigt Kraft dafür. Wenn Sie beispielsweise Gewicht reduzieren wollen, dann haben Sie die feste Absicht das zu tun. Sie haben es auch bereits mehrfach in Ihrem Leben geschafft, Gewicht zu reduzieren, also wissen Sie, dass Sie die Fähigkeit, dieses Vorhaben umzusetzen definitiv besitzen. Auch haben Sie eine hohe Bereitschaft, dieses Ziel zu erreichen. Sie haben die einzelnen Schritte im Kopf bereits mehrfach durchdacht, also durchaus einen Plan. Warum ist es trotzdem so schwer, mit dem Vorhaben zu beginnen? Warum scheitern Menschen immer wieder dabei, gute Vorsätze in die Tat umzusetzen?

Vielfach liegt es an der konkreten Planung, die nicht gut genug ist, um dem Projekt Aussicht auf Erfolg zu ermöglichen. Verhaltensveränderungen benötigen einen ebenso detaillierten Plan wie zum Beispiel ein großes Unternehmen bei der Umsetzung seiner Wirtschaftsziele für ein neues Betriebsjahr. Dabei müssen sie alle Eventualitäten einbeziehen, die das Projekt gefährden können. Betrachten wir es an einem Beispiel: Zu Silvester sagen Sie zu Ihrer Freundin: nächstes Jahr will ich meine Idealfigur wieder erreichen. So formuliert ist das kein Ziel, sondern lediglich ein Wunsch. Damit es zu einem Ziel wird, müssen Sie konkreter werden, also festlegen, welches Gewicht genau Sie erreichen wollen. Legen Sie dabei die Messlatte zu hoch, ist die Gefahr zu scheitern groß. Und wenn auf dem Weg zu Ihrem Ziel noch ein Urlaub und mehrere Familienfeiern dazwischen liegen, dann gefährden diese Events ebenfalls das Projektziel. Solche Alltagsgegebenheiten müssen Sie bei einer guten Planung berücksichtigen. Gerne empfehle ich deshalb seit vielen Jahren bei der Umsetzung von Veränderungen – also der Erreichung von Zielen, das SMART-Prinzip [8]. Es ist dem Bereich des Projektmanagements entnommen und beschreibt in 5 Schritten die Rahmenbedingungen, die gegeben sein müssen, damit Sie ein sich gestecktes Ziel erreichen können.

Die fünf Buchstaben stehen für Grundvoraussetzungen, die gegeben sein müssen, damit Sie Ihr Ziel erreichen können:

- S – spezifisch
- M – messbar
- A – aktiv, attraktiv
- R – realistisch
- T – terminiert

Betrachten wir dieses Modell an einem weiteren Beispiel: Sie planen, endlich wieder einmal mit Ihren besten Freunden in den Wanderurlaub zu fahren. Weil Sie sich jedoch nicht fit genug dazu fühlen, zögern Sie, die Reise zu buchen. Was müssen Sie bei Ihrer Planung berücksichtigen? Sie werden sich spezifisch mit der Länge der Wanderstrecken auseinandersetzen müssen. Wie weit sind die Tagesetappen? Gibt es Ruhetage, an denen Sie sich erholen können oder steht 5 Tage hintereinander eine Wanderung an? Messbar ist Ihr Ziel an Hand der Kilometer, die es zu bewältigen gilt. Ohne aktiv zu werden, also zu trainieren und jeden zweiten oder vielleicht sogar jeden Tag Bewegung in Ihren Tagesplan einzubauen, werden Sie das Ziel nicht erreichen. Attraktiv ist es, denn in der Vergangenheit hatten Sie bereits viele schöne Erlebnisse mit Ihren Freunden, an die Sie gerne zurückdenken. Die beiden letzten Schritte sind nach meiner Erfahrung die wichtigsten. Ist Ihr Vorhaben realistisch? Sind sie früher bereits einmal solche Etappen gewandert? Gibt es unterwegs Bergetappen oder ist es eine flache Strecke? Lässt Ihre augenblickliche berufliche Situation ein zeitintensives Vorbereitungsprogramm überhaupt zu? Haben Sie eine ausreichende gesundheitliche Verfassung und Kondition, um sich den Wanderurlaub zuzumuten zu können? Wie viel Vorbereitungszeit bleibt Ihnen? Und damit sind wir bei dem letzten Schritt, der Terminierung. Dabei ist entscheidend, dass Sie neben einem Fernziel auch Etappenziele haben und diese wiederum realistisch festlegen. Denn auf dem Weg zum Ziel kann es Rückschläge geben: schlechtes Wetter, Ausfallzeiten durch eine Grippe, berufliche Verpflichtungen – all das kann Sie von Ihrem Trainingsprogramm abhalten. Meine Empfehlung lautet: machen Sie Ihren Plan nicht nur gedanklich im Kopf, sondern schriftlich auf einem Blatt Papier. Sie machen also sozusagen einen Vertrag mit sich selbst und hängen den Plan gut sichtbar zum Beispiel an die Innenseite Ihrer Wohnungstür. So werden Sie täglich daran erinnert. Diese Form der Verbindlichkeit erhöht die Wahrscheinlichkeit für eine erfolgreiche Umsetzung.

Und noch einen weiteren Punkt gilt es zu berücksichtigen. Ein Ziel kann kaum erreicht werden, wenn es eines unter vielen ist. Häufig erlebe ich, dass meine Patienten mehrere Ziele gleichzeitig verfolgen. Das kann nicht funktionieren! Es ist wichtig, Prioritäten zu setzen, sich also auf ein Ziel zu fokussieren. Deshalb will im Vorfeld gut überlegt sein, welches Vorhaben für die eigenen Bedürfnisse und Wünsche zum gegenwärtigen Zeitpunkt die wichtigste Rolle spielt. All diese Schritte erhöhen die Chancen für eine erfolgreiche Umsetzung des Plans und damit der Verhaltensänderung.

Eine wichtige ärztliche Aufgabe ist es dabei, falsche Ziele zu erkennen und gemeinsam mit Ihnen zu korrigieren. So kann eine exakte Planung die Wahrscheinlichkeit für eine erfolgreiche Umsetzung von Therapieplänen oder gesundheitliche Verhaltensänderungen etwa verdoppeln.

6.7 Verhaltensveränderung begleiten

„Auch der weiteste Weg beginnt mit einem ersten Schritt." (Konfuzius)

Dieser bekannte Satz des chinesischen Philosophen Konfuzius beschreibt nichts anderes als einen Prozess, den Menschen täglich erleben: sich auf den Weg machen, die Gegenwart verlassen und in Richtung Zukunft gehen. Das fällt vielfach schwer, denn in der Gegenwart fühlt man sich geborgen, kennt die Rahmenbedingungen und hat sich eingerichtet. Es erfordert keine oder nur wenig Anstrengung, die gewohnten Wege des Alltags zu gehen. Plant man jedoch eine Richtungsänderung, einen Weg in die Zukunft und betritt dabei Neuland, dann bedeutet das, die Komfortzone zu verlassen und sich auf neue Rahmenbedingungen einzulassen. Das kostet oft Überwindung, mentale und körperliche Kräfte werden erforderlich. Und dabei spielt es keine Rolle, ob Sie eine Veränderung aus beruflichen, privaten oder gesundheitlichen Gründen beginnen möchten.

Wenn Sie mit etwas Neuem beginnen, sich also zum Beispiel ab sofort mehr bewegen wollen, um Gewicht zu reduzieren, dann gehört dazu ein Lernprozess. Nur weil Ihr Arzt es Ihnen rät oder Sie jeden Tag dem schlanken Arbeitskollegen begegnen, wird dies nicht genügen, um dauerhaft ein neues Verhalten an den Tag zu legen. Sie müssen es grundsätzlich selbst tun, immer und immer wieder, Tag für Tag. Nur so kann Erlerntes von Dauer sein.

Bei Lernprozessen muss unser Gehirn aus einer Vielzahl an Informationen auswählen und kann nicht alles abspeichern. Wissensinhalte werden nach Wichtigkeit sortiert und werden umso besser behalten, je mehr Sinnesorgane beim Lernprozess beteiligt sind:

Informationsaufnahme	Wahrscheinlichkeit des Behaltens
selbst machen	90 %
nacherzählen/erklären	70 %
hören + sehen	50 %
sehen	30 %
hören	20 %

Das Gespräch alleine ist also lediglich eine Basis für Lernprozesse und das auch nur dann, wenn Sie Ihren Arzt verstehen. Haben Sie deshalb unbedingt den Mut nachzufragen, wenn Sie medizinische Fachsudrücke nicht kennen. Ärzte setzen solche meist unbewusst ein und bemerken nicht immer, dass wesentliche Gesprächsinhalte damit unverständlich bleiben.

Für Patienten, die die deutsche Sprache nicht oder nur wenig verstehen, ist seit einigen Jahren mit einem Videodolmetscher eine neue Möglichkeit der Kommunikation geschaffen worden. Insbesondere in Kliniken und wenn es um Notfallsituationen geht ist damit auch ohne zeitraubende Suche nach einem Dolmetscher eine Verständigung möglich [9].

Lernprozesse sind aber nicht für alle gleich, sie sind recht individuell. Denken Sie einmal zurück an Ihre Schulzeit. Wie haben Sie gelernt? Da gibt es nicht die eine Methode, die für alle Menschen gleich gut wäre. Jedes Individuum bevorzugt eine andere Vorgehensweise, benötigt dafür aber grundsätzlich verschiedenen Kanäle.

Das alleinige Hören, also zum Beispiel einer Audio-Datei, genügt in den allermeisten Fällen nicht. Neben dem Hören ist das Sehen von großer Bedeutung, und nicht nur das geschriebene Wort, sondern vor allem Bilder prägen sich uns ein. Die Werbung bedient sich jeden Tag dieser Fakten und lässt unser Gehirn positive und angenehme Bilder mit Werbebotschaften verbinden. Damit wird unser emotionaler Apparat bedient und der Merkeffekt steigt.

Viele Menschen scheuen sich vor Veränderungen, weil sie es sich nicht zutrauen oder weil sie die Vorteile nicht sehen, die sich einstellen könnten.

Eine berufliche Veränderung beispielsweise bringt neue Arbeitszeiten, Arbeitsbedingungen und Arbeitskollegen mit sich. Das bedeutet Anstrengung, birgt jedoch die Chance, sich beruflich und finanziell zu verbessern. Auch mit dem Beginn einer neuen Partnerschaft betritt man Neuland. War man längere Zeit Single, so muss man nun wieder Toleranz und Kompromissbereitschaft einüben. Ein solcher Schritt birgt aber auch das Potenzial für mehr Zufriedenheit und einen Zugewinn an Lebensfreude und Glücksmomenten.

Jede Verhaltensveränderung benötigt Zeit und Geduld, sowohl auf Seiten des Patienten als auch auf Seiten des Arztes. Patienten auf dem Weg zu mehr Gesundheit zu begleiten und zu Verhaltensveränderungen zu bewegen, ist vor allem dann schwierig, wenn sie bei schweren Krankheitsbildern nicht im Vollbesitz ihrer Kräfte sind. Eine depressive Person sieht sich nicht dazu in der Lage, die Wohnung zu verlassen. Sie hat keine Freude an den Farben des Frühlings, denn in ihrem Inneren ist alles grau und farblos. Ein Schmerzpatient, für den jeder Schritt eine Qual ist, bringt nicht die Kraft dazu auf, sich in Bewegung zu setzen.

Wer krank ist, Schmerzen hat und sich kraftlos fühlt, kann sich eine Verbesserung der momentanen Verfassung oft nicht mehr vorstellen. Die „Visualisierung" eines besseren Zustandes ist deshalb eine wichtige therapeutische Maßnahme. Meinen Patienten stelle ich zum Beispiel gerne die Frage, warum Reinhold Messmer sich so quält, um einen 8000er zu besteigen. Was hat er davon und wie schafft er es, wenn der Körper kalt ist, die Finger eingefroren, jeder Schritt bei Sauerstoffmangel zur Qual wird? Wie kann man so etwas schaffen? Es ist die Kunst der Visualisierung. In den Augenblicken des Schmerzes stellt er sich den wunderbaren Moment vor, in dem er den Berg und sich selbst bezwungen hat. Diese Vorstellung treibt ihn an, gibt ihm Kraft und lässt ihn die Schmerzen ertragen.

Sind Sie ein Schmerzpatient, so stellen Sie sich vor, wie Sie endlich mal wieder eine Bahn im Schwimmbad gezogen haben. Sie erinnern sich dabei an die Glücksmomente, die Sie in früheren Jahren beim Schwimmen erlebt haben. Je intensiver Sie sich das visualisieren, umso mehr Energie legen Sie in die Anstrengungen, die Sie dafür nun aufwenden müssen. Je mehr Sie an diese glücklichen Augenblicke denken, umso eher werden Sie die ersten Schritte auf dem Weg dorthin in Angriff nehmen.

> „Wenn du ein Schiff bauen willst, dann trommle nicht Männer zusammen, um Holz zu beschaffen, Aufgaben zu vergeben und die Arbeit einzuteilen, sondern lehre sie die Sehnsucht nach dem weiten, endlosen Meer." (Saint-Exupery) [10]

6.8 Gemeinsam „durch dick und dünn"

Krankheiten stellen sich ein wie Sonne, Regen, Wind oder Schnee. Sie sind nicht immer vorhersehbar. Zwar können wir eine Prognose abgeben, so wie unsere Wetter-App, diese kann dann, muss aber nicht zutreffen.

Jede Krankheit durchläuft verschiedene Phasen. Da ist zunächst eine Vorahnung, dass irgendetwas nicht stimmen könnte. Man fühlt sich nicht gut, scheut sich aber davor, zum Arzt zu gehen aus Angst vor einer Diagnose. Und wenn diese dann vorliegt, muss man erst einmal damit klarkommen, dass die bestehende Erkrankung das bisherige Leben verändern wird. Eine Diagnose zu erhalten und schließlich zu akzeptieren ist oft ein schmerzvoller und langwieriger Prozess.

Wie würden Sie damit umgehen, wenn Ihnen Ihr Internist sagt, Sie haben Leukämie? Recherchieren Sie erst einmal im Internet oder holen eine Zweitmeinung ein? Wem in Ihrem Freundes- und Bekanntenkreis berichten Sie darüber? Wann sagen Sie es Ihrem Partner? Krankheitsakzeptanz ist aus meiner Sicht ein wirklich steiniger Weg. Patienten dabei zu begleiten bedeutet, sich Zeit zu nehmen, um die Therapiemöglichkeiten zu besprechen, ebenso aber zu akzeptieren, wenn Patienten eigene Recherchen anstellen oder therapeutische Schritte sogar verweigern. Dies gilt es zu respektieren, aber auch zu dokumentieren. Denn kein Arzt möchte wegen unterlassener Hilfeleistung verklagt werden. In der neuen Nationalen Versorgungsleitlinie (NVL) Typ-2-Diabetes wird dieser Prozess mit dem Begriff „Partizipative Entscheidungsfindung (PEF)" beschrieben. [11] 2.Auflage der NVL Typ-2-Diabetes, veröffentlicht am 25.März 2021

Was ist nach einer Diagnosestellung als Patient Ihre wichtigste Frage an den Arzt? Zumeist ist es die nach der Prognose, also nach einer möglichen Heilung. Gibt es eine solche, fällt es wesentlich leichter, sich auf alle möglichen Formen einer Therapie einzulassen. Gibt es eine solche nicht, wie im Falle eines Typ 1 Diabetes, dann lautet die Prognose leider „lebenslänglich", und zwar nicht wie in der Strafprozessordnung 15 Jahre, sondern tatsächlich bis zum Lebensende.

Zum Zeitpunkt der Diagnosestellung beginnen Arzt und Patient einen Weg, der sie durch „dick und dünn", durch gute und schlechte Zeiten führen wird. Nur wenn auf beiden Seiten absolutes Vertrauen herrscht, kann ein solcher Weg über viele Jahre gemeinsam gestaltet werden. Auf diesem Weg liegen bei Ärzten und Patienten gleichermaßen traurige und freudige Ereignisse. Das bedeutet, dass die beiden Menschen, die sich über Jahre immer wieder begegnen nicht immer einer Meinung sein müssen. Und wenn Sie als Arzt einmal gerade keine Zeit für Ihren Patienten haben, dann wird er es verstehen, wenn Sie es ihm kurz erklären. Entscheidend ist, dass Sie als Patient darauf vertrauen können, dass Ihr Arzt einen Gesprächstermin bereithalten wird und er für Sie nur das Beste will.

Was es bedeutet, gemeinsam durch „dick und dünn" zu gehen möchte ich abschließend an einer Diagnose beschreiben, die leider immer häufiger gestellt werden muss: „Burn-out".

„To burn out" bedeutet wörtlich übersetzt „ausbrennen" – das Syndrom beschreibt folglich einen Zustand des „Ausgebranntseins". Experten sind sich nicht sicher, ob diese Diagnose heute nicht manchmal auch vorschnell gestellt wird. Tatsache ist, dass die Zahlen für krankheitsbedingte Fehltage, Frühberentungen und Produktivitätsverluste auf Grund von Burn-out steigen und die Betroffenen einem enormen Leidensdruck ausgesetzt sind. [12]

Masslach und Leiter legen die folgende Definition vor [13]:

> „Burnout ist ein Maßstab für die Diskrepanz zwischen dem Wesen eines Menschen und dem, was er in seiner Arbeit tun muss. Es stellt einen Verschleiß von Werten, Würde, Geist und Willen dar – einen Verschleiß der menschlichen Seele. Es ist eine Krankheit, die sich schrittweise und gleichmäßig über einen längeren Zeitraum hin ausbreitet und die Menschen in einen Teufelskreis bringt aus dem es nur schwer ein Entrinnen gibt."

Das Krankheitsbild erhöht darüber hinaus das Risiko für die Entwicklung von Depressionen, Sucht-, Infektions- und Herz-Kreislauf-Erkrankungen [12].

Für den Arzt, der die Betroffenen begleiten möchte, stellt dies eine enorme Herausforderung dar. Da der Weg in die Erkrankung wie beschrieben über einen langen Zeitraum verläuft, erfordert der Rückweg extrem viel Geduld, sowohl auf Seiten des Patienten als auch auf Seiten des Therapeuten. Schnelle Erfolge gibt es nicht, auch wenn sie leider immer wieder versprochen werden.

Das Krankheitsbild betrifft Körper, Geist und Seele. Folglich braucht es ein ganzheitliches Verständnis und Hilfestellung für Körper, Geist und Seele. Nur dann kann man von Therapie im Sinne von Begleitung sprechen.

Und warum gefällt mir in diesem Zusammenhang der Slogan „Durch dick und dünn" so gut? Weil er beschreibt, was ich seit 25 Jahren bei meiner Tätigkeit in meiner Praxis umzusetzen versuche.

Der Ausdruck „durch dick und dünn“ hat nichts mit dem Körpergewicht zu tun. Er stammt aus einer Zeit, in der man Wegstrecken überwiegend noch zu Fuß bewältigen musste. Das Wörtchen „dick“ steht für seine alte Bedeutung „dicht“. Die Redewendung bedeutete also in Wirklichkeit „durch dicht und dünn bewaldetes Gelände gehen“. Denn darin zeigte sich früher der wahre Freund: Nur, wer dazu bereit war, einen anderen durch unwegsames Gelände voller Bäume und dichter Sträucher zu begleiten, der war ein wahrer Freund – denn in den Büschen und Wäldern warteten die gefährlichen Strauchdiebe. [14].

6.9 Zeit für den Körper – Zeit für die Seele

Die Jagd nach dem gesunden Körper ist ubiquitär. Dafür wird – wer es sich leisten kann – viel Geld und Zeit investiert. Wer gesund leben möchte, verbringt viel Zeit damit, sich über „gesunde Ernährung“ zu informieren. Täglich werde ich danach gefragt, welche Ernährungsform denn nun gesund sei oder welcher Sport den besten Nutzen bringe. Gesundes Essen, gesunder Sport – was ist das? Vegan, ketogen, biologisch oder eine der vielen anderen modernen Ernährungsformen? Und gesunder Sport? Gibt's den nur im Fitnessstudio oder genügt auch normale Bewegung in Haus und Garten? Wenn Ernährung oder Sport zur Ersatzreligion werden und man sich damit starren Vorgaben unterwirft, kann dies zum Dauerstress mutieren. Denn nun muss neben dem Job und der Familie ja auch noch das vorgeschriebene Sportpensum absolviert werden. Ehe wir uns versehen, sind wir wieder beim Dauerstress, und es ist nur eine Frage der Zeit, bis sich die ersten Stressreaktionen zeigen.

Wie ich es selbst 2017 erlebt habe: Krankheit kann sich auch einstellen, wenn man eigentlich kerngesund lebt. Viele meiner Bekannten wollten es nicht glauben und auch die Kardiologen in der Klinik waren überrascht, dass trotz eindeutiger Symptome und Laborwerte meine Herzkranzgefäße im Herzkatheder völlig in Ordnung waren. Mein Herzinfarkt ohne Risikofaktoren – und das bei gesunder Ernährung, ausreichendem und regelmäßigem Sport, fehlendem Übergewicht, ohne Bluthochdruck, Fettstoffwechselstörung oder Diabetes hat natürlich auch mich kalt erwischt. Die Hypothese der Kardiologen lautete „Tako

Tsubo" oder Stress-Kardiomyopathie. Diese tritt überwiegend bei Frauen nach den Wechseljahren auf, als Auslöser gelten erhöhte Blutspiegel von Stresshormonen. [15]

In der Zeit nach dem Infarkt habe ich gelernt, mir selbst gegenüber achtsamer zu sein. Die Beschäftigung mit mir selbst, die sich als Ärztin immer nur um ihre Patienten und als Mutter immer nur um ihre Kinder gekümmert hatte, war mir fremd. Auch musste ich nun lernen, mit der Angst vor dem Reinfarkt fertig zu werden. Wie viele meiner Patienten wurde ich durch das Ereignis dazu gezwungen, mir so manche Frage zu stellen, der ich bis zu diesem Zeitpunkt ausgewichen war. In den vergangenen beiden Jahren habe ich in meinem Leben einige Veränderungen vorgenommen und achte heute sehr viel konsequenter darauf, was mir guttut und wann ich mir zu viel zumute. Vor allem nehme ich mir mehr Zeit, die Dinge zu tun, die mir Freude bereiten, zuletzt war es der große Wunsch, dieses Buch zu schreiben.

Mit meinem Infarkt habe ich aber auch viel intensiver die Patientenseite kennengelernt. Zu wissen, wie sich das anfühlt, hilft mir heute bei meiner Arbeit in vielen Gesprächen.

6.10 Positive Gefühle wecken

Was brauchen Menschen, um sich wohl zu fühlen? Auch auf diese Frage liefert die Wissenschaft eine Reihe von spannenden Antworten, ich möchte hier nur eine interessante Arbeit von Williams und Bargh (2008) [16] herausgreifen:

> „A half century after Asch's original intuitions, we are beginning to learn just why the warm-cold dimension is so central to interpersonal perception and behavior." [17]

Sie untersuchten das Verhalten und die Gefühle von Versuchspersonen gegenüber ihnen fremden Personen. Je nachdem, ob die Testperson ein Kaltgetränk oder Warmgetränk in der Hand hält, fällt das Wohlbefinden der fremden Person gegenüber unterschiedlich aus. Das gilt ebenso, wenn statt eines Getränkes eine warme oder kalte therapeutische Auflage verwendet wird. So bereitete also der Kontakt mit körperlich empfundener Wärme den Versuchspersonen nicht nur ein körperliches, sondern auch ein seelisches Wohlbefinden.

Wie in Abschn. 5.3 beschrieben ist unser emotionaler Apparat, das limbische System, ein Netzwerk aus mehreren Gehirnregionen. Eines davon ist die Insula, die man als sogenanntes Integrationsareal bezeichnen könnte. Hier finden Wahrnehmung von Schmerz, Wärme und Geruch statt, werden Emotionen wie Angst und Neugier verarbeitet und entsteht unser bewusstes Empfinden wie Wohlgefühl, Unwohlsein, Vertrauen und Liebe [18].

Nun wissen sie also, warum Ihnen ein Saunabesuch, eine warme Auflage bei ihrem Physiotherapeuten, ein warmes Bad, das Sonnenbaden oder eine warme Hand so guttun, und das insbesondere dann, wenn sie sich einsam oder unwohl fühlen. Wir Menschen suchen die Wärme nicht nur im körperlichen, sondern auch im seelischen Bereich. Einer Person gegenüber, die Kälte ausstrahlt, öffnen wir uns weniger und sie erweckt bei uns weniger Vertrauen als eine Person, die Wärme ausstrahlt. Dabei darf durchaus auch einmal Reibung geschehen, denn sie erzeugt Wärme. Wer sich mit seinem Gegenüber auseinandersetzt und beschäftigt, holt ihn heraus aus der Isolation und legt damit den Grundstein für therapeutische Prozesse.

Wer in jungen Jahren jedoch Fürsorge, Zuwendung und Wärme nicht erleben durfte, tut sich besonders schwer mit dem Aufbau einer Gefühlskompetenz. Deshalb ist es von so überragender Bedeutung, dass Kinder in einer warmen, ihnen wohlgesonnenen und friedlichen Atmosphäre aufwachsen. Denn diese „Nestwärme" ist der Boden für ihr späteres Sozialverhalten und Wohlbefinden. Wir haben nicht nur ein „Schmerzgedächtnis", sondern auch ein „emotionales Gedächtnis". Die beschriebenen Zusammenhänge haben also gerade im Gespräch mit Schmerz- und Angstpatienten sowie bei Depressionen große Bedeutung.

Negative Gedanken erzeugen Kälte, positive Gedanken vermitteln Wärme. Erstere zu überwinden und Letztere zu wecken, ist deshalb ein wichtiger Schritt für unser seelisches und damit auch körperliches Wohlbefinden. Als Arzt sollten Sie also diese Zusammenhänge in Ihren Patientengesprächen aufspüren, erkennen und proaktiv begleiten.

Immer wieder begegne ich Menschen, die mich demütig werden lassen. Wie, so frage ich mich oft, kann man sich trotz schwerer Schicksalsschläge seine positive Ausstrahlung bewahren? Was befähigt diese Personen dazu, trotz starkem Gegenwind im Leben immer positiv, zuversichtlich und freundlich zu bleiben? Was gibt ihnen Sicherheit, Zuversicht und neue Energie, wenn Krankheit, Schicksalsschläge oder Enttäuschungen über sie hereinbrechen? Wo finden sie die Glücksmomente, die sie mit all diesen Widrigkeiten zurechtkommen lassen?

Auf der Suche nach positiven Gefühlen gehen Menschen sehr unterschiedliche Wege. Während die einen eher auf ein gutes Gespräch mit einem Freund oder Therapeuten setzen, greifen die anderen lieber zu Medikamenten oder Stoffen wie Alkohol und Drogen. Die „stoffliche“ Lösung wirkt rasch, der „nichtstofflichen“ schreibt man gerne Placebo-Wirkung zu. Dass dem nicht so ist, erklärt der Prof. Braus [18] wie folgt:

> „Der Placeboeffekt wird sowohl in der Laien- als auch in der Fachpresse oft eher abschätzig kommentiert. Dies aber wird der Natur der Placebowirkung nicht gerecht. Denn jede wirksame therapeutische Intervention im Gehirn hat auch einen Placeboeffekt, der sich biologisch nachweisen und auf psychologischer Ebene mit der positiven Macht der Erwartung, Suggestion durch den Behandler, Erfolgserinnerung und Ritual erklären lässt. Die größte Placebowirkung ist in den Bereichen Schmerz, Angst und Stimmung zu erwarten, da das „Placebonetzwerk“ des Gehirns (rostrales anteriores Zingulum, orbitofrontaler und dorsolateraler präfrontaler Kortex, anteriore und posteriore Insula, Nucleus accumbens, Hippocamous-Amygdala-Formation, Thalamus, Hypothalamus und periaquäduktales Grau) mit den Netzwerken dieser 3 Systeme eng verknüpft ist.“

Damit wird klar, welch überragende Bedeutung der Zuwendung vor allem bei depressiven Störungen und Schmerz- und Angsterkrankungen zukommt. Und es muss auch nicht immer der Arzt sein, der dafür sorgt, dass Menschen Zuwendung erleben dürfen.

So lange wir jung sind, scheinen unsere Kräfte unendlich. Berufliche Ausbildung und Familiengründung laufen vielfach parallel, ja selbst in der knapp bemessenen Freizeit sind wir in der modernen Gesellschaft aktiver und mobiler denn je. Wir überwinden große Entfernungen, um an Urlaubsorte zu gelangen, wo wir dann „Erholung" nach Plan betreiben. Und trotzdem nimmt die Rate an sogenannten Erschöpfungserkrankungen nicht ab, sondern zu. Laufen wir vielleicht zu viel? Sind wir vielleicht überall und doch nirgendwo wirklich zu Hause? Vielleicht genügt es ja, vor der eigenen Haustüre nach positiven Gefühlen zu suchen.

6.11 Von der Heilkraft durch Musik, Natur und Tiere

Positive Gefühle lassen sich ohne großen finanziellen Aufwand so gut wie überall erleben. Sicher haben Sie auch ihre ganz persönlichen Orte, an denen Sie auftanken können. Alternative Heilmethoden beschäftigen sich schon lange mit den Möglichkeiten, die uns jenseits aller Medikamente zur Verfügung stehen: Sauna, Yoga, Musik, Natur und Tiere sind nur einige wenige davon.

Wollen Sie positive Gefühle wecken, so ist das nicht möglich, wenn Sie sich alleine zu Hause nur im eigenen Gedankenkarussell drehen. Einsamkeit lässt keine neuen Impulse zu, und nur, wenn Sie die eigenen vier Wände verlassen, können Sie neue Erfahrungen machen und dabei auch interessanten Menschen begegnen. Ein Spaziergang, ein Besuch im Museum, eine Ausstellung oder ein Vortrag bei der Volkshochschule am Ort könnten die ersten Ziele sein. Unterwegs ergeben sich Kontakte und Gespräche, die neue Gedanken in den so grauen Alltag bringen. Wer sich dazu nicht aufraffen kann, sollte mit Musik zu Hause beginnen. Denn durch die Wirkung auf unsere Amygdala, also den emotionalen Apparat, kann Musik angstreduzierend wirken und das negative Emotionssystem herunterfahren [19]. Auch bei psychischen Erkrankungen und in der Gerontopsychiatrie ist Musik ein wichtiger therapeutischer Ansatz. [20].

Zahlreiche Arbeiten namhafter Hirnforscher konnten zeigen, dass das Hören angenehmer Musik eine positive Wirkung auf das Dopamin-System ausübt und damit das körpereigene Motivations-System mobilisiert. [21, 22]. Aber auch die Oxytozin-Synthese kann durch das Hören von Musik befördert werden. Das gilt ebenso für gemeinsames Singen oder Lachen. [18]

„Musik ist auch ein wunderbarer Gegenstand, um positive Emotionen zu erforschen. Zahlreiche Neurowissenschaftler befassen sich schon seit Jahrzehnten mit negativen Emotionen, mit Angst, Furcht und Depression. Aber in keinem Bereich sind so viele neue Erkenntnisse über die neuronalen Grundlagen der positiven Emotionen gewonnen worden wie im Bereich der Musik. Sehr starke Emotionen, Gänsehaut und Tränen aktivieren unser Belohnungssystem."[23] Gemeinsames Singen, Musizieren oder Tanzen kann darüber hinaus prosoziales Verhalten fördern. In allen Kulturen finden sich Musik und Tanz zu religiösen Feierlichkeiten, aber auch als Ausdruck von Freude und Gemeinschaft. [1]

Der Zusammenhang zwischen körperlicher und seelischer Gesundheit in Verbindung mit dem Aufenthalt in der Natur wurde vielfach untersucht. So konnte beispielsweise eine japanische Arbeit zeigen, dass bereits nach 15 Minuten im Wald der Puls, Blutdruck und die Cortisolwerte von 280 Probanden sanken. In Japan kennt man das „Shinrin-yoku", was so viel wie „Waldbaden" bedeutet. [24] Waldbaden aktiviert erwiesenermaßen wichtige Immunzellen des Körpers und reduziert Stress. Und eine Studie der Universität von Pennsylvania konnte zeigen, wie sehr die Seele davon profitiert, wenn triste Wohngegenden in blühende Grünanlagen umgewandelt werden. An Hand von Fragebögen, die man an die Bewohner verteilte, ließ sich zeigen, dass zwei Jahre nach den Aufräum-und Begrünungsmaßnahmen der Anteil derjenigen, die sich „deprimiert" oder „wertlos" fühlten um signifikante 40 bis 50 % gesunken war. [25, 26].

Gehen Sie vor die Haustür, begegnen Ihnen zwangsläufig fremde Personen. Aber auch Tiere sind es, die Kontakte anbahnen können. Unter Ihnen ist sicher so mancher Hundebesitzer, der bestätigen kann, dass sein Hund zwar oft anstrengend und fordernd ist, er aber ebenso oft positive Gefühle ins Haus bringt. Ein Haustier, egal ob Katze, Hund, Meerschweinchen oder Vogel, sie alle wollen versorgt werden, benötigen unsere Aufmerksamkeit und garantieren Zuwendung und Wärme. Auch bei therapeutischen Prozessen werden Tiere gerne eingesetzt: Hunde (Blindenhunde, Diabeteshunde, Epilepsiehunde), Pferde, Esel, Delfine und Lamas, um nur die wichtigsten zu nennen. [27] Haustiere bringen uns Menschen ebenso wie ein Neugeborenes zunächst einmal bedingungsloses Vertrauen entgegen. Sie sind nicht nachtragend und wir werden von ihnen auch dann stürmisch begrüßt, wenn wir schlecht gelaunt, müde und traurig sind. Sie bewerten uns nicht nach unserer aktuellen Verfassung und zeigen uns ihren Liebe auch dann, wenn wir sie gerade einmal nicht erwidern können. Das macht sie gerade in einsamen Lebensphasen zu wichtigen, ja oft therapeutischen Begleitern.

Es gibt sogar Studien, die gezeigt haben, dass Besitzer eines Haustieres nach einem Herzinfarkt eine bessere Prognose haben [28] oder stressresistenter sind [29].

6.12 Welches Maß an Gespräch ist gesundheitsverträglich?

Wie viel Zuwendung braucht ein Mensch, um gesund leben zu können? Die Frage nach dem richtigen Maß beschäftigt uns in der Medizin permanent. Was ist das richtige Körpergewicht – und was ist zu viel, was zu wenig? Was ist der richtige Blutdruck, was der richtige Blutzuckerspiegel, was das richtige LDL oder, derzeit sehr aktuell, der richtige Vitamin-D-Spiegel?

Gerne würde ich das Wörtchen „richtig" durch den Begriff „gesundheitsverträglich" ersetzen. Dies könnte ganz erheblich dazu beitragen, den Druck, der allzu oft auf den Schultern kranker Menschen liegt, zu reduzieren. Auch hat die Natur nicht gewollt, dass Vielfalt und Individualität zugunsten uniformer Zielvorgaben verloren gehen. Mehr Gewicht kann gesund sein, wenn dadurch der körpereigene Stresslevel gesenkt werden kann [30]. Eine Unterversorgung im Mutterleib durch Rauchen oder zu niedrige Blutzuckerwerte der Mutter kann für das werdende Leben ebenso schädlich sein wie eine Überversorgung. Der „Normbereich" ist keine feste Größe, sondern ein Orientierungsmaßstab, der an die aktuellen Gegebenheiten wie Alter oder Begleiterkrankungen, so zum Beispiel ein Tumorgeschehen, angepasst werden muss. Diese komplexe Betrachtungsweise kostet jedoch Zeit, und wie Sie in diesem Buch gelesen haben oder auch aus eigener Erfahrung wissen, ist diese in Arztpraxen Mangelware.

Analog dazu ist nach meiner Auffassung auch im Arzt-Patienten-Gespräch auf ein „gesundheitsverträgliches" Maß zu achten. Sowohl

Dauer als auch Frequenz von Gesprächen spielen dabei eine Rolle. Denn Ziel jeder therapeutischen Begleitung ist es, den Patienten zu eigenen Aktivitäten zu motivieren, ihn dazu zu befähigen, wieder eigene Macht über seine Stimmung und Verfassung, ja seine Gesundheit zu erlangen. Dafür benötigt er eine helfende Hand, muss diese aber wie ein Kind, das laufen lernen möchte, auch zu gegebener Zeit wieder loslassen können.

In diesem Buch habe ich versucht zu beschreiben, wie die Partnerschaft zwischen Arzt und Patient zu einer Beziehung werden kann, die den Weg zu Gesundheit ebnet. Dies kann umso besser gelingen, je mehr sich die beiden Akteure auf ein konstruktives Gespräch einlassen. Die Arzt-Patienten-Beziehung gehorcht denselben Gesetzmäßigkeiten wie alle anderen Arten von Partnerschaft, egal ob am Arbeitsplatz, in der Familie oder mit dem Lebenspartner. Das gemeinsame Gespräch und das Einfühlungsvermögen für den Gesprächspartner sind die wichtigsten Faktoren der verbalen und nonverbalen Kommunikation. Die oft langen Prozesse auf dem Weg zu Gesundheit liefern Licht und Schatten, Leid und Freude, Misserfolge und Erfolge. Mit dem Patienten gemeinsam „durch dick und dünn" zu gehen, ist eine der schönsten Herausforderungen in meinem Leben. Immer wieder darf ich erleben, wie die Leidenschaft für meinen Beruf und meine Freude bei der Arbeit bei meinen Patienten Kräfte zu mobilisieren vermag. Deshalb gilt zuletzt mein großer Dank allen meinen Patienten, die mir in mehr als 25 Jahren ihr Vertrauen entgegengebracht haben, die ich begleiten durfte und darf.

Das Wichtigste im Überblick

- Gegenseitiges Vertrauen ist die Basis für therapeutische Prozesse.
- Vorerfahrungen beeinflussen die Fähigkeit, Vertrauen zulassen zu können.
- Verhaltensveränderungen sind Prozesse, die viel Zeit und Geduld erfordern.
- Verhaltensveränderungen bedürfen einer guten Planung sowie der Interaktion.
- Zur Verwirklichung von Zielen ist die Kunst der Visualisierung ein wichtiges Element.
- Nicht nur Medikamente, sondern auch Musik, Tiere und die Natur können zu Heilung beitragen.

Literatur

1. Spitzer, M. (2018). *Einsamkeit – Die unerkannte Krankheit.* Droemer.
2. Lown, B. (2017). *Die verlorene Kunst des Heilens, Anleitung zum Umdenken* (14. Aufl.). Suhrkamp. suhrkamp taschenbuch 3574 (Originalausgabe 1996 „The Lost Art of Healing").
3. https://www.apotheken-umschau.de/Rueckenschmerzen/Rueckenschmerzen-und-Psyche-544741.html. Zugegriffen am 17.07.2022.
4. https://www.aphorismen.de/zitat/15977. Zugegriffen am 17.07.2022.
5. https://wirtschaftslexikon.gabler.de/definition/motivation-38456. Zugegriffen am 17.07.2022.
6. Bauer, J. (2006). *Prinzip Menschlichkeit. Warum wir von Natur aus kooperieren.* Hoffmann und Campe.
7. Miller, W. R., & Rollnick, S. (2009). *Motivierende Gesprächsführung* (3. Aufl.). Lambertus.
8. Doran, G. T. (1981). There's a S.M.A.R.T way to write management's goals and objectives. *Management Review, 70*(11), 35–36.
9. https://www.bertelsmann-stiftung.de/fileadmin/files/Projekte/Der_digitale_Patient/Thesenpapier_Video-Dolmetscher_161202.pdf. Zugegriffen am 01.11.2021.
10. https://natune.net/zitate/zitat/5821. Zugegriffen am 17.07.2022.
11. Blokus, G., & Eichenberg, C. (2015). *Lexikon der modernen Krankheiten.* MWV Medizinisch Wissenschaftliche Verlagsgesellschaft.
12. Masslach, C., & Leiter, M. P. (2001). *Die Wahrheit über Burnout. Stress am Arbeitsplatz und was sie dagegen tun können.* Springer.
13. Mommersteeg, P. M., Heijnen, C. J., Kavelaars, A., & van Doornen, L. J. (2006). Immune and endocrine function in burnout syndrome. *Psychosomatic Medicine, 68*(6), 879–886.
14. https://www.geo.de/geolino/redewendungen/6974-rtkl-redewendung-mit-jemandem-durch-dick-und-duenn-gehen. Zugegriffen am 17.07.2022.
15. https://de.wikipedia.org/wiki/Stress-Kardiomyopathie. Zugegriffen am 17.07.2022
16. Williams, L. E., & Bargh, J. A. (2008). Experiencing physical warmth promotes interpersonal warmth. *Science, 322*, 606–607.
17. https://www.ncbi.nlm.nih.gov/pmc/articles/PMC2737341/. Zugegriffen am 17.07.2022.
18. Braus, D. F. (2014). *Ein Blick ins Gehirn* (3. Aufl.). Thieme.

19. Blood, A. J., & Zatorre, R. J. (2001). Intensely pleasurable response to music correlate with activity in brain regions implicated in reward and emotion. *Proceedings of the National Academy of Sciences of the United States of America, 98*, 11818–118123.
20. Spitzer, M. (2005). *Musik im Kopf.* Schattauer.
21. Brown, S., et al. (2004). Passive music listening spontaneously engages limbic and paralimbic systems. *NeuroReport, 15*, 2033.
22. Menon, V., & Levitin, D. J. (2005). The rewards of music listening: Response and physiological connectivity of the mesolimbic system. *NeuroImage, 28*, 175.
23. https://www.dasgehirn.info/entdecken/grosse-fragen/musik-ist-das-brot-unseres-geistes. Zugegriffen am 17.07.2022.
24. https://www.im-wald-sein.de/?gclid=EAIaIQobChMI0o293MTr4AIVic13Ch1DLg-QEAAYASAAEgIEP_D_BwE. Zugegriffen am 17.07.2022.
25. South, E. C., et al. (2018). Effect of greening vacant land on mental health of community-dwelling adults: A cluster randomized trial. *JAMA Network Open, 1*(3), e180298. https://doi.org/10.1001/jamanetworkopen.2018.0298
26. MMW 2019.17/161
27. https://de.wikipedia.org/wiki/Tiergest%C3%BCtzte_Therapie. Zugegriffen am 17.07.2022.
28. Friedmann, E., & Thomas, S. A. (1995). Pet ownership, social support, and one-year survival after acute myocardial infarction in the Cardiac Arrhythmia Suppression Trial (CAST). *The American Journal of Cardiology, 76*, 1213.
29. Siegel, J. M. (1990). Stressful life events and use of physician services among the elderly: The moderating role of pet ownership. *Journal of Personality and Social Psychology, 58*(1081) 58(6):1081–6.
30. Buchholz, E. M., Krumholz, H. A., & Krumholz, H. M. (2016). Underweight, markers of cachexia and mortality in acute myocardial infarction: A prospective cohort study of elderly Medicare beneficiaries. *PLOS Medicine*. https://doi.org/10.1371/journal.pmed.1002061.

7 Kommunikation in Zeiten der Pandemie

„Das Wort Krise setzt sich im chinesischen aus 2 Schriftzeichen zusammen – Das eine bedeutet Gefahr, und das andere Gelegenheit."

(J. F. Kennedy)

7.1 Einleitung

Seit März 2020 hält ein Virus nicht nur Europa, sondern inzwischen die ganze Welt in Atem. Die Corona-Pandemie hat das gesellschaftliche Leben aller Nationen verändert. Um der rasanten Ausbreitung entgegenzuwirken, wurden international zeitweise Ausgangsbeschränkungen oder gar Ausgangssperren verhängt. Diese schränken die Lebensbedingungen und auch die Freiheitsrechte jedes Einzelnen in erheblichem Maße ein. Egal ob jung oder alt – niemand hat mit einer solchen Situation gerechnet. Inzwischen fragt man sich, welche mittel- bis längerfristigen Auswirkungen der derzeitige Ausnahmezustand auf die Gesellschaft aber auch auf jeden Einzelnen von uns haben wird. Aus früheren Krisenzeiten wie Epidemien oder Kriegen kennt man Phänomene, die in Extremsituationen auftreten. Einige davon sind jetzt schon zu beobachten.

V. Hollenrieder, *Sprechstunde auf Augenhöhe*,
https://doi.org/10.1007/978-3-658-37935-3_7

Neben der Angst vor den Akutfolgen einer Infektion steht die Angst vor den Langzeitfolgen, vor allem für Lunge und Gehirn. Auch gibt es die Angst davor, wegen eines Kontaktes mit einer Infizierten Person in Quarantäne zu müssen mit allen dazugehörigen Unannehmlichkeiten. Hinzu kommt die Angst vor den wirtschaftlichen Folgen des „Lockdowns", die die Menschen umtreibt.

„Social distancing" ist in den vergangenen Wochen und Monaten der Begriff für all die Maßnahmen geworden, die erforderlich sind, um die Ausbreitung des Virus zu verlangsamen. Die Reduktion sämtlicher sozialer Kontakte sowie Quarantäne für Infizierte oder Risikopersonen betreffen uns alle, vom Kleinkind bis zum Greis, vom Arbeitslosen bis zum Top-Manager. Wenn Schulen und Kindertagesstätten geschlossen bleiben und alte Menschen in den Pflegeheimen nicht mehr besucht werden dürfen, steht der bisherige Alltag Kopf.

Welche Auswirkungen werden diese Einschränkung nach sich ziehen? Wenn man Gesundheit im Sinne der WHO-Definition als „Zustand des vollkommenen körperlichen, seelischen und sozialen Wohlbefindens und nicht die bloße Abwesenheit von Krankheit oder Gebrechen" definiert, dann ist jedem klar, dass wir die Folgen der derzeitigen Maßnahmen noch weit hinein in die Zukunft spüren werden. Angst und Unsicherheit in gesundheitlicher und wirtschaftlicher Hinsicht werden ihre Spuren hinterlassen.

7.2 Veränderungen der Kommunikation im Alltag

Ein ganzes Land erhält nun seine Anweisungen von Politikern und Medizinern, die darüber entscheiden, was noch erlaubt oder was nun verboten ist. In Pressekonferenzen, stündlichen Nachrichten in Radio und Fernsehen sowie dem „Live-Ticker" der News-Portale im Netz gibt es nahezu nur noch ein Thema: wie viele infizierte Personen und wie viele Todesfälle hat das Virus bereits verursacht. Wir erfahren, wie groß die Kapazitäten auf den Intensivstationen sind und – Gott sei Dank auch-, wie viele Personen die Infektion inzwischen gut überstanden haben. Das

Besondere an dem SARS-CoV-2-Virus ist, dass niemand vorhersagen kann, wie es sich verändern wird und dass – um die Pandemie einzudämmen – in kürzester Zeit ein Impfstoff gefunden werden musste. Auch wenn es diesen Impfstoff inzwischen in ausreichender Menge gibt, so bereitet uns das Virus immer noch Kopfzerbrechen. So wissen wir zum Beispiel nicht genau, warum es zu sogenannten „Impfdurchbrüchen" kommt, und wann auch geimpfte Personen Überträger des Virus sein können. Das bereitet nicht nur Wissenschaftlern und Ärzten, sondern natürlich auch der Bevölkerung Sorgen.

Wie gehen die Menschen mit der Flut an Informationen und den neuen – immer wieder den sich ändernden Virus-Gegebenheiten angepassten – gesellschaftlichen Vorschriften und Regeln um? Wie empfinden Kinder, Jugendliche, Erwachsene und alte Menschen diese Veränderungen? Welche Möglichkeiten zur Kommunikation gibt es noch, wenn der persönliche Kontakt massiv eingeschränkt wird? Im Home-Office stehen Arbeitskollegen als Kommunikationspartner kaum noch zur Verfügung, dafür kommen Familienmitglieder zwangsläufig mehr miteinander ins Gespräch. Dies bedeutet eine neue Herausforderung für Familien und Partnerschaften, aber für auch Kinder und alte Menschen.

Wer bislang täglich in Meetings oder Konferenzen seinen Kommunikationspartnern begegnete oder viel mit dem Flugzeug zu Geschäftsreisen unterwegs war, sitzt nun nur noch im „Home Office". Zahlreiche Betriebe müssen auf Kurzarbeit umstellen und das bedeutet für viele Menschen, dass sie nun Existenznöte haben. Da ist zum Beispiel der Friseur, der von heute auf morgen keine Kunden mehr hat oder die kleine Modeboutique, die nun schließen muss.

Andere wiederum haben eine zunehmende Arbeitsbelastung. Wer im Verkauf an der Theke oder Kasse, bei der Post oder in Kliniken und Pflegeheimen tätig ist, erlebt eine zunehmende Belastung, denn er kann sich nicht in ein „Home Office" begeben. Auch muss er sich darauf verlassen, dass sich all seine Kunden an die vorgeschriebenen Sicherheitsmaßnahmen halten. Kleine Betriebe können es sich nicht leisten, dies durch eine „Security" zu überwachen.

Auf meinem täglichen Weg in die Praxis gab es zu Beginn der Ausgangsbeschränkungen durchaus positive Veränderungen. Das Verkehrsaufkommen war massiv zurückgegangen, das Benzin wesentlich billiger geworden. Man begegnete überwiegend großen Lastkraftwagen, die Lebensmittel, Arzneimittel, Post oder andere Waren transportieren. Inzwischen ist das Verkehrsaufkommen wieder nahezu normal – fast vermisst man die Leere auf den Straßen.

Das Kaufverhalten der Menschen hat sich verändert und so erlebt der Versandhandel einen erheblichen Zuwachs, denn wer zu Hause sitzt, shoppt jetzt im Netz.

Wer im „Home Office" arbeitet, spart seinen Arbeitsweg und damit Zeit und Geld. Die Gespräche mit den Arbeitskollegen finden über Web-Konferenzen statt, also virtuell.

Da auch Schulen und Kindertagesstätten über viele Wochen geschlossen waren, hatten Eltern und Schüler eine neue Herausforderung zu meistern. Die Kinder erhielten ihre Aufgaben per Mail, wie und ob sie ausgeführt wurden, hing jetzt erheblich davon ab, ob ein Elternteil zur Überwachung zu Hause sein konnte. Denn wer in sozialkritischen Berufen tätig ist, muss nach wie vor zur Arbeit gehen, hier gibt es kein „Home Office". Derzeit konzentrieren sich alle Bemühungen darauf, die Ausbreitungswelle zu stoppen. Wir erhalten deshalb genaue Anweisungen, welche sozialen Kontakte erlaubt sind und welche nicht. Darüber hinaus werden für den Fall von Regelbrüchen Strafen angedroht. Niemand war auf einen solchen Ausnahmezustand vorbereitet und aktuell wird alles nur Mögliche unternommen, um die Ausbreitung des Virus so weit wie möglich einzudämmen. Das öffentliche Leben kam während der Lockdowns weitgehend zum Erliegen. So manch einem wurde dabei bewusst, dass der Alltag gar nicht so schlecht war, über den man sich so oft beschwert hatte. Bereits nach wenigen Tagen stellte sich bei manchen Personen ein Gefühl von Langeweile und Leere ein und man wünschte sich die Schule, Uni oder Arbeit in der Firma zurück.

Wenn Textilwarengeschäfte ebenso wie Baumärkte, Gärtnereien, Friseurläden, Kirchen, Gasthäuser, Cafés und auch Fitnessstudios geschlossen haben, dann bleiben kaum noch Möglichkeiten für soziale Kontakte. Auch sämtliche Sportveranstaltungen waren abgesagt und Theaterhäuser, Kinos und Konzertsäle waren geschlossen. Lediglich Lebensmittelgeschäfte, Apotheken und Arztpraxen haben weiter geöffnet. Umso mehr wunderte es mich, dass ich auf meiner täglichen

„Frischluft-Runde" kaum mehr Spaziergängern oder Fahrradfahrern begegnete als sonst.

Während wir Menschen dem augenblicklichen Zustand kaum etwas Positives abgewinnen können, freut sich die Natur. Die Luftverschmutzung ist zurückgegangen, unsere Gewässer sind sauberer geworden, der permanente Lärmpegel durch Autos und Flugzeuge ist gewaltig zurückgegangen und so erfreuen sich Tiere und Pflanzen einer geringeren Schadstoffbelastung. Ganz besonders Hunde sind Nutznießer der Situation. Denn wenn es bislang hieß „Ich muss mit dem Hund Gassi gehen" heißt es jetzt in der Familie „Darf ich mit dem Hund Gassi gehen?".

Sowohl in der Praxis als auch im privaten Bereich ist die Anspannung der Menschen zu spüren. Immer seltener trifft man auf gutgelaunte Personen mit einem Lächeln im Gesicht. Man schüttelt sich nicht mehr die Hände und traut sich auch bei guten Freunden kaum noch sie in den Arm zu nehmen, obwohl das Verlangen danach wächst.

7.3 Veränderungen der Kommunikation in der Arztpraxis

Auch der Ablauf in unserer Arztpraxis sah und sieht in der Pandemie-Situation plötzlich völlig anders aus: wir geben unseren Patienten zur Begrüßung nicht mehr die Hand, achten auf eine Entfernung von mindestens 1,5 Metern zum Patienten. Am Empfang ist zum Schutz des Personals und der Patienten eine Plexiglastrennwand aufgestellt und alle Angestellten tragen einen Mundschutz. Einige Patienten sagen Termine ab, weil sie Bedenken haben, sich in der Arztpraxis oder auf dem Weg dorthin zu infizieren. Das alles sind Veränderungen für Patienten, Ärzte und medizinische Fachangestellte, die wir uns so vor wenigen Wochen nie hätten vorstellen können.

Ein Großteil der Patienten, die zu uns in die Praxis kommen, haben zahlreiche Fragen. Sie sind verunsichert durch die Berichterstattung und fragen nach meiner persönlichen Einschätzung zu den Themen Infektionsrisiko, Verlauf der Corona-Erkrankung, Impfung und Impfrisiken. Aber es gibt auch zahlreiche Patienten, die völlig unbekümmert sind und von den empfohlenen Sicherheitsmaßnahmen nur wenig halten. Verunsichert sind vor allem diejenigen, die sich nonstop über die Medien mit Nachrichten versorgen und dort auf unterschiedliche Aussagen stoßen. Nur wenige halten die Berichterstattung für Panikmache. Die Patienten, die zu uns kommen, haben jede Menge Fragen und das Bedürfnis, über die augenblickliche Situation zu sprechen. Und wer sich nicht aus dem Haus traut, möchte seine Fragen telefonisch beantwortet haben.

Derzeit sind wir alle aufgefordert, unsere Kontakte soweit wie möglich zu reduzieren, um der Ausbreitung des Virus so gut wie möglich entgegenzuwirken. Mehr denn je fragen sich Mediziner aller Sparten deshalb nun, ob eine Videosprechstunde als Ersatz für den persönlichen Kontakt zwischen Arzt und Patient dienen kann. Aus meiner Sicht ist das sicher eine gute Option, die manch einer gerne in Anspruch nimmt. Allerdings haben vielen Menschen nicht die dafür erforderlichen technischen Voraussetzungen. Wir stellen augenblicklich fest, dass Patienten trotz der Krise den persönlichen Kontakt, also das persönliche Gespräch wünschen. Auch wenn ich vor allem älteren Patienten eine telefonische Beratung anbiete, wählen sie mehrheitlich den persönlichen Termin in der Arztpraxis. Gerade in dieser Krisensituation wird immer wieder deutlich, wie sehr die Menschen durch das Pandemie-Geschehen belastet sind. Das Gespräch mit der Arzthelferin, dem Arzt oder – mit entsprechendem Abstand auch im Wartezimmer – ist für ihr seelisches Gleichgewicht von großer Bedeutung. Erwähnen möchte ich hier auch noch, dass Patienten mit Angststörungen, Suchterkrankungen oder psychiatrischen Krankheitsbildern ganz besonders auf den zwischenmenschlichen Kontakt mit ihrem Therapeuten angewiesen sind. Für sie alle ist das direkte und persönliche Gespräch die beste Rückfallprophylaxe.

7.4 Was Angst und Isolation bewirken

Wovor haben die Menschen in dieser Krisensituation Angst? Wer von einem kleinen Gehalt lebt oder in einem kleinen Betrieb selbstständig tätig ist, fürchtet um seine Existenz. Wer finanziell bessergestellt ist, befürchtet, seinen bisherigen „Lebensstil" aufgeben zu müssen. Ein Leben ohne Kinobesuche, Bars, Restaurants, Urlaube, Volksfeste und viele weitere „Events“ ist möglich, auch wenn sich das eine große Bevölkerungsschicht kaum noch vorstellen kann. Ihre sozialen Kontakte brechen deshalb nicht weg, insbesondere nicht in unserer „digitalen“ Welt. Und doch ist es etwas Anderes, sich persönlich zu begegnen oder zu skypen und sich Nachrichten per Mobiltelefon oder Mail zukommen zu lassen. An die Möglichkeit eines persönlichen Telefonats müssen sich viele erst wieder gewöhnen und auch ein persönlicher Brief bekommt in dieser Situation wieder einen wichtigen Stellenwert als Kommunikationsmittel.

Ganz besonders wichtig werden diese Möglichkeiten zur Kontaktaufnahme für Personen, die sich in häusliche Quarantäne begeben müssen. Britische Forscher haben 24 Studien analysiert, in denen die Auswirkungen von Quarantänen während früherer Epidemien untersucht wurden. Als negative Effekte der Isolation stellen sich posttraumatische Stresssyndrome, Verwirrung und Ärger ein. Dauert die Isolation mehr als 10 Tage, so sind die Effekte besonders deutlich. [1]

Immer dann, wenn Personen vom öffentlichen Leben ausgeschlossen sind und die persönliche Freiheit eingeschränkt wird, entstehen persönliche Krisenherde. Isolation führt zu Depression, Freiheitsentzug zu Konflikten und Aggression.

In Zeiten der Isolation ist es wichtig, mit Informationen versorgt zu werden und ein Mindestmaß an Kommunikation aufrechterhalten zu können. Wichtig ist, eine Perspektive zu haben, dass bedeutet, dass für die Betroffenen klar sein muss, wie lange die Isolation andauern wird. Was geschieht, wenn dies nicht der Fall ist, kann man sehr gut im Strafvollzug beobachten. Solange ein Gefangener in Untersuchungshaft ist und die Dauer seiner Inhaftierungszeit nicht kennt, sind die Gefühle von Ohnmacht und Depression besonders stark. Eine solche Situation birgt ein hohes Potenzial für Konflikte, Aggressionen sowie Kurzschlusshandlungen und Suizide. Je länger Isolationsmaßnahmen dauern, desto schwieriger wird die Wiedereingliederung in das bisherige Umfeld. Menschen, die viele Jahre im Strafvollzug verbracht haben, erleben häufig eine große Angst vor der Entlassung. Ihre Kontakte und Interaktionen waren reduziert auf wenige Personen und der Bewegungsradius auf den täglichen Hofgang. Das gab ihrem Alltag ein Gefühl von Sicherheit. So sehr sich Strafgefangene die Freiheit wünschen, nach langer Haft fühlen sie sich den Bedingungen in Freiheit oft nicht mehr gewachsen und benötigen dabei psychologische Begleitung. Das ist einer der Gründe, warum Mediziner und Psychologen bereits eine Woche nach Beginn der Ausgangsbeschränkungen darüber nachgedacht haben, wie und wann man den Rückweg zur Normalität wieder antreten kann.

Inzwischen gibt es erste Erkenntnisse und Zahlen zu den Folgen der Pandemie. So nehmen Ängste und Depressionen bei allen Altersgruppen zu [2]. Darüber hinaus führen fehlende Sozialkontakte, Isolation und Homeschooling nicht nur bei Erwachsenen, sondern auch bei Kindern und Jugendlichen zu psychischen Problemen [3].

7.5 Kommunikation auf allen Kanälen – wie viel Information ist gesund?

Die aktuelle Berichterstattung in Radio, Fernsehen, Printmedien und den digitalen Plattformen bietet eine große Auswahl an Informationen. Wie seriös und uneigennützig die Berichterstattungen sind, fällt oft schwer zu beurteilen. Die Auswahl an Beiträgen und Stellungnahmen, die gesendet werden, treffen Redakteure, deren Einstellungen und Absichten wir nicht kennen. Ich selbst musste dies bereits mehrfach erleben.

Gott sei Dank gibt es aber auch Sendungen wie Frontal 21, die aufdecken, was bislang nicht in die Öffentlichkeit geraten durfte. So hatte das Robert Koch-Institut (RKI) dem Parlament bereits 2012 einen „Bericht zur Risikoanalyse im Bevölkerungsschutz 2012" vorgelegt. Darin war im Detail das Szenario „außergewöhnliches Seuchengeschehen" beschrieben worden – ausgelöst durch eine „von Asien ausgehende weltweite Verbreitung" eines „Coronavirus (‚novel Coronavirus')" [4]

Wer im Netz, zu den aktuellen Ereignissen recherchiert, stößt zwangsläufig auf konträre Ansichten und Darstellungen. Gerade in Zeiten der Unsicherheit trägt eine solche Recherche nicht unbedingt dazu bei, ein Gefühl von Sicherheit und Zuversicht zu entwickeln. Wie auch in vielen anderen Bereichen des Lebens taucht deshalb immer mehr die Frage auf, wem man vertrauen kann. Vertrauen in Zeiten der Angst – was braucht es dazu? Momentan geht es um ein Virus, dass uns krank machen kann, ja an dem wir bei schwerem Verlauf sterben können. Wer sagt uns nun, wie gefährlich es für jeden einzelnen von uns ist? Wem sollen wir vertrauen? Unserem Bundeskanzler, dem Gesundheitsminister, dem Virologen vom Robert-Koch-Institut (RKI) oder doch besser unserem Hausarzt? Seit Beginn der Pandemie werde ich von meinen Patienten gefragt: „Bin ich als Diabetiker ein Risikopatient"? Und die zweite Frage lautet: „Soll ich mich als Diabetiker impfen lassen?" Nach nun fast zwei Jahren Pandemie scheint klar zu sein, dass jeder Patient mit einer wie auch immer gearteten Gefäßerkrankung zu den Risikopatienten für schwere Covid-Verläufe zählt. Eine aktuelle Arbeit beschreibt acht Risikofaktoren für schwere Covid-Verläufe: Alter ab 65, Immunsuppression, chronische Erkrankungen der Lunge, der Leber und der Nieren, neurologische Erkrankungen, Diabetes und kardiale Erkrankungen [5]. Und diesen Patienten rate ich natürlich ganz besonders zu einer Impfung.

Uns Ärzten muss bewusst sein, wie schwierig es für den Laien ist, unterschiedliche Informationen zu verarbeiten. Je mehr konträre Aussagen unsere Patienten vorfinden, umso größer wird die Unsicherheit. Je mehr Gremien und Institutionen sich zu einem Sachverhalt äußern, umso mehr unterschiedliche Informationen prasseln auf unsere Bevölkerung ein Und so ist es aus meiner Sicht absolut nachvollziehbar, dass es immer schwieriger wird, einem Arzt gegenüber Vertrauen zu entwickeln.

Was hier geschieht, ist eine alltägliche Problematik: Diverse Akteure haben eine unterschiedliche Sicht auf die Dinge. Wissenschaftler, Ärzte in Kliniken und Ärzte in Praxen sind mit unterschiedlichen Fragestellungen und Anforderungen konfrontiert. Der Virologe sieht ein Virus, das prinzipiell für jeden Menschen gefährlich sein kann. Er beschäftigt sich mit der Frage, wie es zur Ansteckung kommen kann (Tröpfcheninfektion), wie die Ausbreitung des Virus erfolgt und vor allem mit der Suche nach einen Impfstoff oder Medikament. Der Hausarzt, der Patienten aller Altersklassen betreut, ist für die Erkennung der Infektion und die Überwachung im Krankheitsverlauf zuständig. Der Kliniker stellt sozusagen die Spitze des Eisberges dar und ist vor allem dann gefragt, wenn Intensivmaßnahmen bei multimorbiden Patienten oder auch solchen mit einem geschwächten Immunsystem ergriffen werden müssen. Wie soll man als Laie mit dieser Informationsflut umgehen?

An wen sich also nun mit den vielen Fragen wenden, die man als Patient hat? In meinen Augen sollte dies zunächst immer der Hausarzt sein. Er kennt seine Patienten und kann am ehesten Nutzen und Risiken zum Beispiel einer Impfung abwägen. Er ist die Vertrauensperson, die sich um die Gesundheit seines Patienten kümmert und ist frei von anderweitigen Interessen.

In den vergangenen Wochen hat ein ganzes Land begriffen, dass es auch eine Bedrohung ohne Waffen gibt. Die Munition ist ein Virus, das uns bislang noch Rätsel aufgibt. Deshalb hält es uns in Atem und zeigt uns, wie wehrlos wir trotz aller moderner Technologien von heute auf morgen sein können. Trotz aller Maßnahmen müssen wir beobachten, wie fulminant der Verlauf der Pandemie ist und uns eingestehen, dass wir nicht adäquat reagieren können, um seine Ausbreitung zu stoppen. Fast fühlt man sich jeden Tag wie in einem Film, aber es ist die bittere Realität.

Ist all das, was gerade geschieht eine Tragödie, Schicksal oder vielleicht auch eine Chance? Noch ist das schwer zu beurteilen. Klar ist jedoch, dass die Medien mit ihrer Berichterstattung mit darüber entscheiden, in welche Richtung das Publikum denkt.

Betrachten wir nur einmal kurz die Wortwahl, mit der man das momentane Geschehen beschreibt. Da ist die Rede vom „Killervirus", von „alarmierenden" Zahlen, von „grausamen" Bildern. Und letztere werden auch schonungslos gezeigt: Militärfahrzeuge, die Tote abtransportieren oder Särge auf dem Titelbild. Brauchen wir diese Wortwahl und diese Bilder, um das Geschehen ernst zu nehmen? Oder verstärken sie unsere Angst und unser Gefühl der Ohnmacht? Seriöse Berichterstattung sollte meines Erachtens kein Interesse daran haben, Ängste oder gar Panik zu erzeugen. Sie sollte zum Ziel haben, das Pandemie-Geschehen darzustellen, jedoch darauf verzichten, bei den Lesern/Zuschauern ein Gefühl von Hilflosigkeit zu erzeugen.

Dem gegenüber stehen Bilder, Cartoons und Spots, die auf humoristische Weise das Geschehen verarbeiten. So ist die Rolle Klopapier zum Symbol einer Nation geworden, die für die Katastrophe vorsorgt, die sie erwartet. Warum ausgerechnet Klopapier, ist und bleibt jedoch vorerst ein Rätsel. Auch Videos werden privat über die Social-Media-Kanäle versandt – der künstlerischen Freiheit sind hier keine Grenzen gesetzt.

Musik als Sprache einer Nation hat man erstmals in Italien gesehen. Die Balkone der Wohnblocks werden zur Bühne, die Akteure improvisieren gemeinsam, Töpfe werden zu Trommeln und Schlagzeugen umfunktioniert, ein Geschehen, das Solidarität und Zusammenhalt signalisiert. Dieses Beispiel zeigt, dass Menschen immer wieder Wege finden können, um sich gegenseitig zu stützen. Heraus aus der Einsamkeit – zumindest für einen kurzen Zeitraum Gemeinsamkeit spüren, gemeinsam musizieren oder singen – all das vermag „Balsam für die Seele" zu sein.

7.6 Was tun in Zeiten der „sozialen Distanz"?

Wer in diesen Zeiten motorisiert ist oder den Supermarkt um die Ecke hat, muss sich um seine Versorgung mit Lebensmitteln oder Getränken keine Sorgen machen. Wie aber steht es hier um alte Menschen oder Personen mit Vorerkrankungen, beispielsweise einer COPD (chronisch obstruktive Lungenerkrankung) oder einer Tumorerkrankung? Die Versorgung über einen Lieferanten ist zwar grundsätzlich möglich, kostet aber deutlich mehr und gerade alte Menschen wissen oft nicht, wo sie sich hinwenden sollen.

Wie es funktionieren kann, in der Not zusammenzustehen zeigen kleine private Aktionen: ein Anschlag an der Pinnwand des Wohnblocks oder ein Wurfzettel im Briefkasten – auch das ist Kommunikation. Derartige private Initiativen sind Lichtblicke in Zeiten der Not und Angst. Angebote schaffen und nicht warten, bis man gefragt wird. Menschen, die so handeln, sind die wahren Helden der Nation.

Die Beschränkungen im Lockdown verstärkten die Einsamkeit alter und kranker Menschen, da Besuche vielfach untersagt waren. Auch in Kliniken galten auf den allermeisten Abteilungen Besuchsverbote. Ausnahmen davon waren Entbindungen und die Begleitung im Strebeprozess – jeder frisch operierte Patient musste jedoch auf Zuspruch aus der Familie oder dem Freundeskreis verzichten. Genesung ist jedoch ein Prozess, der nicht nur Medikamente benötigt, sondern auch Zuwendung und positive Emotionen. Wer in Pandemie-Zeiten unter welchen Umständen mit wem kommunizieren darf, ist momentan noch einem starken Regelwerk unterworfen und zumeist für jedes Bundesland individuell geregelt. Egal ob 2G (geimpft und genesen) oder 3G (geimpft, genesen, getestet) – es gibt Ausnahmesituationen, in denen ein Kontakt zu einer Person grundsätzlich erlaubt sein muss. Wir alle sind dazu aufgefordert, Mittel und Wege zu finden, damit im Sterbeprozess und in lebensbedrohlichen Situationen niemand alleine sein muss!

7.7 In jeder Krise steckt eine Chance

Der momentane „Ausnahmezustand" könnte für unsere Gesellschaft eine Chance sein. Alltagsgewohnheiten haben sich zwangsläufig mehr oder weniger verändert und wir wurden aus dem täglichen „Hamsterrad" herausgeworfen. Nun beginnen wir darüber nachzudenken, was wir tatsächlich brauchen um uns wohl zu fühlen. Natürlich fehlt uns der Besuch im Fitnessstudio, Restaurant, Kino, Theater oder Konzert. Aber erst wenn all das nicht mehr in gewohntem Umfang verfügbar ist, können wir Dinge wiederentdecken, die in Vergessenheit geraten waren und uns ebenso viel Freude bereiten: ein gemeinsamer Spaziergang oder gemeinsames Essen mit der Familie, gemeinsam Kochen oder mal wieder ein „Spieleabend" unter Freunden.

Corona zwingt uns mehr als bislang in unsere vier Wände. Immer wieder erzählen mir meine Patienten, wie sie sich deshalb auf Dinge besinnen, für die sie lange keine Zeit mehr hatten: Lesen, ein altes Hobby wie Stricken oder Malen, Basteln oder Musizieren. Und der Ernährungsreport 2020 hat es bereits bestätigt: Das Verhalten der Menschen hat sich in puncto Ernährung verändert – es wird wieder mehr selbst gekocht und zu Hause gegessen [6].

Was zu meiner Jugend der Plattenspieler war und danach der Kassettenrekorder ist heute die „High-End-Stereoanlage" oder die Bluetooth-Box in Verbindung mit einem Smartphone. Musik im Hintergrund ist in vielen Bereichen des täglichen Lebens zur Gewohnheit geworden – jetzt aber, wo diese Orte wegfallen, konsumieren wir sie wieder in den eigenen vier Wänden. So manch einer aus meiner Generation geht zum CD-Regal – die Jugend greift zum Smartphone – und wird durch die Musik in alte Zeiten zurückversetzt. Man lässt die Vergangenheit Revue passieren und stellt fest, dass man schon so manche Krise überwunden hat.

„Weißt du noch, damals ….“ heißt es dann vielleicht in der Familie. Musik versetzt uns zurück in alte Zeiten und gibt Zeit zum Nachdenken. Mit vielen Stücken verbinden wir Erinnerungen und werden beim Zuhören mit unserem Selbst konfrontiert. Es ist wichtig, unsere Gedanken wegzulenken von negativen Berichterstattungen und stattdessen positive Stimmungen und Gedanken zu wecken.

So werden familiäre Strukturen auf den Prüfstand gestellt, denn zwangsläufig begegnet man sich in Corona-Zeiten nicht nur am Feierabend. Wohl dem, der eine große Wohnung und vielleicht sogar einen Garten hat, denn so kann man sich zumindest zeitweise aus dem Weg gehen. In vielen Gesprächen mit meinen Patienten habe ich erfahren, dass es vor allem die zwischenmenschlichen Themen sind, die durch die veränderten Alltagsbedingungen zur Herausforderung wurden.

Gleichzeitig spüren wir aber auch, dass der virtuelle Raum nicht gleichbedeutend ist mit räumlicher Nähe. Die Situationen, in denen wir unseren Mitmenschen nahe sein möchten, um ihnen gut zuzureden oder ihnen unter die Arme zu greifen sind aus unserem Leben nicht wegzudenken.

7.8 Wie Sie sich selbst helfen können – eine zuversichtliche Perspektive suchen

Derzeit kennt niemand die „richtige“ Strategie, um die Krisensituation „Corona“ möglichst schnell zu beheben. Die politisch Verantwortlichen sind bemüht um Schadensbegrenzung und jeder Einzelne geht auf seine Weise mit der Ausnahmesituation um. So bringe ich meine Gedanken zu Papier in der Hoffnung, nicht Angst zu verbreiten, sondern Zuversicht. So wie unsere Eltern einen Weltkrieg überstehen mussten, haben wir nun die Aufgabe, uns nach vielen Jahren des Wohlstands mit einer Virus-Pandemie zu beschäftigen. Und so wie ihnen damals der Wiederaufbau gelang, werden auch wir diese Aufgabe bewältigen, wenn wir zusammenstehen, vertrauensvoll handeln und miteinander reden. Das sind wir vor allem unseren Kindern und den folgenden Generationen schuldig. Solidarität und Toleranz sind bei diesem Prozess unverzichtbar.

Wir werden erst nach der Krise wissen, ob wir zu den alten Verhaltensweisen zurückkehren. Vielleicht haben wir bis dahin aber auch erkannt, dass so manches in unserem Leben gut entbehrlich ist und es uns mit mehr Ruhe und Gelassenheit – sei es am Arbeitsplatz oder im Privatleben – bessergeht.

Ein paar Gedanken, die hilfreich sein könnten in Form von „Statt-Besser-Botschaften“:

- Statt: „Ich muss zu Hause bleiben“- besser: „Ich habe ein Zuhause.“
- Statt: „Ich darf nicht zur Arbeit gehen“ – besser: „Wenn ich gesund bleibe, kann ich nach der Krise wieder arbeiten.“
- Statt: „Ich darf mich nicht mit Freunden treffen“ – besser: „Ich habe viele Möglichkeiten, meine Freunde auch ohne persönlichen Kontakt zu erreichen.“
- Statt: „Meine Geburtstagsfeier musste ich leider absagen“ – besser: „Ich darf mein neues Lebensjahr gesund beginnen.“
- Statt: „Jetzt fällt mein Urlaub leider flach“ – besser: „Ich genieße meine freie Zeit, und mache jetzt all das, wozu ich sonst nie gekommen bin.“
- Statt: „Ich schaffe das nicht“ – besser: „Wenn wir zusammenhalten, können wir das schaffen.“

Prüfen Sie, ob Sie bei negativen Gedanken eine positive Sichtweise auf die Dinge finden können, die Sie entlasten kann und zuversichtlicher stimmt. Dadurch können Sie für sich selbst für mehr positive Lebensenergie sorgen.

7.9 Was haben wir bislang aus der Krise gelernt?

Jeden Tag aufs Neue finde ich es spannend, in meiner Praxis zu beobachten, wie meine Patienten mit „Corona“ umgehen. Die einen schimpfen über Distanzregeln, Mundschutz und die bestehenden Verbote, die anderen erwähnen all diese Themen mit keinem Wort. Und während die einen an Gewicht zulegen, weil „man sich ja nicht mehr raustrauen kann“, haben die anderen an Gewicht abgenommen, weil „statt der täglichen Fahrt in die Arbeit, nutze ich jetzt die Zeit für einen Spaziergang“ oder „Restaurantbesuche fallen ja jetzt aus“. So ist wieder einmal das Glas Wasser eben halb leer oder halb voll – je nach Perspektive des Einzelnen.

Es gibt aber auch ein paar Dinge, die nahezu all meinen Patienten, Bekannten und Freunden fehlen: der Händedruck zur Begrüßung, der Blick ins Gesicht ohne Mundschutz, ein gelegentliches Schulterklopfen oder In-den-Arm-Nehmen.

Ja, wir hinterfragen mehrheitlich, was wir brauchen, um „gut“ leben zu können und was vielleicht doch entbehrlich ist. Und wir lernen durch aktuelle Untersuchungen, so zum Beispiel einer Untersuchung zum Thema Mund-Nasen-Schutz, die 2021 in JAMA veröffentlicht wurde [7]. 200 Neupatienten wurden in einer ambulanten chirurgischen Klinik entweder einem Arzt mit durchsichtigem (ClearMaskLLC) oder undurchsichtigem Mund-Nasen-Schutz zugewiesen. Alle Probanden bevorzugten die transparente Maske und empfanden die Chirurgen, die diese trugen als empathischer und ihre Erklärungen als verständlicher. Allerdings lehnten 53 % der Chirurgen die transparenten Masken ab, weil sie häufiger beschlagen und wegen Bedenken bezüglich des vollen Infektionsschutzes. Klar wird durch diese Arbeit in jedem Fall, welche Bedeutung dem Gesichtsausdruck, der Mimik, in der Arzt-Patienten-Kommunikation zukommt und was es bedeutet, wenn diese durch eine Maske verloren geht.

7.10 Ausblick

Weder Politiker noch Mediziner noch Großfirmen oder Banken waren auf die Corona-Situation vorbereitet. Die Einschränkungen im Alltag, die es braucht, um die Pandemie einzudämmen, haben bereits nach kurzer Zeit zu massiven wirtschaftlichen Einbrüchen in allen europäischen Ländern geführt. Es geht aber um weit mehr als um Zahlen und Fakten. Die derzeitige Krise weckt Gefühle von Unsicherheit, Angst, Hilflosigkeit und Ohnmacht. Diese wirken sich bekanntermaßen negativ auf unser Immunsystem aus. Wenn Stresshormone den Körper über einen längeren Zeitraum hinweg überfluten, wird er für jede Art von Infektion anfällig. Deshalb sind jetzt vor allem Rücksichtnahme und Solidarität gefragt. Jeder Einzelne kann dazu beitragen, dass wir die Krisenzeit ohne allzu große Folgen überstehen werden. Ob in der Krise auch eine Chance liegt, traue ich mich derzeit nicht zu beurteilen. Die Alltagsbedingungen mit all ihren Stressoren, die viele von uns bislang tagtäglich in Kauf genommen haben, werden in dieser Zeit der Stagnation zwangsläufig hinterfragt. Als Gesellschaft sind wir jetzt aufgefordert, ganz besonders denen unter die Arme zu greifen, die Isolation und finanzielle Unsicherheit zu bewältigen haben.

Noch können wir nicht abschätzen, welche Auswirkungen es auf unsere Gesundheit hat, wenn die Kommunikation mit den Arbeitskollegen über einen längeren Zeitraum wegbricht. Ähnliches gilt für gemeinsame Stunden mit Freunden, die wir jetzt zwangsläufig auf Telefonate, Mails oder Chats reduzieren müssen.

All meinen Lesern wünsche ich, dass sie in dieser schwierigen Zeit Menschen an ihrer Seite haben, die sie begleiten und unterstützen. Vielleicht kann dann die Krise für jeden von uns eine Chance sein, die Prioritäten in seinem Leben neu festzulegen. Wenn das gelingt, können wir alle voller Mut und Zuversicht in die Zukunft schauen, in die Welt von morgen, die unseren Kindern gehört.

„Jedem Anfang wohnt ein Zauber inne" (Hermann Hesse)

Das Wichtigste im Überblick

- Die Corona-Pandemie stellt die Kommunikation zwischen Ärzten und Patienten vor neue Herausforderungen.
- Ärzte und Patienten müssen lernen, sich den neuen Gegebenheiten anzupassen.
- „Social-Distancing" hat Auswirkungen auf die Gesundheit.
- Jede Krise bietet die Chance herauszufinden, was für das eigene Leben entbehrlich und was unentbehrlich ist.
- Eine gelungene Arzt-Patienten-Kommunikation ist ganz besonders in Zeiten der Angst und Unsicherheit unentbehrlich.

Literatur

1. Lancet. (2020). https://doi.org/10.1016/S0140-6736(20)30460-8.
2. https://www.google.com/amp/s/m.faz.net/aktuell/wissen/medizin-ernaehrung/depressionen-und-aengste-nahmen-waehrend-der-pandemie-zu-17653843.amp.html. Zugegriffen am 17.07.2022.
3. https://www.aerzteblatt.de/archiv/220795/Coronapandemie-Psychische-Folgen-im-Fokus. Zugegriffen am 17.07.2022.
4. https://www.zdf.de/politik/frontal-21/versaeumte-pandemie-vorsorge-100.html(3). Zugegriffen am 17.07.2022.
5. Yek, C., et al. (2022). *Morbidity and Mortality Weekly Report, 71*(1), 19–25. https://www.ncbi.nlm.nih.gov/pmc/articles/PMC8735560/.
6. https://www.bmel.de/DE/themen/ernaehrung/ernaehrungsreport2020.html. Zugegriffen am 17.07.2022.
7. Kratzke, I. M., et al. (2021). Effect of clear vs standard covered masks on communication with patients during surgical clinical encounters. A randomized clinical trial. *JAMA Surgery, 156*(4), 372–378. https://doi.org/10.1001/jamasurg.2021.0836.

Printed in the United States
by Baker & Taylor Publisher Services